秦汉考古研究

中国考古学教材书系

高崇文 著

北京大学出版社

图书在版编目(CIP)数据

秦汉考古研究 / 高崇文著. -- 北京：北京大学出版社, 2024.11. -- (博雅大学堂). -- ISBN 978-7-301-35789-7

I. K871.414

中国国家版本馆 CIP 数据核字第 2024FH5072 号

书　　　名	秦汉考古研究 QIN-HAN KAOGU YANJIU
著作责任者	高崇文　著
责 任 编 辑	张　晗
标 准 书 号	ISBN 978-7-301-35789-7
出 版 发 行	北京大学出版社
地　　　址	北京市海淀区成府路 205 号　100871
网　　　址	http://www.pup.cn　新浪微博：@北京大学出版社
电 子 邮 箱	编辑部 wsz@pup.cn　总编室 zpup@pup.cn
电　　　话	邮购部 010-62752015　发行部 010-62750672 编辑部 010-62767315
印　刷　者	河北博文科技印务有限公司
经　销　者	新华书店
	650 毫米×980 毫米　16 开本　19.5 印张　275 千字 2024 年 11 月第 1 版　2024 年 11 月第 1 次印刷
定　　　价	69.00 元

未经许可，不得以任何方式复制或抄袭本书之部分或全部内容。
版权所有，侵权必究
举报电话：010-62752024　电子邮箱：fd@pup.cn
图书如有印装质量问题，请与出版部联系，电话：010-62756370

自　序

1975年，我于北京大学考古专业毕业留校任教，教研室安排我在俞伟超先生的指导下进行教学和研究。在我的学术道路上，俞先生是最为重要的引路人，他对我的影响是决定性的。

最初，俞先生给我制订了研究计划，让我研究两周时期的青铜器，从类型学方面研究各区域青铜器的发展谱系，让我先从研究铜壶入手。我用了近两年的时间将两周时期铜壶资料全部绘图建立卡片，并于1979年写出了初稿。俞先生看后说，我的写法不对，因我是先分了几个区，再分区研究各区的铜壶发展脉络与特点。俞先生说，应当先将铜壶分型分式，首先从形态上梳理发展脉络，再根据各型各式来分析各区域铜壶的异同及特点，并让我将稿子先放一放，将考古类型学的理论与方法理解透了再修改。他就让我看苏秉琦先生有关类型学方面的文章，特别推荐看苏秉琦先生有关宝鸡斗鸡台出土瓦鬲研究的文章和《洛阳中州路（西工段）》报告。这一时期，俞先生正在编苏秉琦先生的论文集，并为此专门写了一篇题为《探索与追求》的文章，回顾了苏秉琦先生对创建中国考古学科的贡献，总结了中国考古学理论与方法的形成过程，归纳了在世界考古学发展中"中国考古学派"的特点。可以说，这是对中国考古学理论与方法的第一次梳理、总结和提高。初稿写成后，俞先生把我叫到他家让我看，并且说他是流着热泪写成的。在我认真拜读文章的同时，俞先生边用手帕擦着行行热泪，边激动地叙说苏秉琦先生对创建中国考古学科的贡献，我也特别为之感动。

1979年下半年，俞先生和我带学生到湖北当阳季家湖发掘和整

1979年5月在长江三峡考察楚文化遗址　俞伟超（左）　高崇文（右）

理赵家湖楚墓，在俞先生指导下，我们将赵家湖楚墓按规格分为甲、乙、丙、丁四大类（丁类是无随葬品的空墓），每一类又根据不同的组合分为若干小类，每一小类又按器物形制进行分组。我在编写这批墓的分期时，就是按照俞先生的分类别、分型式的方法进行分期的，最后分析了各类别的变化规律及所反映的社会等级变化等。俞先生在《当阳赵家湖楚墓》序言中指出，这种先分类再分期的方法，"提供了一个分析社会关系变化的新基础，从而可把形态学的研究从仅仅解决年代分期问题的程度上升到研究社会关系的高度。这是从赵家湖楚墓资料整理工作中抽象出来的一些有关类型学理论的新认识"。在整理赵家湖楚墓资料的过程中，我从实际中又逐渐理解和加深了对考古类型学理论与方法的认识，并写了一篇题为《东周楚式鼎形态分析》的文章。俞先生看了这篇文章后高兴地说，这才是类型学的研究方法。写完《东周楚式鼎形态分析》一文后，我对铜壶稿子的修改就心里有底了。1984年，我按类型学的方法又对铜壶稿子进行了大修改，题目《两周时期铜壶的形态学研究》也是俞先生给敲定的，收入俞先生主编的《考古类型学的理论与实践》一书中。《考古类型学的理论与实践》这部书的前一部分是俞先生讲考古类型学的理论与方法，后面我们几位学生的论文则是实践。可以看出，我对考古类型学理论的学习、理解和实践，均是在俞先生的直接指导下进行的。

俞伟超主编《考古类型学的理论与实践》,文物出版社,1989年

《周礼》与《仪礼》

胡培翚著《仪礼正义》(俞伟超先生藏书)

在研究铜壶形态学问题时,受俞先生、高明先生写的《周代用鼎制度研究》一文启发,我对铜壶的使用礼制也产生了兴趣,所以在初稿的末尾谈了铜壶的使用礼制。俞先生看后,认为深度不够,建议我去掉这一部分,并说:"谈礼制就要先仔细阅读'三礼',这是重要的文献基础。"俞先生把他收藏的胡培翚著《仪礼正义》拿给我,让我先认真仔细地读这部书,并说,读《仪礼》不读"郑注"不得其解,不读"胡注"不得确解,可见这部书的重要。后来俞先生又推荐让我看张惠言的《仪礼图》和凌廷堪的《礼经释例》。《仪礼》讲各种礼仪活动时,都要讲时间、地点、位置,讲一些礼

器、物件放置的位置以及人们行礼时所走动的路线和动作等，为了更明确这些活动，宋代杨复撰《仪礼图》十七卷，清代张惠言也著《仪礼图》六卷。他们是按照《仪礼》各篇仪节的演进，每一重要仪节皆绘一图，每图皆详示其宫室建制、礼器和人物的位置，以及行礼过程中人与物所处方位的变化等，使难懂的礼文，视其图即可一目了然。《礼经释例》也是清代研究《仪礼》的一部名著，把《仪礼》中的礼例分为246例，总结出一定的规律，对读《仪礼》有触类旁通之效，可以说是了解《仪礼》的一把钥匙。

1988年，高明先生请了中华书局的王文锦先生来北大讲《仪礼》，高先生跟我说，王先生对"三礼"很有研究，让我也去听听，有好处。我听王先生讲了两个学期的《仪礼》，收获特别大。我结合王先生的讲解，参照《仪礼图》等书将《仪礼》进行了通读，特别是对《士丧礼》《既夕礼》《士虞礼》等篇反复仔细阅读，了解了举行士丧礼的全过程，这是我对考古学礼制文化进行研究的基础。

后来，我在整理赵家湖楚墓资料时，发现"棺束"有不同的等级，并且从春秋至战国"棺束"的等级也有变化，其使用制度明显与礼书上的记载有所不同，我便写了一篇《浅谈楚墓中的棺束》，对楚墓中"棺束"的使用制度进行了较翔实的论述，这是我第一篇用考古资料研究礼制的文章。我在给学生讲秦汉考古时，发现西汉诸侯王墓中多数殉葬三辆实用真车马，过去的报道多称此三辆车为"王青盖车""安车""戎车""猎车"或"辂车"等，这只能说是车的名称，关键是为什么都用三辆车，这肯定是有一定制度的。我就请教俞先生，俞先生说，还是要从丧葬制度上来考虑。俞先生的指点使我马上想到了《仪礼》所记载的丧葬用车制度。《仪礼》记载，在先秦的丧葬礼制中，要配备乘、道、槀三辆车载死者魂衣送葬，用于整个丧葬过程中，郑玄明确解释此三车即相当于汉代的魂车。这样，我就写了《西汉诸侯王墓车马殉葬制度探讨》一文，并请俞先生帮我看看。俞先生看后说，写得很好，商周秦汉时期的一些考古现象，有许多都可以用礼制来解释，因这一时期，尤其是商周时期本来就是一种礼制性的社会,必然要反映到考古上来,说我研究的思路是对的。在文章发表之前,还请邹衡先生、高明先生看过,他们都给予充分肯定,使我更加坚信了自己的观点。文章发表后,多数学者是认同的。后来我又写了《楚器使用礼制考》《楚国丧葬礼仪制度论述》《楚"镇墓兽"为"祖重"解》等论文,重点研究了楚国的丧葬礼制。此后又对商周至秦汉时期的丧葬礼制进行了研究,发表了《商周礼制及其在考古学中的反映》《殷周时期殉葬与祭祖仪式的变迁》《试论先秦两汉丧葬礼俗的演变》《试论商周至秦汉时期庙祭与墓祭的变化》《试论周代棺椁构筑程序及相关葬仪》《西汉"黄肠题凑"葬制再研究》《释"便椁"、"便房"与"便殿"》《论西汉时期的祭奠之礼》《秦汉帝陵陵寝制度探讨》等论文。这些文章的撰写,都得益于我对"三礼"等文献的研读。回想起来,特别感激俞先生帮助我打下的文献基础。

在俞先生给本科生讲授战国秦汉考古时,我作为助教都要跟随听讲,全面学习俞先生的讲课内容和讲授方法。1981年,俞先生决定对1973年编写的《战国秦汉考古(上)》进行修订重印,让我修改楚国考古部分。此后,俞先生为本科生讲课时,开始让我讲部分内容。1985年,俞先生调往中国历史博物馆工作,宿白先生邀请中国社科院考古所的诸多先生来讲本科生课程,由于这些先生均是讲自己研究最深最精的内容,实际属于专题课,没有体现本科生课程的基础性和系统性。但是,这些先生精深的讲课内容,却对我的教学和研究有非常大的裨益。这些先生讲了两年后,宿白先生便让我和赵化成老师为本科生讲课,同时将《战国秦汉考古》改成《秦汉考古》,战国考古归为夏商周课程内容。此后,我还给本科生、研究生讲授楚文化研究、古代文献、古代货币、"三礼"研读、考古学礼制文化研究等课程。

《礼记·学记》云:"学然后知不足,教然后知困。知不足,然后能自反也;知困,然后能自强也。故曰教学相长也。"在授课的过程中,学生们会提出一些问题,我自己也会发现一些问题,然后去思考,去探索,去研究,撰写论文发表自己的浅见,从而提高自己的教学水平,正可谓教学相长也。拙著就是在此基础上撰写的,更侧重于对相关问题的研究,故名《秦汉考古研究》。

**2001年2月在北京大学参加"长江流域青铜文化国际学术研讨会"留影
由左至右:高崇文、安田喜宪、俞伟超、严文明、李伯谦、张柏**

回顾我的学术发展历程,除俞先生的指引外,宿白先生、邹衡先生、高明先生、严文明先生、李伯谦先生等对我也是从各方面给予大力支持和帮助。每想至此,都涌现出对诸位先生的由衷感激之情,发自内心地感谢他们!

高崇文

2021年5月12日

目录 Contents

第一章　秦汉都城考古研究　/ 001
　　第一节　秦都雍城礼制文化研究　/ 001
　　第二节　秦都咸阳礼制文化研究　/ 012
　　第三节　西汉都城长安礼制文化研究　/ 020
　　第四节　东汉都城洛阳礼制文化研究　/ 055

第二章　秦汉陵墓考古研究　/ 085
　　第一节　秦雍公陵、毕陌陵、芷阳陵的建制研究　/ 085
　　第二节　秦始皇陵建制研究　/ 089
　　第三节　西汉帝陵建制研究　/ 097
　　第四节　东汉帝陵建制研究　/ 109
　　第五节　汉代诸侯王、列侯大墓的发掘与研究　/ 117

第三章　秦汉丧葬礼俗研究　/ 162
　　第一节　装敛礼俗研究　/ 162
　　第二节　启殡埋葬礼俗研究　/ 178
　　第三节　西汉时期的祭奠之礼　/ 200
　　第四节　汉代"魂魄"观念研究　/ 216

第四章　汉代铜镜、漆器、货币研究　/ 232

  第一节　汉代铜镜研究　/ 232

  第二节　秦汉漆器研究　/ 247

  第三节　秦汉货币研究　/ 258

第五章　秦汉考古学文化的传播　/ 269

  第一节　秦文化的传播　/ 269

  第二节　汉文化的传播　/ 278

第一章
秦汉都城考古研究

第一节 秦都雍城礼制文化研究

《史记·秦本纪》记载，秦立国于西部，其都城曾多次迁徙。周孝王时，非子居犬丘（今甘肃天水地域）。前776年，秦襄公护周平王东迁有功被封为诸侯，居汧（今陕西陇县地域）。春秋初期，秦文公居于汧渭之会（今陕西宝鸡地域），宁公迁于平阳（今陕西岐山西）。秦德公元年（前677）迁都雍（今陕西宝鸡凤翔区雍城）。战国前期，秦灵公时有迁都泾阳之说。秦献公二年（前383）迁都栎阳（今西安市阎良区武屯镇）。到秦孝公十二年（前350），最后迁都到咸阳（图1-1）。雍城和咸阳是秦国建都时间最长而占有重要历史地位的两座都城，并且都做过较多考古工作①。

一、秦都雍城考古发现与布局

《史记·秦本纪》载："德公元年，初居雍城大郑宫。"张守节《正义》引《括地志》云："岐州雍县南七里故雍城，秦德公大郑宫也。"经考古勘察得知，雍城遗址位于今陕西省宝鸡市凤翔区，雍水之北。雍城遗址平面呈不规则的方形，东西约3300米，南北约3200米。城内发现南北向与东西向的大道各4条，相互纵横交错成"井"字形(图1-2)。

---

① 陕西省雍城考古队：《秦都雍城钻探试掘简报》，《考古与文物》1985年第2期。韩伟、焦南峰：《秦都雍城考古发掘研究综述》，《考古与文物》1988年第5、6期。陈国英：《秦都咸阳考古工作三十年》，《考古与文物》1988年第5、6期。

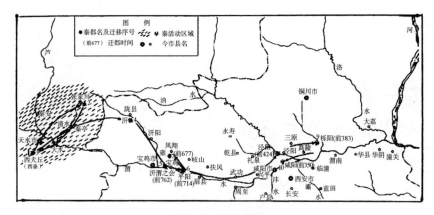

图 1-1　秦迁都图

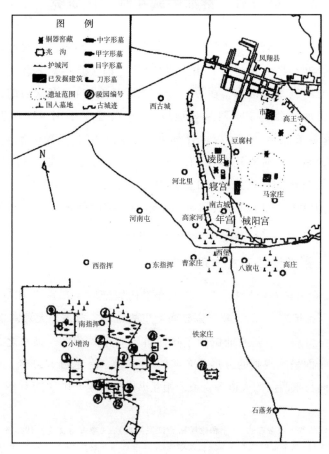

图 1-2　陕西凤翔秦国雍城遗址平面图

城内已发现多处宫殿基址。马家庄3号宫殿基址位于马家庄村西，大致处于城内的中央位置。3号建筑遗址布局比较规整，四周有围墙，围墙内由南而北分成五进院落、五座门庭（图1-3）。第一进院落内无建筑遗迹，南门正前方有一"屏"，"屏"南发现大量圭状石片。第二进院落中部偏北两侧各有一座建筑遗址。第三进院落中心有一大的夯土基址。第四进院落只有小规模的夯土痕迹。最后第五进院落面积最大，三个建筑基址呈品字形排列。遗址的时代为春秋至战国时期。根据此建筑布局，推测是一处朝寝建筑[1]。在城东南部的瓦窑头也发现了大型宫室基址，基址南北残长168米，由外至里分为五门、五院，有屏、门房、厢房、前殿、大殿、寝殿、回廊、偏厢房、阶、碑、阙等建筑单元。建筑格局与马家庄3号宫殿基址相似，但结构更加复杂，年代也早于马家庄3号基址[2]（图1-4）。

马家庄1、2号建筑基址位于马家庄村北，西距3号宫殿区约500米。由东西毗邻的1号和2号两组建筑基址组成，两者相距15米。其中1号建筑是一处由三座房屋组成的封闭式院落（图1-5）。门居正南，由门道和东西塾组成。院内的三座房基，一座居北部正中，坐北朝南，由前堂、后寝、东西夹室构成。另两座分居左右，东西相对，其结构也是由前堂、后寝、左右夹室构成。中间是庭院，庭院中有用以祭祀的牛、马、羊及人的祭祀坑181个，坑与坑之间存在打破关系，应是进行多次祭祀的结果。遗址的时代为春秋中期至战国初期。根据建筑布局及祭祀坑的情形推断，此遗址应是一处宗庙建筑，北部正中的建筑为祖庙，东部为昭庙，西部为穆庙[3]。2号建筑基址仅存部分门塾、隔墙、围墙等。从残存遗迹看，至少是由两个院落组成的封闭式建筑群，应与1号建筑群有联系。

---

[1] 陕西省雍城考古队：《秦都雍城钻探试掘简报》，《考古与文物》1985年第2期。韩伟：《秦公朝寝钻探图考释》，《考古与文物》1985年第2期。
[2] 田亚岐：《秦雍城城址东区2012年考古调查》，载国家文物局主编《2012中国重要考古发现》，文物出版社，2013年。
[3] 韩伟：《马家庄秦宗庙建筑制度研究》，《文物》1985年第2期。

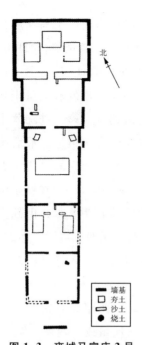
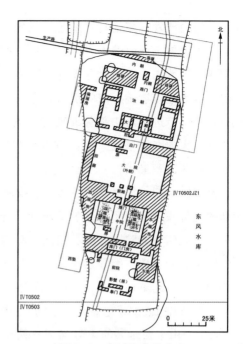

图 1-3 雍城马家庄 3 号宫殿遗址平面图

图 1-4 雍城瓦窑头宫室遗址平面图

图 1-5 雍城马家庄 1 号秦宗庙遗址平面图

马家庄4号建筑基址位于马家庄村东，西距1、2号基址约600米。遗址破坏较严重，残存有夯土墙基、散水石、祭祀坑等，面积约2万平方米。

在马家庄遗址之西600米处是姚家岗宫殿区[①]。1973—1974年对遗址进行了试掘，发现一大型夯土宫殿基址，基址边缘用石子铺设规整的散水面（图1-6）。在上部覆盖的倒塌堆积中，发现有素面半瓦当、三角纹板瓦、绳纹与宽带纹相间的筒瓦及"饕餮纹"的贴面砖等，还出有大部完好的玉石器物，有玉璜、玉璧、玉玦、石圭等。在此宫殿基址侧，发现三处铜质建筑构件窖藏，出土春秋时期的大型铜质建筑构件64件。在宫殿基址北侧，发现大型的方形窖穴，四周设回廊，西回廊正中有一通道。遗址堆积中有瓦及玉璧、玉玦等，其特征与南部宫殿基址所出同类物相似。该遗址被推测是藏冰的冰窖，即《诗·豳风·七月》称为"凌阴"的冰室，故又称凌阴遗址[②]（图1-7）。根据宫殿基址和凌阴遗址出土遗物多属春秋时期特征，应是同一时期的建筑。

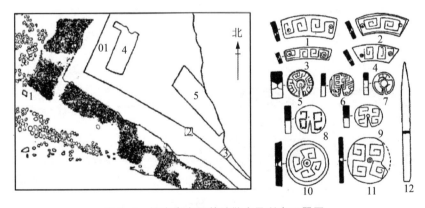

图1-6　姚家岗宫殿基址散水及所出玉器图

[①] 凤翔县文化馆、陕西省文管会：《凤翔先秦宫殿试掘及其铜质建筑构件》，《考古》1976年第2期。

[②] 陕西省雍城考古队：《陕西凤翔春秋秦国凌阴遗址发掘简报》，《文物》1978年第3期。

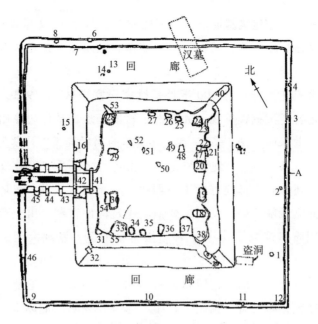

图 1-7　凌阴遗址平面图

1982—1983 年，在城址西南部的南古城一带发现建筑基址，遗址内曾出有"棫阳""棫""年宫"字瓦当[①]（图 1-8）。《汉书·文帝纪》载：文帝后元"二年夏，行幸雍棫阳宫。"颜师古注引张晏曰："秦昭王所作。"清顾栋高《春秋大事表》载："始皇九年上宿雍，橐泉、蕲年、棫阳诸宫俱在故雍都。"既然在南古城一带出土"棫阳""棫"字瓦当，推测秦棫阳宫应在此处。"年宫"未见史书记载，可能是在这一带的另一处秦汉时期的宫殿。

图 1-8　"棫阳""年宫"瓦当

凤尾村建筑基址位于城北部，面积约 4 万平方米。遗址破坏严重，布局不清。

[①]　陕西省雍城考古队：《秦都雍城钻探试掘简报》，《考古与文物》1985 年第 2 期。马振智、焦南峰：《蕲年、棫阳、年宫考》，《陕西省考古学会第一届年会论文集》，《考古与文物》1983 年丛刊第三号。

马家庄宫殿区之北发现"市"的遗址,近方形,四周有围墙,东西180米,南北160米。四周围墙中部各开一门,已发掘的西门宽21米,长14米,建筑平面呈"凹"字形,进门入口处有大型空心砖作为踏步,根据柱洞分布,推测门上应有四面坡式的屋顶。围墙内的空场约3万平方米,出土秦半两货币等,此应是进行贸易的"列肆"所在。这是目前所发现的先秦最完整的"市"的结构①。

在城内外还发现多处铸铜、冶铁、制陶等手工业作坊遗址。2005—2006年,在雍城西北部豆腐村一带发现一处大型制陶作坊遗址,东西150米,南北220米,面积3.3万平方米。在遗址的东侧和南侧发现夯土墙遗迹,判断可能与雍城的西墙和北墙连接,形成一独立的作坊区。区内发现有陶窑、采土坑、储泥坑、陶水管道、水井等,出土遗物有方砖、墙壁砖、板瓦、筒瓦、瓦当、陶鸽、陶俑及制陶工具等。出土圆瓦当独具特色,有鹿纹、獾纹、虎纹、蟾蜍纹、夔凤等纹饰,以鹿纹瓦当出土最多,也出有花瓣纹瓦当②(图1-9)。另外,在城北部高王寺一带发现冶铜作坊遗址,城南部史家河一带发现冶铜、冶铁作坊遗址,城外也发现各类手工作坊遗址多处。

图1-9 秦雍城遗址出土瓦当

---

① 杨宽:《中国古代都城制度史研究》,上海人民出版社,2003年,第77—78页。
② 陕西省考古研究院等:《秦雍城豆腐村战国制陶作坊遗址》,科学出版社,2013年。

图 1-10　血池遗址

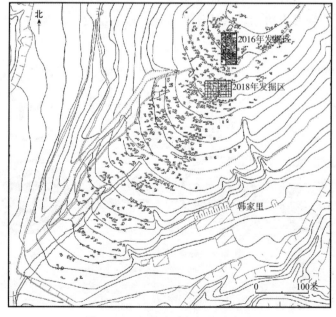

图 1-11　血池遗址祭祀坑分布图

2016—2017年，在雍城遗址西北15千米处的血池村发现秦汉时期的大型祭祀遗址①。已发掘祭祀台、祭祀坑及附属建筑等各类遗迹250余处，祭祀台由坛、壝、场构成的"坛场"（图1-10）。已勘察出祭祀坑570余处，发掘祭祀坑198座，多有打破关系，说明举行过长期的祭祀活动。已发现有车马坑、牲肉埋葬坑、玉器坑等，玉器有玉人、玉璜、玉琮、玉璋、玉璧等祭祀玉礼器（图1-11、图1-12）。

图1-12 血池遗址出土祭祀用玉

二、秦都雍城礼制文化研究

（一）秦都雍城设计理念

秦都雍城的布局特点与关东诸国都城有所不同，有其独特性。关东诸国都城均是由宫城与郭城组成，而雍城却只有一个城圈，似郭城，考古发现的各个宫殿区分布在城内的中部、东部、西部、北部，没有发现集中统一的宫城，也没有体现权威的高台建筑。文献记载，雍城有许多宫寝。《史记·秦本纪》载："德公元年，初居雍城大郑宫。"《秦始皇本纪》还记载，宣公居阳宫，康公、共公居雍高寝，桓公居雍太寝，景公居雍高寝，躁公居受寝。此后的秦孝公

---

① 陕西省考古研究院等：《陕西凤翔雍山血池秦汉祭祀遗址考古调查与发掘简报》，《考古与文物》2020年第6期。

还在雍建橐泉宫，秦昭襄王建棫阳宫。秦始皇时，雍城内还有蕲年宫。根据对雍城的考古勘察推知，这样多的宫寝大概是分布在雍城内的各处，没有专门的宫城。这说明，春秋时期秦雍城的建筑规划，还没有像关东诸国那种"筑城以卫君，造郭以守民"的规划形式，还没有国君"据中而居""居高临下""建中立极"的设计理念。

（二）秦都雍城宫、庙建制

当然，雍城的一些宫庙建制大概也参照了关东传统的礼制规划。《礼记·明堂位》记载了鲁之宫门制度："大庙，天子明堂。库门，天子皋门。雉门，天子应门。"郑玄注："言（鲁）庙及门如天子之制也。天子五门，皋、库、雉、应、路；鲁有库、雉、路，则诸侯三门与？"《礼记·曲礼下》载："天子当宁而立，诸公东面，诸侯西面，曰'朝'。"郑玄注："朝者，位于内朝而序进。"孔颖达疏云："凡天子三朝，其一在路门内，谓之燕朝，太仆掌之。……其二是路门外之朝，谓之治朝，司士掌之。……其三是皋门之内、库门之外，谓之外朝，朝士掌之。……则天子诸侯皆三朝也。"马家庄3号建筑遗址分成五进院落、五座门庭的布局，正是按照礼制构建的"五门三朝"之制。由南而北依次是皋门、库门、雉门、应门、路门，三朝即指第三、四、五进院落。根据其规模和布局，此宫殿可能是雍都中主要的朝宫之一。秦的朝宫做成"五门三朝"之制，应是诸侯僭越了周天子之礼。距马家庄3号宫寝较远的城东南角瓦窑头发现的宫寝遗址，也是"五门三朝"之制，被推测可能是"德公元年，初居雍城大郑宫"所在[1]。此宫殿从建筑格局上也是遵照礼制规划，但从城内布局上又反映出雍城的分散宫寝建制，印证了文献记载的雍城内有分散的多处宫寝。

马家庄1号建筑遗址被推测为秦的宗庙。有学者认为，此遗址是诸侯的三庙制，北部居中为祖庙，左侧为昭庙，右侧为穆庙，呈

---

[1] 田亚岐：《秦雍城城址东区2012年考古调查》，载国家文物局主编《2012中国重要考古发现》，文物出版社，2013年。王学理主编：《秦物质文化通览》上册，科学出版社，2017年，第159页。

"左昭右穆"之制①。也有人认为是五庙制②。无论是三庙制还是五庙制,从该遗址的规划布局看,仍然是秦沿用周传统的集中庙制。因雍都是秦的祖庙所在,直到战国时期,秦的一些重要的礼仪活动还是要到雍的祖庙中进行。按照传统礼制,表示成年的"冠礼"必须在祖庙中进行,秦始皇的"冠礼"正是在雍的祖庙中进行的。据《史记·秦始皇本纪》记载,秦王政年22岁举行"冠礼",四月住宿到雍的蕲年宫,己酉这天在祖庙中举行"王冠带剑"之礼。当然,马家庄1号遗址被推定是春秋中晚期的宗庙遗址,战国时期的秦祖庙也可能在其附近,在1号遗址之东,分布有多处建筑基址及祭祀遗迹,不排除会有战国时期的秦祖庙遗址。

(三)秦襄公创立祭天礼制

秦襄公时创立了具有秦特点的祭天礼制。《史记·封禅书》载:"秦襄公攻戎救周,始列为诸侯。秦襄公既侯,居西垂,自以为主少皞之神,作西畤,祠白帝,其牲用駵驹黄牛羝羊各一。"在甘肃礼县县城西的山顶上发现一处西汉时期的祭祀遗址,祭坛上分布有许多祭祀坑,出土有玉璧、玉圭等祭玉及牛、犬等祭牲骨骼。此遗址被推测为西汉时期的西畤遗址③。西汉是因袭秦的西畤进行祭祀的,很可能这个遗址也是秦的西畤所在。在雍都还立有"四畤"以祭上帝,故称"雍四畤"(《史记·封禅书》)。秦文公立鄜畤,祭白帝;秦宣公立密畤,祭青帝;秦灵公立吴阳上畤和吴阳下畤,分别祭黄帝和炎帝。秦人于雍立四畤,祭祀白、青、黄、炎四帝,是后来的郊祀五帝的滥觞。陕西宝鸡市陈仓区下站遗址,出土陶片上有"密"字陶文,被认定为是秦宣公四年(前672)所立的密畤,后沿用到西

---

① 韩伟:《马家庄秦宗庙制度研究》,《文物》1985年第2期。
② 王学理:《咸阳帝都记》,三秦出版社,1999年,第207页注[66]。
③ 早期秦文化联合考古队:《2004年甘肃礼县鸾亭山遗址发掘主要收获》,《中国历史文物》2005年第5期。

汉晚期①。宝鸡市陈仓区吴山遗址，属战国至西汉时期，被认定为吴阳下畤②。血池祭祀遗址出土的汉代陶瓮、陶盆上多刻有"上畤""下畤""下祠"等字样，说明此畤原可能是"上畤"或"下畤"之处，也有可能是刘邦所立的北畤之处。汉高祖刘邦在继承秦畤的基础上增设北畤祭祀黑帝，从而形成了雍五畤祭祀五帝系统，开启了五帝祭祀之先河。

第二节　秦都咸阳礼制文化研究

一、秦都咸阳考古发现与布局

秦孝公十二年（前350）迁都咸阳，直至秦二世秦亡，均以此为都，长达143年。《史记·秦本纪》载：孝公"十二年，作为咸阳，筑冀阙，秦徙都之"。《史记·商君列传》载：商鞅"作为筑冀阙、宫廷于咸阳，秦自雍徙都之。……大筑冀阙，营如鲁卫矣"。看来咸阳最初是按鲁、卫都城营建的。秦惠文王时，"取岐雍巨材，新作宫室。南临渭，北逾泾，至于离宫三百"（《三辅黄图·序》③）。后经武王、昭襄王、孝文王、庄襄王四代的发展，秦都咸阳的规模已大为扩充。秦始皇统一六国前后，"徙天下富豪于咸阳十二万户。诸庙及章台、上林皆在渭南。秦每破诸侯，写放其宫室，作之咸阳北阪上，南临渭，自雍门以东至泾、渭，殿屋复道周阁相属"。"始皇以为咸阳人多，先王之宫廷小，吾闻周文王都丰，武王都镐，丰镐之间，帝王之都也。乃营作朝宫渭南上林苑中。先作前殿阿房，东西五百步，南北五十丈，上可以坐万人，下可以建五丈旗。周驰

---

① 游富祥、张敏：《受命于天、既寿永昌　五畤祭天、帝国崛起——寻找汉雍五畤之"秦宣公密畤"》，《艺术品鉴》2021年第4期。

② 中国国家博物馆等：《陕西省宝鸡市陈仓区吴山祭祀遗址2016—2018年考古调查与发掘简报》，《中国国家博物馆馆刊》2022年第7期。

③ 陈直：《三辅黄图校证》，陕西人民出版社，1980年。本书引《三辅黄图》，均据此，下不另注。

为阁道，自殿下直抵南山。表南山之巅以为阙。为复道，自阿房渡渭，属之咸阳，以象天极。"（《史记·秦始皇本纪》）此外，还在咸阳城内扩建咸阳宫，兴建兰池宫等。在渭南还有章台宫、兴乐宫、信宫等。从上述文献记载看，秦孝公时，最初建都咸阳于渭河之北，秦始皇为了统一六国，更有效地控制关东地区，从渭河南岸取道关东更为便利，于是加速向渭河南岸扩建。这样，就由渭北的"小咸阳"扩大成为横跨渭河南北的"大咸阳"。

渭北咸阳故城遗址位于今咸阳市东10千米处。南靠渭水，因渭水的不断北移，遗址的南部已被冲掉。目前只发现渭北的宫城城垣，还没有发现郭城。从遗址的分布情况看，可分成宫殿区、手工业区、居民区等几部分[①]（图1-13）。

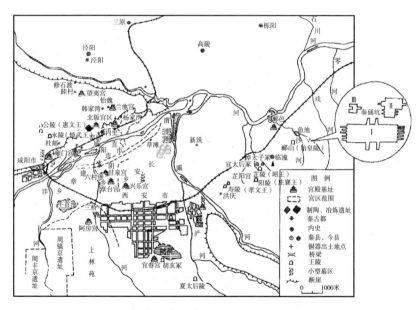

图1-13 秦都咸阳遗址分布图

故城遗址的北半部中心位置是宫殿区。宫殿区内的建筑遗址最多，分布最密集，规模也最大。在其周围有东西长900余米、南北

---

① 陕西省考古研究所：《秦都咸阳考古报告》，科学出版社，2004年。

长 570 余米的夯筑垣墙，此应是咸阳宫所在（图 1-14）。在宫城内外已探明大小夯土建筑基址 20 余处，其中有 8 处在宫城内。对宫城内的 1、2、3 号宫殿基址已进行了发掘①。1 号基址东西长 60 米，南北宽 45 米，高出地面 6 米。据发掘的遗迹现象进行复原得知，这是一座建在高大夯土台基上的上下错落的大型台榭建筑，下层有回廊环绕，中层有不同层次的宫室，顶部是大型的主体建筑②（图 1-15）。这一建筑将各种用途不同的单元紧凑地结合在一起，成为一个整体的多层建筑，构成了秦宫建筑的独特风格。与 1 号宫殿基址往东隔沟相望，也有一座高台建筑基址，其规模及建筑格局与 1 号宫殿相似，在沟的东西断面上有两座高台基址之间相联系的建筑痕迹及陶水管道，估计其间可能有长廊或复道相通，构成一组东西对称的建筑整体。位于 1 号宫殿基址西北 90 余米处是 2 号宫殿基址，是一座设有地下室、四周有回廊的高台建筑，与 1 号宫殿建筑有走廊相连。在 1 号宫殿基址西南 100 余米处是 3 号宫殿基址，其间也有走廊相连。这是一座带有长廊的殿堂，在廊道两壁上彩绘壁画，内容为车马

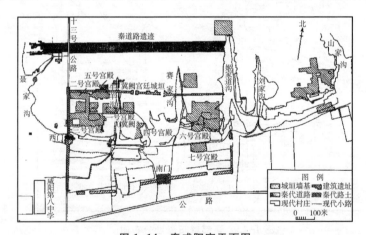

图 1-14 秦咸阳宫平面图

---

① 秦都咸阳考古工作站：《秦都咸阳第一号宫殿建筑遗址简报》，《文物》1976 年第 11 期；《秦咸阳宫第二号建筑遗址发掘简报》，《考古与文物》1986 年第 4 期。咸阳市文管会等：《秦都咸阳第三号宫殿建筑遗址发掘简报》，《考古与文物》1980 年第 2 期。
② 王学理主编：《秦物质文化通览》上册，科学出版社，2017 年，第 199—201 页。

仪仗、植物纹饰和几何形图案。这三座宫殿基址虽各成一独立体，但它们之间以走廊相连接，构成了一组宏伟壮观的建筑群。

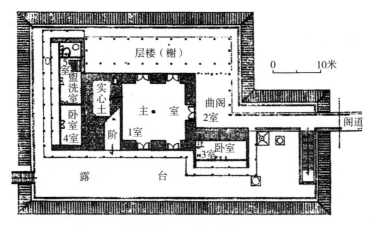

图1-15　秦咸阳宫1号宫殿基址顶层平面图

文献记载，在渭南有上林苑，在上林苑内建有章台宫、兴乐宫、信宫、甘泉宫（又称南宫）、阿房宫等。经考古勘察与试掘的阿房宫遗址，东西1270米，南北426米，现存最大高度12米，面积约55万平方米。台基上东、北、西三面有夯土墙，此应是阿房宫的宫墙。但在台基上面没有发现房屋建筑遗迹，推测阿房宫实际上是一座没有完成的建筑①。

在咸阳宫东、西两侧的柏家嘴、毛王沟建筑遗址内发现有燕国、齐国、楚国瓦当，当为六国宫殿所在之处。

手工业遗址主要分布在故城的西部和西南部②，西部手工业遗址主要分布在宫城西墙外，有冶铜、铸铁、制陶、制砖瓦、制骨、铸币及府库建筑遗址等，府库建筑遗址出土大批石质编磬残块，上多刻有"北宫乐府"字样。宫城西部的这些手工业作坊被推测为官府手工业区。西南部是指长陵车站手工业区，发现有制陶、冶铸、制

---

① 阿房宫考古工作队：《阿房宫前殿遗址的考古勘探与发掘》，《考古学报》2005年第2期。
② 许卫红：《从手工业遗存看秦都咸阳城北区布局》，《南方文物》2021年第2期。

骨等作坊遗址,出土陶器上多戳印陶文,有"咸亭完里""咸沙里""咸高里""咸白里""咸阳市"等30余种①。这一区域被推测为民营手工业作坊区。

2002年,在宫城西部发现铸钱遗址,出土陶制"半两"钱模和浇口等遗物,模内钱径3.3厘米,实际所铸钱径应为3.1—3.2厘米。此遗址应是秦都咸阳官署管辖的铸币工场②。

秦都咸阳遗址出土有动物纹、植物纹瓦当,但以云纹瓦当最多(图1-16)。

图1-16　秦咸阳宫遗址出土瓦当

1. 动物纹瓦当　2. 花瓣纹瓦当　3、4. 植物纹瓦当　5—8. 云纹瓦当

二、秦都咸阳礼制文化研究

(一)秦都咸阳设计理念

秦都咸阳的规划布局既继承了雍都的特点,又有新的变化。因咸阳城的初建是"营如鲁卫",是仿关东诸国的都城建制。秦都咸阳的郭城虽还没有发现,但集中的宫城(即咸阳宫)已经发现,正处于整个都城遗址北部正中的最高处,呈"建中立极"之势。1号宫殿基址又处于宫城之中部,其高台建筑形式,更显示出居高临下之

---

① 袁仲一、刘钰:《秦陶文新编》(下),第16—17页,文物出版社,2009年。
② 姜宝莲、袁林、秦建明:《秦半两钱陶范母的发现与相关问题》,《秦文化论丛》(第十辑),三秦出版社,2003年,第336页。

威严。《三辅黄图》卷一"咸阳故城":"始皇穷极奢侈,筑咸阳宫,因北陵营殿,端门四达,以则紫宫,象帝居,渭水贯都,以象天汉。"秦始皇筑咸阳宫以象天帝所居"紫宫",又以渭水比作"天汉",宫城"端门四达",应是方形宫城四面各有门四通。联系到秦始皇在渭南为自己建生祠"以象天极",建阿房宫也"以象天极",这反映了秦始皇天地相通、天人合一的都城规划理念。实际上,秦始皇称帝就是继承了周天子"王权神授""天人合一"的思想观念。《史记·秦始皇本纪》载,秦王(秦始皇)统一六国后,便令属下为自己议立新的名号:"今名号不更,无以称成功,传后世,其议帝号。"丞相绾等曰:"'古有天皇,有地皇,有泰皇,泰皇最贵。'臣等昧死上尊号,王为'泰皇'。命曰'制',令为'诏',天子自称曰'朕'。"王(始皇)曰:"去'泰',著'皇',采上古'帝'位号,号曰'皇帝'。"其自诩为上天之子称"天子",自称"皇帝",象天立宫称"紫宫"。这些均反映出秦始皇"王权神授""受命于天"的思想观念。秦始皇所创立的"皇帝"之名、"紫宫"之称,遂为后世历代王朝所沿用。

(二)秦都咸阳祭天礼制

秦迁都咸阳后的祭天之制,既继承雍都之制,又有所创新。对于雍四畤的祭祀照常进行,秦始皇时依然,只是"上不亲往,诸此祠皆太祝常主,以岁时奉祠之"。秦始皇除派太祝祭祀雍四畤外,还祭天"拜于咸阳之旁"(《史记·封禅书》)。秦始皇于咸阳之郊行祭天之礼,开启了以后历代于都城南郊祭天之先河。

(三)秦都咸阳宗庙、社稷建制

文献记,秦统一后,也立有社稷。《史记·李斯列传》云:李斯向秦二世表功说"立社稷,修宗庙,以明主之贤"。《三辅黄图》云:"汉初除秦社稷,立汉社稷。"有可能秦社稷就在汉社稷处(西汉时期的社稷遗址已于汉长安城南郊发现)。

《史记·秦始皇本纪》载:秦"先王庙或在西雍,或在咸阳"。

既然说"先王庙或在西雍，或在咸阳"，也说明都城咸阳也有集中的先王宗庙。至战国后期，秦传统的宗庙制度发生了变化：一是将庙建在渭南，离开了咸阳的宗庙区；再者是秦王均各自单独立庙，摆脱了传统的集中庙制。《史记·秦始皇本纪》载："诸庙及章台、上林皆在渭南。"《史记·樗里子列传》云："樗里子疾室在于昭王庙西渭南阴乡樗里。"既然文献记载秦始皇二十六年时渭南就有"诸庙"，肯定不是一处庙，又记载昭王庙已在渭南，起码表明从昭王以后各王的庙均在渭南。秦始皇也在渭南为自己建有生祠："（二十七年）作信宫渭南，已更命信宫为极庙，象天极，自极庙道通郦山。"（《史记·秦始皇本纪》）秦始皇的庙制也有大的变化。雍都与咸阳的宗庙都是集中庙制，至渭南建"诸庙"，则成了各王独立庙制。秦始皇于二十七年建"信宫"，第二年遂改名为"极庙，象天极"，这预示着向以秦始皇为独尊的集中庙制发展，最后想实现这一庙制的是秦始皇死后的秦二世。《史记·秦始皇本纪》载："（二世元年）二世下诏，增始皇寝庙牺牲及山川百祀之礼。令群臣议尊始皇庙。群臣皆顿首言曰：'古者天子七庙，诸侯五，大夫三，虽万世世不轶毁。今始皇为极庙，四海之内皆献贡职，增牺牲，礼咸备，毋以加。先王庙或在西雍，或在咸阳。天子仪当独奉酌祠始皇庙。自襄公已下轶毁。所置凡七庙。群臣以礼进祠，以尊始皇庙为帝者祖庙。'"由此可见，这是拟建成以秦始皇为独尊的集中庙制，尊秦始皇为太祖，以后二世、三世、四世等六世神主以次按昭穆班辈排于太祖始皇庙之左右，并按昭穆制度行神主迁祧之制。这与秦始皇自尊为"始皇帝，后世以计数，二世、三世至于万世，传之无穷"的意愿是一致的。只是秦祚短暂，均没有实现而已。

（四）秦都咸阳"市亭"建制

在秦都咸阳遗址内，曾出土相当多"咸亭"戳记陶文，如"咸亭沙寿口器""咸亭阳安驿器""咸亭口里絫器"等陶文，还有戳记

"咸市"的陶文①。"咸亭"与"咸市"意义相同,即咸阳市亭之意。《周礼·地官·司徒下》:"凡市入,则胥执鞭度守门。市之群吏,平肆展成奠贾,上旌于思次以令市。市师涖焉,而听大治大讼。胥师贾师涖于介次,而听小治小讼。"郑玄注:"上旌者,以为众望也,见旌则知当市也。"《史记集解·三代世表》云:"旗亭,市楼也,立旗于上,故取名焉。"这说明,当时的"市亭"设有各类官吏进行管理,并且"市亭"上立有旗帜。《周礼·地官·司市》载:"大市,日昃而市,百族为主;朝市,朝时而市,商贾为主;夕市,夕时而市,贩夫贩妇为主。"当时是否这样正规,不得而知,但"市亭"升旗表示开市则是可能的。咸阳遗址出土众多"咸市""咸亭"陶文,说明秦都城咸阳设有许多"市亭",这些"市亭"是"咸阳市府所辖某某私人陶业制品的标记"②。

"市"的出现是社会发展到一定阶段的必然产物,在社会劳动生产出现大分工之后,手工业成为独立的部门,生产者之间的交换变成了社会的迫切需要,以交换为目的的商品生产也就出现了,专用于手工业生产与商品交换的"市"也随之产生。从中国古代城的发展看,原始社会出现的城,主要属于防御性质。夏商西周时期的城又区分为"都"和"邑",突出了政治的、等级的、军事的内涵,有些都邑也有手工业,其主要职能是为都邑贵族制器,从考古中还没发现作为商品交易而专设的"市"。至东周时期,由于社会生产力的不断提高,手工业和商业迅速发展,可以说,迎来了中国古代手工业、商业发展的第一次高峰时期,作为手工业生产和商品交易集中场所的"市"也迅速发展起来,"市"成为当时都邑中的重要经济场所。如齐都临淄内有"国之诸市"(《左传·昭公三年》)、"市立三乡"(《管子·小匡》),楚郢都有"郢市"(《史记·循吏列传》)、"蒲胥之市"(《左传·宣公十四年》)、"刀俎之肆""屠羊之

---

① 吴梓林:《秦都咸阳遗址新发现的陶文》,《文物》1964年第7期。
② 俞伟超:《秦汉的"亭"、"市"陶文》,载《先秦两汉考古学论集》,文物出版社,1985年。

肆"(《韩诗外传》卷八）等①。秦都雍城考古已发现完整的独立"市"，咸阳又发现众多"咸亭""咸市"陶文，印证了东周时期"市"已成为各大都市内不可或缺的重要组成部分。由此便将"城"与"市"连称，遂成为后来所通称的"城市"之名。

第三节　西汉都城长安礼制文化研究

对于西汉长安城古迹的记录和研究，开始得很早。东汉末年曾有一幅图，称为《黄图》，专门记汉长安及附近的古迹，并有题记，此图已佚，梁、陈间人对图的题记做了记录，形成《三辅黄图》一书，此书亦佚，清人毕沅、孙星衍、庄逵吉有辑本。今本《三辅黄图》系唐以后人杂纂诸书而成，据此也可以了解汉长安城的大概情况。北魏郦道元《水经注·渭水》对汉长安城的宫殿、宗庙、陵墓以及周围水道等遗迹记载比较多。此后，北宋宋敏求的《长安志》、吕大防的《长安图记》、南宋程大昌的《雍录》、元代李好文的《长安志图》、清代毕沅的《关中胜迹图志》、王森文的《汉唐长安图》等，都对汉长安城做过考察。20世纪初，日人足立喜六的《长安史迹考》，记录了他对汉长安的城垣、未央宫前殿台基、明渠等遗迹的调查情况，发表了一些草测图②。对汉长安城进行有计划的系统考古工作，则是1956年后由中国社会科学院考古研究所开始的，经半个多世纪的考古发掘和调查，已获取了丰富的资料和大量研究成果，其中最为重要的研究成果汇集在中国社会科学院考古研究所编著的《中国考古学·秦汉卷》中，读者可借此巨著全面了解汉长安城的考古发现与研究，又可根据需要详细了解自己所关注部分学术研究之动态，查找资料及学术观点之来源③。此书在很大程度上可发挥工具

---

① 韩婴：《韩诗外传》卷八，程荣纂辑《汉魏丛书》，吉林大学出版社，1992年，第57页。
② 足立喜六：《长安史迹考》，商务印书馆，1935年。
③ 中国社会科学院考古研究所编著：《中国考古学·秦汉卷》，中国社会科学出版社，2010年。

书的作用，为学术再研究创造了条件，提供了一个非常便利的研究平台。

一、汉长安城的营建

最初，汉长安城的宫殿建筑是沿用秦都咸阳南郊的离宫而改建的。高祖元年（前206），项羽封刘邦为汉王，"王巴、蜀、汉中，都南郑"（《史记·高祖本纪》）。高祖二年（前205），刘邦夺取了关中故秦之地，便"除秦社稷，更立汉社稷"。高祖五年，刘邦击败项羽后正式称帝，因其属下皆关东人，便初都关东洛阳。齐人刘敬及留侯张良则力劝高祖定都关中，认为"关中左崤函，右陇蜀，沃野千里，南有巴蜀之饶，北有胡苑之利，阻三面而守，独以一面东制诸侯。……此所谓金城千里，天府之国也"（《史记·留侯世家》）。刘邦采纳了刘敬、张良等人建议，定都关中。先是利用秦的兴乐宫改建为长乐宫，作为皇宫。高祖八年，又修建了未央宫、武库、太仓。未央宫前殿刚建成后，萧何曾说："非壮丽无以重威，且无令后世有以加也。"（《史记·高祖本纪》）可见其非常威严壮观，一直是西汉大朝正殿所在。高祖六年又立大市。

汉惠帝元年至五年（前194—前190）分五次修筑长安城城墙。每次或征发周围六百汉里内的男女民众或各地徒隶十余万人进行修筑。这期间还立刘邦高庙，修筑了西市、敖仓等（《汉书·惠帝纪》）。

武帝时期，长安城进行了大规模的扩建，扩大了宫殿区。在西城外修了建章宫，《三辅黄图》卷之二"汉宫"记建章宫"周二十余里，千门万户，其东凤阙"，"前殿下视未央"。武帝晚年到昭帝初期建章宫几乎代替了未央宫的地位，成为皇帝布政活动的主要场所。在未央宫的北面修了桂宫、北宫，在长乐宫北面修了明光宫。这些主要是皇后以下的内室居地。扩建了上林苑，苑内建离宫七十余所，台观三十多处（《三辅黄图》卷之四"苑囿"）。

开凿昆明池、漕渠、明渠。在昆明池北部的东、西两侧，当时立有石刻牵牛、织女像，以象天汉（《三辅黄图》卷之四"池沼"）。

王莽于平帝元始四年（4）在城南兴建了明堂、辟雍等。于地皇元年（20）拆用建章宫等城西的离宫别馆十余所的材料建王莽九庙（《汉书·王莽传》）。这是汉长安城最后一次大规模的兴建。

二、汉长安城的考古发现与布局

汉长安城位于今西安市西北郊的渭河南岸，考古工作已勘清了城墙，对部分城门、宫殿、武库、市场、手工业作坊、礼制建筑等遗址进行了发掘，对道路系统、上林苑等遗迹进行了勘察、发掘，基本搞清了汉长安城的布局与结构[①]（图1-17）。

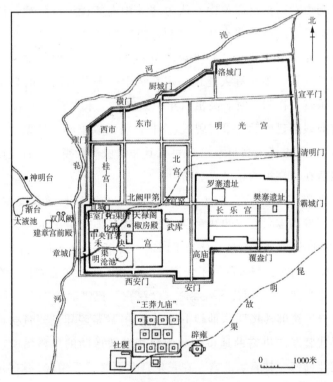

图1-17　汉长安城遗址平面图

---

① 刘庆柱、李毓芳：《汉长安城》，文物出版社，2003年。中国社会科学院考古研究所编著：《中国考古学·秦汉卷》，中国社会科学出版社，2010年。后文引用相关考古资料多出自此二书，不再一一注明。

汉长安城整体平面呈不规则方形，城墙系迁就渭河南岸泬水、洨河的形势及长乐、未央两宫位置而定，故西北部与南部城垣曲折不整齐。后人以为是模仿天象的产物，北象北斗，南象南斗，呼之为斗城（《三辅黄图》卷之一"汉长安故城"）。汉长安城每面3座城门，共有12座城门，其位置均已探出。南垣为覆盎门、安门、西安门；西垣为章城门、直城门、雍门；北垣为横门、厨城门、洛城门；东垣为宣平门、清明门、霸城门。已对宣平门、霸城门、西安门、直城门和横门进行了发掘。从上述5座城门址来看，每座城门都由三个门道组成。

宫殿建筑遗址占了全城的绝大部分面积。未央宫、长乐宫位于城的南部，两宫之间是武库。未央宫北部由西至东是桂宫、北阙甲第、北宫，再北部的横门内是东、西九市。推测长乐宫北部是明光宫，其北部很小范围是一百六十闾里的民居区。

未央宫　位于全城的西南角，宫城平面呈方形，边长2150—2250米，面积约5平方千米。宫城四面各辟有宫门，东、北宫门筑有高大阙楼。宫城四隅各筑有角楼。宫城内两条东西向道路将宫城分成南部、中部和北部三部分。未央宫的主体建筑——前殿基址，位于中部正中，坐北朝南，其上南北排列三座大殿，属于高台宫殿建筑。这是西汉王朝最主要的宫殿，皇帝居于此宫，是朝会、布政之地。其东西两侧还有一些宫殿建筑基址。北部为后宫和官署所在，后宫首殿——椒房殿遗址位于前殿基址正北350米处，与前殿基址成南北一线。后宫西部有少府等官署遗址，北部和西北有天禄阁、石渠阁等皇室的文化性建筑。未央宫南部西侧为皇宫池苑区，沧池、渐台即在此处。在未央宫西部发掘的三号建筑遗址，除出土铜、铁兵器及生活用品外，更重要的是出土了总数达57000多片的有字骨签。推测三号建筑属于中央官署性质。

长乐宫　位于全城的东南角，宫垣已探出，东西约2900米，南北约2400米。西汉初年，这里是高祖刘邦的临时皇宫。惠帝时，吕后居此宫，从此，太后居东宫成为封建社会很长时期内的传统。宫城中有一条横贯东西的大路，向东通至霸城门，向西与直城门大街相连接，路面分三道，中道路面较平，两侧路面略呈弧形。长乐宫内的主要宫殿建筑在东西干道南部，已勘探出东西分布的三组大型宫殿建筑群。东边最大的建筑基址东西116米，南北197米，基址南部东西并列三阶，基址之上南北排列三组殿址。据推测，此组建筑基址可能属于长乐宫前殿遗址。

桂宫 桂宫位于未央宫北的西部，宫址已经探出，宫垣南北约1800米，东西约880米。南、北、东各辟一门，其南门应是文献记载的龙楼门。宫中南部有一高台宫殿建筑基址，应为桂宫主殿——鸿宁殿建筑群故址。未央宫北偏东应是"北阙甲第"遗址。再东部勘探出一座长方形宫城遗址，或即北宫。明光宫的宫垣尚未探出，推测其位置当在长乐宫之北的地段上。

武库 在长乐宫与未央宫之间的武库遗址已进行了勘察及重点发掘。此建筑为一长方形大院落，东西长710米，南北宽322米。院落中部有一南北隔墙，将大院落分为东、西两部分。隔墙南端辟门，使东西两院相通。武库东墙辟一门，南墙辟二门。东院内有4座房子建筑遗址，西院内有3座房子建筑遗址。通过对1、7号房子遗址的发掘得知，房内并排筑有矮墙以置兵器，出土有大量铁兵器。此遗址下限是西汉晚期（图1-18）。

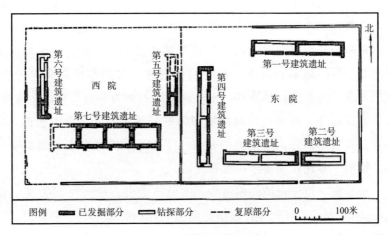

图1-18 武库遗址平面图

九市 汉长安城西北部横门大道两侧是主要的商业活动区，已在此勘察出两个筑有围墙的遗址，东部遗址范围东西780米，南北650—700米，西部遗址范围东西550米，南北420—480米。二遗址四周围墙各辟二门，内部有东西和南北道路各两条贯通，四条道路相交呈"井"字形。在西部遗址内已发现铸币、冶铸及陶窑等遗址①。此即文献所载的"东市"和"西市"遗址②（图1-19）。

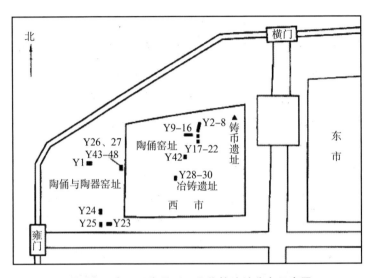

图1-19 东、西市及手工业作坊遗址分布示意图

一百六十闾里 今本《三辅黄图》卷之二"长安城中闾里"记载："长安闾里一百六十，室居栉比，门巷修直。有宣明、建阳、昌阴、尚冠、修城、黄棘、北焕、南平、大昌、戚里。"长安城的中部、南部几乎全部是宫殿、官署和贵族官僚的"北阙甲第"区，西北部又是工商业区，一般居民区只能在城的东北部一小片地方。《文选》

---

① 中国社会科学院考古研究所汉城队：《汉长安城窑址发掘报告》，《考古学报》1994年第1期；《1992年汉长安城冶铸遗址发掘简报》，《考古》1995年第9期；《1996年汉长安城冶铸遗址发掘简报》，《考古》1997年第7期。李毓芳：《汉长安城烘范窑和铸币遗址》，载《中国考古学年鉴（1993）》，文物出版社，1995年。
② 刘庆柱：《西安市汉长安城东市和西市遗址》，载《中国考古学年鉴（1987）》，文物出版社，1988年。

所载西晋潘岳的《西征赋》，描写宣平门内，"所谓尚冠修成，黄棘宣明，建阳昌阴，北焕南平，皆夷漫涤荡，亡其处而有其名"①。潘岳所记长安八里名，与《三辅黄图》所记相合。由此可见，居民的闾里区确实是在宣平门内这一带。

南郊礼制建筑遗址　位于长安城南郊，发现中组1号至12号遗址，西部13、14号遗址和东部大土门遗址。发掘者推定中组为王莽九庙遗址，西部分别是西汉社稷、王莽社稷遗址，东部大土门遗址为辟雍遗址②。

发掘者对长安城西部的建章宫遗址、上林苑遗址进行了勘察，并发掘了上林三官之一的"锺官"铸钱遗址③。

帝陵　西汉从高祖刘邦到平帝，十一位皇帝中有九位葬于汉长安城北部的咸阳塬上，呈东西一排。文帝、宣帝则葬在长安城东南郊一带。

三、汉长安城礼制文化研究

（一）汉长安城设计理念

《周礼·考工记》记载："匠人营国，方九里，旁三门。国中九经九纬，经涂九轨，左祖右社，面朝后市。"长安城的布局特点多与此规划相仿，故学者也多以此规划对照进行研究。如果认为长安城是以《考工记·匠人营国》为蓝本营建的，这是不合适的，因《考工记》何时成书，又何时补入《周官》，自汉代以来就存在不同的说法。但可以肯定是，在汉武帝始除挟书律之前，汉官府是没有掌握《考工记》一书的④。如果说汉长安城是以"匠人营国"所体现

---

① 萧统：《文选》，中华书局，1981年，第154页。
② 中国社会科学院考古研究所编著：《西汉礼制建筑遗址》，文物出版社，2003年。
③ 西安文物保护修复中心编著：《汉锺官铸钱遗址》，科学出版社，2004年。
④ 《礼记·礼器》载："故经礼三百，曲礼三千。"郑玄注："经礼，谓《周礼》也。"孔颖达疏："周公摄政七年，制礼作乐，为设官分职之法，亦名《周官》，有六卿，每卿下各有属官六十，凡三百六十。经秦焚烧之后，至汉文帝时，求得此书，不见《冬官》一篇，乃使博士作《考工记》补之。"此说不知所据。

的东周时期都城设计理念逐次营建则是可以的,这是因为"匠人营国"有别于夏商西周都城以神权为中心的设计理念,是以王权为中心的,是集权制政体下的产物,并且,其所体现主要建制形式在列国都城中就已形成。汉长安城是继承了战国时期都城布局特点而逐步规整化、制度化的,如城垣近方形、旁三门、门三道、城内主要是宫殿,祭祀均在城外,此均是继承了东周时期集权制政体下的建都模式,是以皇权为中心而营建的。

(二)汉长安城城门建制

汉长安城每面设有三座城门,四面共十二座,这是中国古代都城建制的首例。《考工记》设计周天子的都城城门是"旁三门",何谓"旁三门",郑玄解释为"天子十二门,通十二子"。即十二门通子丑寅卯等十二辰。商周之时,以干支来记述天地时辰之运转,另外,"天圆地方"的宇宙观念在商周时期已盛行。所以,《考工记》如此设计天子都城,大概也是为了表现周天子居九里之方城以法地,建十二之通门以法"十二子",借此以通天地之间,更体现了周天子作为上天元子以御天下之地位。汉长安城的设计既是承袭了先秦"天圆地方"的宇宙观,又是在意识形态领域借用"皇权神授"的思想理念以维护其集权制的政体。汉代皇帝也被认为是受命于天的,"高皇帝为天下诛暴除乱,受命而帝,功莫大焉"(《汉书·卫贤传》)。故也称为"天子"。汉代皇帝六玺中有"天子行玺、天子之玺、天子信玺。……其征大臣,以'天子行玺';策拜外国事,以'天子之玺';事天地鬼神,以'天子信玺'"①。《白虎通义》首篇《爵篇》载:"天子者,爵称也。爵所以称天子何?王者父天母地,为天之子也。"②汉代的皇帝以天为父,以地为母,是上天的儿子,以受天命治理天下。这是汉代皇帝为皇权神圣与独尊制造的理论根

---

① 卫宏:《汉官旧仪卷上》,载《汉官六种》,中华书局,1990年,第31页。
② 班固:《白虎通义》,程荣纂辑《汉魏丛书》,吉林大学出版社,1992年,第151页。

据。大概，汉长安城筑成方形以法"地"，建十二门以"通天"，借此以体现"皇权神授"的思想理念。

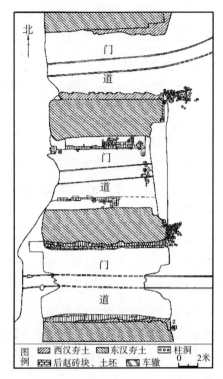

图1-20 汉长安城宣平门遗址三门道平面图

经对宣平门、霸城门、西安门、直城门和横门进行发掘可知，每座城门都有三个门道组成，通过三个门道有三条路通向城内（图1-20）。班固《西都赋》云："建金城其万雉，呀周池而成渊，披三条之广路，立十二之通门。内则街衢洞达，闾阎且千。"张衡《西都赋》云："观其城郭之制，则旁开三门，参涂夷庭，方轨十二，街衢相经。"①所记与考古发掘所见完全相符。都城城门之所以设三门洞通三条并行路，也是为了体现皇权的威仪。中间的道路称驰道，两边的路叫旁道。《汉书·成帝纪》记载，成帝为太子时，居

---

① 萧统：《文选》，中华书局，1981年，第23、42页。

桂宫，"上（元帝）尝急召，太子出龙楼门，不敢绝驰道，西至直城门，得绝乃度，还入作室门。上迟之，问其故，以状对。上大说，乃著令，令太子得绝驰道云。"这说明，驰道是专供皇帝行走之御路，其他任何人都不能"绝驰道"，以显示皇权之威仪。

（三）汉长安城宫殿建制

商周时期始建国营都，首先立宗庙和社稷。《墨子·明鬼下》载："昔者虞夏商周三代之圣王，其始建国营都日，必择国之正坛，置以为宗庙，必择木之修茂者，立以为菆位。"《礼记·曲礼下》载："君子将营宫室，宗庙为先，厩库为次，居室为后。"这是以神权为中心的设计理念。而高祖五年刘邦正式称帝，定都关中，首先营建的是皇宫长乐宫，随后营建未央宫、武库、太仓。武帝时期在城内大规模营建的也均是皇室所居的皇宫，皇宫占了全城的绝大部分面积。由此可见，汉长安城的营建有别于夏商西周以神权为中心的都城设计理念，而是以皇权为中心营建的。

未央宫是西汉王朝行使国家权力的布政之宫，宫城平面呈方形，宫内有贯通宫城的南北向道路一条、东西向道路两条，这三条主干道在通往宫墙处均辟有宫门，东、西宫墙各有两座，南、北宫墙各有一座，北宫墙之西有一小门，据推测是文献所记汉成帝为太子时入未央宫的"左室门"。未央宫四角有角楼，西南角楼遗址出土了"卫"字瓦当，"卫"即"卫尉"省称，"卫尉"职责是宫城保卫[1]。未央宫是汉初最早营建之宫，当时还没有大的外围城墙，未央宫西部的上林苑、南部的礼制建筑均还没有营建，在西部、南部均没有重要活动场所的情况下，为何还在西、南宫墙辟门而成"四向"之宫门，这应当与传统的建宫理念有关。《周礼·天官·宫伯》载："掌王宫之士庶子。……授八次八舍之职事。"郑玄注："卫王宫者，必居四角四中，于徼候便也。"此是讲，周之王宫宫垣的四角、四面

---

[1] 中国社会科学院考古研究所：《汉长安城未央宫（1980—1989年考古发掘报告）》，中国大百科全书出版社，1996年。

之中均要设"次""舍",以供守卫者徼察、候望之便。未央宫四面辟门、四角设角楼正是传统王宫之建制。文献也记载未央宫是四面辟门。《三辅黄图》卷之二"汉宫"载:"汉未央、长乐、甘泉宫,四面皆有公车司马门,凡言司马者,宫垣之内,兵卫所在,司马主武事,故谓宫之外门为司马门。"王莽时更名"公车司马曰王路四门"(《汉书·王莽传》)。未央宫为"方形宫"辟"四向门"之建制,应是按"天圆地方"及五行观念而建。《史记·高祖本纪》载:"萧丞相营作未央宫,立东阙、北阙。"《集解》引《关中记》曰:"东有苍龙阙,北有玄武阙。玄武所谓北阙。"《索隐》注曰:"东阙名苍龙,北阙名玄武,无西、南二阙者,盖萧何以厌胜之法故不立也。"据考,《关中记》著者为曹魏时人,曾为长安令,目睹了秦汉长安的历史文物古迹。因此,《关中记》的记述是较为可靠的[①]。由此可见,未央宫虽没有在西门和南门立阙,但东立苍龙阙,北立玄武阙,已反映出当时的五行观念。刘庆柱先生指出:"汉长安城及其皇宫未央宫平面近方形,这反映了当时的崇方思想,崇方思想在都城规划中有着源远流长的历史。……汉长安城和未央宫继承了先秦时代宫城崇方的传统做法,同时又对西汉时期各类重要皇室建筑产生了重要影响,如汉长安城南郊礼制建筑遗址中的宗庙、官稷、辟雍遗址的形制均反映了崇方思想。"[②] 西汉都城、礼制建筑、宗庙建筑、帝陵等崇方的设计既是承袭了先秦"天圆地方"的宇宙观,又是在意识形态领域借用"皇权神授"的思想理念以御天下,此应是汉代崇方思想之真谛。另外,高祖刘邦对五行、五帝、五方、五色等宇宙观是非常信奉的,其在汉初就确立了祭祀五方帝神体系[③]。汉

---

① 刘庆柱:《三秦记辑注·关中记辑注》,三秦出版社,2006年,第5页。
② 中国社会科学院考古研究所编著:《中国考古学·秦汉卷》,中国社会科学出版社,2010年,第223—234页。
③ 《史记·封禅书》载:"(高祖)二年,东击项籍而还入关,问:'故秦时上帝祠何帝也?'对曰:'四帝,有白、青、黄、赤帝之祠。'高祖曰:'吾闻天有五帝,而有四,何也?'莫知其说。于是高祖曰:'吾知之矣,乃待我而具五也。'乃立黑帝祠,命曰北畤。"

文帝时在长安城北部"霸渭之会"修建了"渭阳五帝庙",其建筑形制为"同宇,帝一殿,面五门,各如其方色"。同年,还在长安的长门附近"立五帝坛,祠以五牢具"(《史记·封禅书》)。《三辅黄图》卷之三"未央宫"载未央宫建制:"苍龙、白虎、朱雀、玄武,天之四灵,以正四方,王者制宫阙殿阁取法焉。"此虽多是后期的记载,最初的未央宫四向宫门也不一定分别名之为四灵之门,但在汉初五行宇宙观非常盛行的情况下,方形未央宫建"四向"之宫门"以正四方"应是可信的。考古发现的汉景帝陵"罗经石"遗址就是按"五行"思想而营建,遗址主体建筑四面的铺地砖、墙壁等,均按照东、南、西、北方位的不同,分别涂有代表不同方位颜色的青、红、白、黑颜色,并发现四灵空心砖清楚地表明了它们各自的方位①。以此观之,未央宫的方形、四向的格局也应是"五行"思想的反映。

汉王朝大朝正殿"前殿"位于未央宫中央的最高位置,各重要官署多位于前殿的北部。此大朝正殿居高、居中之位置,中央官署分列其下之布局,均是集权制政体下的设计理念。前殿遗址之上自南向北排列着3座大型宫殿建筑遗址,每座宫殿前部均有一大型庭院,这或许是按礼制建筑的天子"三朝"(图1-21)。《汉书·五行志》载:"章城门通路寝之路。"《汉书·王莽传》载:王莽改"未央宫曰寿成室,前殿曰王路堂"。服虔注"王路堂"曰:"如言路寝也。"章城门向城内的通路正是前殿南部之路,此正可印证东汉服虔所说的"前殿"为"路寝"。"路寝"乃天子所居的"三朝"之一。《礼记·曲礼》孔颖达疏云:"凡天子三朝,其一在路门内,谓之燕朝……其二是路门外之朝,谓之治朝……其三是皋门之内、库门之外,谓之外朝。……天子诸侯皆三朝也。"任启运《朝庙宫室考》云:"内朝,路寝也,又谓燕朝,宗人嘉事行于此;治朝,日听

---

① 马永嬴、王保平:《走近汉阳陵》,文物出版社,2001年。

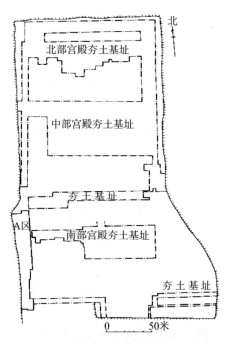

图 1-21 未央宫前殿遗址勘探平面图

政事所在；外朝，则有大政询万民之朝也。"① 未央宫前殿中最主要的宫殿是宣室殿。《汉书·贾谊传》载："上方受釐，坐宣室。"苏林注云："宣室，未央前正室也。"《汉书·刑法志》载："时上（宣帝）常幸宣室，斋居而决事。"如淳注云："宣室，布政教之室也。"后世将未央前殿中的宣室殿比照周代内朝。北宋张洎曰："今（北宋）崇德殿，即唐紫宸殿也，周为内朝，汉为宣室。"② 以此推测，未央前殿遗址之上的三座大型宫殿建筑，有可能是按礼制建筑的天子"三朝"而建，然周之"三朝"是指宫殿前的庭院③，而未央宫前殿则

---

① 任启运：《朝庙宫室考》，载王先谦编：《清经解续编》卷136，上海书店出版社，1988年，第761页。
② 李焘：《续自治通鉴长编》卷三二，中华书局，2004年，第726页。
③ 许慎《说文》云："廷，朝中也。"《周礼·夏官·太仆》郑玄注："燕朝，朝于路寝之庭。"焦循《群经宫室图》云："凡朝皆廷也，其堂为路寝，其廷为燕朝。"王先谦编：《清经解续编》卷357，上海书店出版社，1988年。

是建起了三大宫殿，这对此后中国古代宫城中大朝政殿的建制具有深远的影响，唐宋乃至元明清的宫城内均按传统礼制建有"三朝"大殿①。

（四）汉长安城宗庙、陵庙建制

1. 太上皇庙、原庙的营建

东汉蔡邕曰："汉承秦灭学之后，宗庙之制，不用周礼。"②汉高祖刘邦定都关中营建长安，但并没有以夏商周建都礼制先立宗庙，而是先营建皇宫、武库和太仓。之所以先营建这三部分，应当是根据当时连年战争的需要及建国初期时局的不稳定所做决定。另一方面，高祖刘邦是"以布衣提三尺剑取天下"（《史记·高祖本纪》），不像夏商周三代君主认为是其显赫的先祖保佑他们取得天下，所以夏商周建国立都先立宗庙。西汉都城长安最早立庙是高祖刘邦在其父死后立的"太上皇庙"。

《汉书·高帝纪》载：高帝六年尊其父太公为太上皇。十年"秋七月癸卯，太上皇崩，葬万年。赦栎阳囚死罪以下。八月，令诸侯王皆立太上皇庙于国都"。按礼制，人死后要将神主置于庙进行祭祀，既然高祖令各诸侯王的都城均立太上皇庙，汉都长安也应立有"太上皇庙"。《史记·高祖本纪》载，高祖刘邦死后，太子刘盈是到太上皇庙中举行的"即位礼"："丙寅葬，己巳立太子，至太上皇庙。"《史记》是武帝时期的司马迁所著，这说明高祖刘邦是先在长安立的太上皇庙。汉惠帝即位后，尊其父刘邦为太祖，尊号为高皇帝，"令郡国诸侯各立高祖庙，以岁时祠"（《史记·高祖本纪》）。这样，汉长安城内及各郡国就有了太上皇庙和高庙两处汉室之庙。汉

---

① 叶梦得《石林燕语》载："唐以宣政殿为前殿，谓之正衙，即古之内朝也。以紫宸殿为便殿，谓之上阁，即古之燕朝也。而外别有含元殿。古者天子三朝，外朝、内朝、燕朝。"《石林燕语》卷二，中华书局，1984年，第19页。明代都城北京紫禁城内的皇极殿、中极殿、建极殿，也是传统的"三朝"建制，体现了"君权神授""象天立宫"的意识形态和礼制规划。

② 范晔：《后汉书·祭祀志》注引《袁山松书》，中华书局，1965年，第3199页。

长安城内太上皇庙的位置近内史府。《史记·晁错列传》记载：景帝时，"内史府居太上庙壖中，门东出，不便，错乃穿两门南出，凿庙壖垣"。《三辅黄图》卷之五"宗庙"也记载了太上皇庙的位置："太上皇庙，在长安西北长安故城中，香室街南，冯翊府北。《关辅记》曰：'在酒池北。'"据考古调查推测，太上皇庙可能在清明门内大街之南、长乐宫东北位置①。

太上皇陵还设有陵庙。《汉书·韦贤传附韦玄成传》载："自高祖下至宣帝，与太上皇、悼皇考，各自居陵旁立庙……又园中各有寝、便殿。日祭于寝，月祭于庙，时祭于便殿。寝，日四上食；庙，岁二十五祠；便殿，岁四祠；又月一游衣冠。"《三辅黄图》卷之五"宗庙"载："太上皇有寝庙园、原庙。"《汉书·元帝纪》载："（建昭五年）秋七月庚子，复太上皇寝庙园、原庙。"太上皇崩于栎阳，葬栎阳北原（《汉书·高帝纪》颜师古注），其"寝庙园、原庙"应在栎阳北原。太上皇死后同样要进行"日祭于寝，月祭于庙，时祭于便殿"的祭祀，也要举行"月一游衣冠"至庙的祭祀礼仪。因此推测，汉惠帝在为其父高祖刘邦增设陵庙（原庙）的同时，也为其祖父增设了陵庙，以便在陵庙（原庙）中举行"月一游衣冠"至庙的祭祀礼仪。

2. 高祖刘邦高庙、原庙的营建

高祖刘邦高庙是惠帝即位后建立的。汉惠帝即位后，尊其父刘邦为太祖，尊号为高皇帝，"令郡国诸侯各立高祖庙，以岁时祠"（《汉书·叔孙通传》），晋灼注："《黄图》：高庙在长安城门街东。"《关中记》载："高庙在长安故城安门里大街东。"②刘庆柱先生根据文献记载推定："高祖庙在武库以南，安门大街以东，安门之内，约在今东叶村一带。通过在这里勘探，于长乐宫西南部，安门大街与南城墙南折段东西居中处，发现一汉代大型夯土建筑遗址，推测当

---

① 姜波：《汉唐都城礼制建筑研究》，文物出版社，2003年，第25页。
② 刘庆柱：《三秦记辑注·关中记辑注》，三秦出版社，2006年，第97页。

为高庙遗址。"《关中记》又载"汉长安城遗址曾出土有'高庙万世'文字瓦当，疑此为高庙遗物。"①此对高庙所处位置的推断是可信的。

按照传统礼制，天子、诸侯都要每月到宗庙中祭祖②，所以惠帝要每月祭于高庙，并把高祖衣冠从寝中运出游至高庙。当时惠帝居未央宫，为东朝居于长乐宫的太后，便在武库南的位置筑了一条连通未央宫与长乐宫的"复道"。然讲究礼仪的叔孙通即刻进谏："陛下何自筑复道？高帝寝衣冠月出游高庙，子孙奈何乘宗庙道以上行哉！"并建议惠帝在渭北重新立高帝原庙："愿陛下为原庙渭北，衣冠月出游之，益广宗庙，大孝之本。"于是，惠帝"乃诏有司立原庙。"颜师古注："原，重也。先以有庙，今更立之，故云重也。"（《汉书·叔孙通传》并注）之所以将原庙建于渭北，即就近于高祖陵园处，这样便解决了高祖衣冠由寝从复道下出游高庙的问题。此放高祖衣冠的"寝"在何处？注释家各有所指：服虔认为在"高庙中"；如淳认为是"宫中之寝"；晋灼认为"寝在桂宫北"；颜师古则认为："诸家之说皆未允也。谓从高帝陵寝出衣冠，游于高庙，每月一为之，汉制则然。"（《汉书·叔孙通传》并注）现在看来，颜师古的解释是对的，因为高祖长陵旁已建有专门放衣冠的寝殿，高祖下葬后，衣冠肯定是放置在陵寝中的。在渭北高帝陵附近重建高帝原庙，从而解决了"月一游衣冠"的诸多问题，由此确立了西汉一代陵旁立庙的制度。据文献记载和学者研究，惠帝庙应在长陵旁的高帝原庙之西、安陵附近③，文帝的"顾成庙"、景帝的"德阳宫"、武帝的"龙渊庙"、昭帝的"徘徊庙"、宣帝的"乐游庙"、元帝的"长寿庙"、成帝的"阳池庙"均是建在各自陵墓附近④。这样，西汉皇室祭祖便形成了"日祭于寝，月祭于庙，时祭于便殿"，又

---

① 刘庆柱：《三秦记辑注·关中记辑注》，三秦出版社，2006年，第98页。
② 《礼记·祭法》："王立七庙，一坛，一墠。曰考庙，曰王考庙，曰皇考庙，曰显考庙，曰祖考庙，皆月祭之。诸侯立五庙……皆月祭之。"
③ 焦南峰、马永嬴：《西汉宗庙刍议》，《考古与文物》1999年第6期。
④ 杨宽：《中国古代陵寝制度史研究》，上海人民出版社，2003年，附表一。

"月一游衣冠"至庙的礼仪制度。

刘邦既尊为太祖，成为开国安邦的至尊之祖，高庙则成为国之大事均要祭告的神圣之处。首先，按礼制在高庙举行祫祭之礼①。《汉旧仪》载："宗庙三年大祫祭，子孙诸帝以昭穆坐于高庙，诸毁庙神皆合食，设左右坐。"西汉皇室按礼制每三年举行的祫祭，都要将诸帝神主集中于高庙以昭穆排列进行合祭。新君即位，要到高庙举行"即位礼"。文帝、景帝皆即位于高庙，拜谒高祖（《史记·孝文本纪》）。由此，西汉王朝新君即位于高庙行"即位礼"成为定制，以表明新皇帝的皇统地位的合法性。

（五）"王莽九庙"建制

1958—1959年，在汉长安城城南发掘了大型建筑基址，遗址位于汉长安城安门与西安门南出1千米外的平行线内，共有12座建筑基址。第1号至第11号建筑分三排平列，北排、南排各4座，方位南北相对；中间3座，交错于南北两排之间。在11座遗址的四周，还围绕大围墙，四面围墙上共辟14座门阙。在南边大围墙外正中，还有一座建筑遗址，其中心建筑台基比北部11座约大一倍。每座建筑的布局相同，外围筑有方形围墙，每边正中各辟一门，四角有曲尺形建筑，中部是"四向五室"的主体建筑。这处建筑群中多出土王莽时代的遗迹和遗物，如第12号建筑础石上朱书"始建国"题记；第3号建筑础石上阴刻王莽时期改名的"节砀"的地名题记；第2号建筑地基内的土坯上有压印的"货布"钱文；在围墙四门处分别出土苍龙、白虎、朱雀、玄武"四神"图像瓦当（图1-22），以及建筑内多出土"货泉""大泉五十"等王莽时期的铜钱等。报告判断，"这组建筑遗址确系王莽时修建，建成后不久，便全部遭到毁灭性的焚毁，以后再没有利用"②。由于第2号建筑地基内的土坯上压印有"货布"钱文，应是当时制作该组建筑所用土坯时压印上去

---

① 《礼记·曾子问》："祫祭于祖，则迎四庙之主。"孔颖达疏："祫，合祭祖。大祖三年一祫。"
② 中国社会科学院考古研究所编著：《西汉礼制建筑遗址》，文物出版社，2003年。

的。"货布"是王莽天凤元年铸行的货币,至地皇元年"罢大小钱,更行货布"(《汉书·食货志》),此后"货布"行至地皇四年,王莽新朝就灭亡了,这是断定此组建筑遗址年代最为确切的证据。《汉书·王莽传》记载王莽于地皇元年开始"起九庙",至地皇三年"构成,纳神主",从此建筑遗址群所处位置及建筑年代看,均与《王莽传》记载相符。报告判断此组建筑群是王莽时修建,建成后不久便遭焚毁的见解是正确的。

图1-22 四神瓦当

1. 青龙纹瓦当　2. 白虎纹瓦当　3. 朱雀纹瓦当　4. 玄武纹瓦当

对此组建筑群的性质,学术界有不同的认识。王恩田先生对该遗址的"基址数目、排列组合关系、建筑规模、年代、地理方位等"进行分析,认为"中组建筑群不可能是'王莽九庙',只能是王莽为汉室所建的'祧庙'"。并认为是分两次建成的,"第一次所建的是南数1—3排共八座。这是王莽篡汉前所建'祧庙'。……也就是说王莽于平帝元始四年所建祧庙是平帝曾祖以上远祖的庙。平帝曾祖是宣帝,自汉高至汉宣共八帝,知王莽所建'祧庙'包括八庙,与中组建筑群南数1—3排八座基址数目相等。这是第一期工程。第二期工程是王莽上台后为宣帝以后的元、成、哀、平等四帝所增建的四庙,即中组建筑群南数最后一排四座基址。……王莽此举与对孺子婴的策命相同,都是出于以尊崇汉室为名,行安抚人心、稳定政局之实的政治目的"[①]。此论证的问题是,王莽称帝前后能否为汉帝建庙,这是应该考虑的。

王先生说"王莽于平帝元始四年所建祧庙是平帝曾祖以上远祖

---

① 王恩田:《"王莽九庙"再议》,《考古与文物》1992年第4期。

的庙"。查阅《汉书·平帝纪》，元始四年与祭祀有关的活动有 3 处："四年春正月，郊祀高祖以配天，宗祀孝文以配上帝。"此应是王莽陪同平帝进行的郊祀活动。"夏，皇后见于高庙。加安汉公号曰'宰衡'。"这是平帝在高庙中为王莽封号。同年"安汉公奏立明堂、辟雍。尊孝宣庙为中宗，孝元庙为高宗，天子世世献祭"。此只是平帝追尊宣帝为中宗、元帝为高宗，并不是为其建新庙。这些活动虽出于王莽的谋划，但都是以平帝的名义进行的。《王莽传》同样也记载了这几件事。可以看出，平帝元始四年王莽并没有为汉帝建庙，第二年平帝便死了。平帝死后，王莽尊孝成庙曰统宗，孝平庙曰元宗，并选二岁的子婴为皇帝，王莽自己为"摄皇帝"，改元"居摄"。王莽居摄时定过"祧庙"世系，但并不是定汉帝之"祧庙"，而是王莽为其王氏家族定的"祧庙"，以便在明堂中进行祭祀。王莽曰："予前在摄时，建郊宫，定祧庙，立社稷，神祇报况，或光自上复于下，流为乌，或黄气熏蒸，昭耀章明，以著黄、虞之烈焉。自黄帝至于济南伯王，而祖世氏姓有五矣。黄帝二十五子，分赐厥姓十有二氏。虞帝之先，受姓曰姚，其在陶唐曰妫，在周曰陈，在齐曰田，在济南曰王。予伏念皇初祖考黄帝，皇始祖考虞帝，以宗祀于明堂，宜序于祖宗之亲庙。其立祖庙五，亲庙四。"这是王莽追溯王氏世系之来源，这一王氏世系与其后所建九庙世系是一致的，其实，这也应是王莽为建王氏九庙作准备。

  王莽代汉立新成为真皇帝后，其千方百计要断绝与汉王朝的关系，更不会为汉帝立庙。如王莽于始建国元年曰："今百姓咸言皇天革汉而立新，废刘而兴王。夫'刘'之为字'卯、金、刀'也，正月刚卯，金刀之利，皆不得行。"王莽为了断绝与汉王朝的关系，将此前他自己策划铸造的错金刀币和人们经常佩戴的避邪刚卯佩饰皆禁止使用。王莽始建国五年，其姑母文母皇太后崩，虽合葬于元帝渭陵，却用"沟绝之"，以断绝与汉王朝的皇统关系。并"堕坏孝元庙，更为文母太后起庙"。王莽已将元帝庙堕坏而改为文母太后庙，又岂能为元帝再建新庙？王莽地皇元年，宣帝杜陵便殿魂衣由后寝自树立外堂上,"莽恶之,下书曰:'宝黄厮赤,其令郎从官皆衣绛。'"这是王莽为了断绝与汉王朝的关系而搞的一次恶作剧,派遣黄衣吏卒厮杀便殿赤衣守卒,以王莽新朝的黄德之气厮杀汉王朝的赤德之气。地皇二年,"莽坏汉孝武、孝昭庙,分葬子孙其中"。同年,"莽梦长乐宫铜人五枚起立,莽恶之,念铜人铭有'皇帝初兼天下'之文,即使尚方工镌灭所梦铜人膺文。又感汉高庙神灵,遣虎贲武士入高庙,拔剑四面提击,斧坏户牖,桃汤赭鞭鞭洒屋壁,令轻车校尉居其中,又令中军北垒居高寝"(《汉书·王莽传》)。王莽这些"革汉而立新"的举动均是在称帝之后,尤其是地皇元年至三年正是建九庙期间,王莽厮杀宣帝杜陵便殿,坏孝武庙、孝昭庙,又提击、斧坏、鞭沥高庙,这种心态又岂能为汉室诸帝建庙。

另外,王先生根据《水经注》记载,认为"王莽九庙的具体位置应临近霸水,在汉长安城东十三里的轵道之南"。又专门论证汉帝"祧庙即明堂","中组建筑群各基址的功能,位置形制与文献记载中的'明堂'和祖庙相符。进一步证明'明堂'即'太庙'"。但《王莽传》记载,早在平帝元始四年"莽奏起明堂、辟雍、灵台,为学者筑舍万区"。如果所谓汉帝"祧庙即明堂",而王莽于地皇元年在"明堂之西""以起九庙"的记载又如何理解?王莽九庙究竟是在汉长安城之东,还是在明堂之西,这就更不好理解了。综上所述,王恩田先生认为此组建筑群是王莽为西汉诸帝所建祖庙的观点是不可能成立的。

黄展岳、顾颉刚先生认为此组建筑是"王莽九庙"遗址,但两位先生对其神主的排列次序有不同见解。

《汉书·王莽传》记载:地皇元年(20),王莽"见四方盗贼多,欲视为自安能建万世之基者",乃于"长安城南""明堂之西"起九庙:"一曰黄帝太初祖庙,二曰帝虞始祖昭庙,三曰陈胡王统祖穆庙,四曰齐敬王世祖昭庙,五曰济北愍王王祖穆庙,凡五庙不堕云;六曰济南伯王尊祢昭庙,七曰元城孺王尊祢穆庙,八曰阳平顷王戚祢昭庙,九曰新都显王戚祢穆庙。殿皆重屋。太初祖庙东西南北各四十丈，高十七丈，余庙半之。"黄展岳先生据此记载，将南部最大建筑推定为黄帝太初祖庙，将南排4座按昭穆次序分别定为帝虞始祖昭庙、陈胡王统祖穆庙、齐敬王世祖昭庙、济北愍王王祖穆庙；将北排4座按昭穆次序分别定为济南伯王尊祢昭庙、元城孺王尊祢穆庙、阳平顷王戚祢昭庙、新都显王戚祢穆庙。又据《汉书·元后传》中王莽《自本》曰："田和有齐国，二世称王，至王建为秦所灭"，及《王莽传》始建国元年策文中提到"惟王氏，虞帝之后也，出自帝喾"的记载，将中间一排的3座分别定为远祖帝喾庙、远祖田和庙、远祖田建庙①（图1-23）。顾颉刚先生基本同意黄展岳先生对南部5庙和北部4庙的推断，但也有其新的构思："有庙号的九个

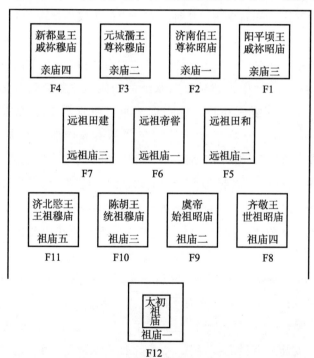

图1-23 黄展岳先生绘制"王莽九庙"庙号位序示意图

---

① 黄展岳：《关于王莽九庙的问题——汉长安城南郊一组建筑遗址的定名》，《考古》1989年第3期；中国社会科学院考古研究所编：《西汉礼制建筑遗址》，文物出版社，2003年，第214—222页。

是先于新室而存在的王莽祖先，多出的三个似为新庙。这三个新庙，一个是王莽自留的庙，其它两个系效法周之文世室、武世室或汉之以文帝为太宗、宣帝为中宗的办法，预留与子孙有功德而为祖、宗者。"将中间一排3座认为是王莽自留庙及预留后世子孙有功德而为祖、宗之庙①（图1-24）。两位先生的观点哪一种更可信，还是应从王莽所遵从的周代宗庙制度来分析。

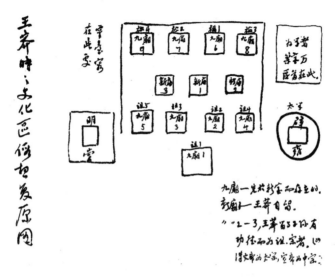

图1-24 顾颉刚先生手绘"王莽九庙"庙号位序示意图

《礼记·王制》载："天子七庙，三昭三穆；与太祖之庙而七。"郑玄注："此周制，七者，太祖及文王、武王之祧，与亲庙四，太祖后稷。"何谓"祧"庙？《周礼·守祧》云："掌先王先公之庙祧，其遗衣服藏焉。"郑玄注："迁主所藏曰祧。先公之迁主，藏于后稷之庙。先王之迁主，藏于文、武之庙。"贾公彦疏："后稷庙藏先公，不名祧者，以有太祖庙名，又文、武已名祧，故后稷不名祧也。……其立庙之法，后稷庙在中央，当昭者处东，当穆者处西，皆别为宫院者也。"《礼记·祭法》："是故王立七庙……远庙为祧，有二祧。"郑玄注："天子迁庙之主，以昭穆合藏于二祧之中。"孔颖

---

① 见上注黄展岳文中引用顾颉刚的观点。

达疏:"'远庙为祧'者,远庙为文、武之庙也。文、武庙在应迁例,故云远庙也。特为功德而留,故谓祧,祧之言超也,言其超然上去也。'有二祧'者,有文、武二庙不迁,故云'有二祧'焉。"以此观之,周之七庙制度,太祖庙居中,并藏先公之迁主,文王庙为昭居左,武王庙为穆居右,文、武之庙为后世迁主所藏之庙,故又谓二祧庙,此三庙为百世不迁之庙。其后四亲庙,以昭穆分列左右。随着世代的递增,父死子继,为了将新死者的神主安置于庙中,原位于昭庙、穆庙中的神主要依次上迁于文、武二祧庙中。由此可见,"昭穆"和"迁祧"制度是周代重要的宗庙祭祀制度,以此使宗庙祭祀井然有序,不失其伦。这便是"三礼"记载的周代宗庙制度(图1-25)。

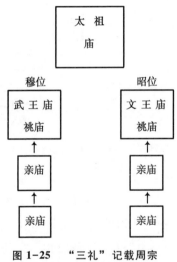

图1-25 "三礼"记载周宗庙昭穆位序及迁祧示意图

王莽是以托古改制为名而革汉立新的,一切制度多从周礼。但为了标榜自己功德超过前代帝王,也为了将自己的始祖追溯到黄帝、虞帝等远祖,故不依周的七庙制而扩为九庙,这样才能安置其五祖庙和四亲庙。实际上王莽在居摄时就在明堂祭祀其祖庙五和亲庙四,以序其祖统久远昭明之世系。前引王莽在居摄时定祧庙的文中,已将其王氏祖统厘得很清楚，往前追溯至黄帝、虞帝等先祖，"以著黄、虞之烈"，而立祖庙五；往后则"宜序于祖宗之亲庙"，而立亲庙四，以序王氏之嫡系。可以看出，王莽在称帝之前就开始祭祀其九位祖先了。既然王莽于地皇元年开始专为其自定的九世祖先建庙，至地皇三年"九庙盖构成，纳神主"（《汉书·王莽传》），这肯定是纳其九世神主入庙，这样才能称为"九庙"。以此来判断，遗址的12座庙中肯定包括王莽自定的九位神主庙。

黄展岳先生的观点是将南部五座定为五祖庙，北部四座定为四亲庙，中部三座的中间一座定为远祖帝喾庙，左右分列远祖田和、田建庙。如依这种定位，王莽死后其神主安放何处？尤其是王莽是按昭穆制度设立九庙的，后死者的神主要按昭穆制度安置于庙中，原位于昭庙、穆庙中的神主要依次上迁于祧庙。按此制度，王莽死后的神主应按昭穆位置放置庙中，其上四亲庙神主要依次迁于祧庙。王莽是"承皇天上帝威命"而王之君，是新朝开国皇帝，其神主能放置在被追谥为"王"的迁祖庙中吗？以王莽遵从的周礼所强调的君臣之名位，这恐怕是不可能的。再者，王莽既然以昭穆次序设计庙位，肯定要遵循迁祧之制，那么，何庙能定为祧庙以安王莽神主及后世迁祧之神主，这就更难确定了。因此，黄先生将中部一排3座推定为帝喾及田和、田建庙的观点，似乎不符合王莽所自定的九庙要遵循"昭穆"位次和"迁祧"制度。

顾颉刚先生同意黄展岳先生对南部5庙和北部4庙神主的推断，而将中部一排的3座定为三新庙，认为是王莽自留庙及预留后世子孙有功德而为祖、宗之庙。这种认定既保留了王莽自定的五祖庙和四亲庙，正合称"九庙"，又预留了王莽作为开国皇帝死后神主入庙的最为中心位置，也预先安排了后世子孙左昭右穆的庙位，在实行后世死者神主迁庙时，正可效法王莽所遵从的周制文、武"二祧"之法，将左右两侧预留的祖、宗之庙作为昭穆"二祧"实行"迁祧"之制。此正符合"三礼"记载的宗庙昭穆制度和迁祧制度，也符合王莽建九庙以延续其皇统,固其"万世之基"的目的。因此,顾颉刚先生的观点应是可信的。

现在的问题是,此建筑群共12座基址,为什么王莽却称"起九庙"?其数目不符,这是学术界长期以来最为不解的地方。俞伟超先生也赞同黄展岳先生将此组建筑定为王莽九庙,但也提出了疑虑:"这组巨型建筑群,按之方位和时代,当即王莽九庙。所不解的是建筑物的数目为什么超出了九庙之数。"①黄展岳先生"为了寻求比较合理的解释",对宗庙制度进行了较详细的分析考察,认为"周七庙实际上可以不止七庙,鲁五庙实际上可以多至十庙,如果此论不误,王莽九庙实际上也可多出九个了","依'降杀以两'之义,王莽的祖宗庙自然要称九庙了"②。然而,此论并没有解除学术界的疑虑,这至今仍然是难以取得共识的难解之谜。

其实,王莽之所以称"起九庙"而建十二座,是因为王莽还在世,不能称为自己立庙之故,这是其最根本的原因所在。这种生前立庙但不能称"庙"的现象,有汉以来就存在,是汉王朝的固有观念。《史记·孝景本纪》载:景帝"中四年三月,置德阳宫"。《集解》引臣瓒曰:"是景帝庙也,帝自作之,讳不言庙,故言宫。"《汉书·武帝纪》载:武帝元光三年夏"起龙渊宫"。《三辅黄图》卷之五"宗庙"云:"武帝庙,号龙渊宫。"《汉书·宣帝纪》载:宣帝神爵三年春"起乐游苑"。《三辅黄图》卷之五"宗庙"云:"宣帝庙,号乐游。"尤其是王莽为其姑母元帝皇后王政君所建的生祠只能称"长寿宫"而不能称"庙",《汉书·元后传》载:王莽"堕坏孝元庙,更为文母太后起庙,独置孝元庙故殿以为文母馔食堂,既成,名曰长寿宫。以太后在,故未谓之庙"。据此可以推测,王莽为自己及子孙预留的三座庙就不好称"庙",而只能称为其已故的九世祖先

---

① 北京大学历史系考古教研室:《战国秦汉考古(上)》,铅印讲义,1973年。
② 黄展岳:《关于王莽九庙的问题——汉长安城南郊一组建筑遗址的定名》,《考古》1989年第3期。

"起九庙"了。顾颉刚先生将中排三座认定为王莽自留庙及预留后世子孙有功德而为祖、宗之庙的观点,正符合汉代生前建庙但不称"庙"的惯例。同时,这种庙位的安排,应是王莽按君臣名位规划的,南部五远祖庙神主是黄帝、虞帝及三位齐国国君,此五远祖庙不堕。北部的四庙神主虽是王莽的四亲祖,但毕竟是王莽称帝后追谥为"王"的,将其安排在北部,与最中部王莽自留的皇帝之庙保持了君臣之名位。如此,王莽生前作为孝子,既保留了四亲庙,其死后神主纳入庙之中心,又不失皇帝至尊之地位。其两侧为左昭右穆二祧庙,以序后世迁祧之制,这样使宗庙祭祀井然有序,不失其伦。这应是王莽精心规划的新朝宗庙制度。

此建筑群各基址均是"四向五室"的格局,何以如此格局?黄展岳、张建民两先生早在1960年发表简报中指出:"这组建筑群的平面布局、建筑形式、规模大小如出一辙,细部结构又都有一定不移的方位,可能就是汉武帝以后作为政治指导思想的阴阳五行学说在建筑上的反映。"① 在当时考古资料还不十分明朗的情况下,黄先生提出此观点还是难能可贵的。西汉时期由于受"五行"思想的影响,一切礼制性建筑均筑成"四向五室"的布局。汉高祖刘邦建国之初就确立了祭祀五方帝神体系。《史记·封禅书》载:"(高祖)二年,东击项籍而还入关,问:'故秦时上帝祠何帝也?'对曰:'四帝,有白、青、黄、赤帝之祠。'高祖曰:'吾闻天有五帝,而有四,何也?'莫知其说。于是高祖曰:'吾知之矣,乃待我而具五也。'乃立黑帝祠,命曰北畤。"可见高祖刘邦对五行、五帝、五方、五色等宇宙观是非常信奉的,所以在秦雍四畤的基础上确立了雍五畤,以祭祀五方帝神。汉文帝时曾将祭祀五方帝神移至都城长安北部的"霸渭之会",修建了"渭阳五帝庙",其建筑形制为"同宇,帝一殿,面各五门,各如其帝色"(《史记·封禅书》)。以此观之,其建

---

① 黄展岳、张建民:《汉长安城南郊礼制建筑遗址群发掘简报》,《考古》1960年第7期。

筑格局也应当是"四向五室"的一座大型建筑。汉文帝于建"渭阳五帝庙"的同年，还在长安的长门附近"立五帝坛，祠以五牢具"（《史记·封禅书》）。从上述事例可以看出，五行宇宙观在西汉时期是非常盛行的，高祖刘邦的高级文臣陆贾（《新语》），文帝的高级文臣贾谊、公孙臣（《史记》本传）等都是西汉前期五行思想的极力倡导者，这种观念落实到这些礼制性的建筑上，便成了"四向五室"的建筑格局。东汉经学家郑玄非常清楚地解释了这种礼制性的建筑理念。郑玄注《周礼·冬官·考工记》"夏后氏世室"云："堂上为五室，象五行也。"贾公彦疏云："五室象五行者，以其宗庙制如明堂，明堂之中有五天帝，五人帝，五人神之坐，皆法五行，故知五室象五行也。"贾公彦《周礼·春官·大史》疏云："明堂、路寝及宗庙，皆有五室，十二堂，四门。十二月听朔于十二堂，闰月各于时之门。"考古发掘的汉景帝阳陵"罗经石"遗址为景帝的陵庙，呈"四向五室"结构①，此可证实西汉时期各类庙的形制均是"四向五室"的格局。王莽是遵从周礼的，所以其建的九庙皆为"四向五室"格局。

（六）王莽所建"明堂""辟雍"建制

在"王莽九庙"之东发现大土门遗址。建筑的平面布局呈圆形，外围作圆形水沟，沟内有正方形夯土围墙，每边长235米，四角有曲尺形建筑，每边正中各辟一门。方形围墙之中，有一径62米、高1.2米的夯土台基，其上为主体建筑物。主体建筑为"四向五室"建筑（图1-26）。

对于此建筑的性质，目前学术界还有诸多不同的观点，考古报告推定为辟雍遗址②，有学者认为此组建筑是辟雍，明堂是指西面的

---

① 马永嬴、王保平：《走近汉阳陵》，文物出版社，2001年。
② 唐金裕：《西安西郊汉代建筑遗址发掘报告》，《考古学报》1959年第2期。中国社会科学院考古研究所编著：《西汉礼制建筑遗址》，文物出版社，2003年，第225—232页。

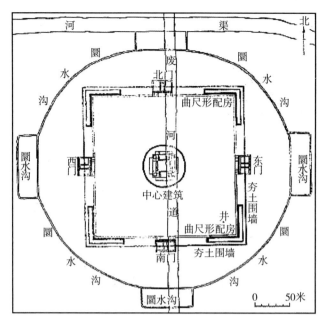

图 1-26 大土门遗址平面图

宗庙，认为宗庙也称明堂①，有学者认为明堂与辟雍实为同一建筑②，也有学者认为"西汉长安城南郊的明堂、辟雍、灵台、太学是各自分立的，所谓的'明堂辟雍'遗址为辟雍遗址，'王莽九庙'的第 12 号址为明堂遗址"③。学者多认为此组建筑为辟雍，主要是根据文献记载辟雍周边有环水。如班固《白虎通义·辟雍》云："辟者，璧也，象璧圆以法天也；雍者，雍之以水，象教化流行也。"④但是，这组建筑的名称，还是以王莽时期的实际称名可能更合适。

据《汉书》各帝纪记载，汉初诸帝没有在都城长安立明堂。武

---

① 王恩田：《"王莽九庙"再议》，《考古与文物》1992 年第 4 期。
② 王世仁：《汉长安城南郊礼制建筑（大土门村遗址）原状的推测》，《考古》1963 年第 9 期。杨鸿勋：《从遗址看西汉长安明堂（辟雍）形制》，《建筑考古学论文集》，文物出版社，1987 年。刘庆柱、李毓芳：《汉长安城》，文物出版社，2003 年。
③ 姜波：《汉唐都城礼制建筑研究》，文物出版社，2003 年，第 67 页。
④ 班固：《白虎通义·辟雍》，程荣纂辑《汉魏丛书》，吉林大学出版社，1992 年，第 163 页。

帝初年，曾召集一些儒生议立明堂事，"上乡儒术，招贤良，赵绾、王臧等以文学为公卿，欲议古立明堂城南，以朝诸侯。……会窦太后治黄老言，不好儒术……诸所兴为者皆废。"（《史记·孝武本纪》）直到元封元年，汉武帝封泰山，发现泰山有古时的明堂遗址，济南人公玉带又献"黄帝时明堂图"，于是于元封二年在泰山修建了明堂。至平帝元始四年，"安汉公（王莽）奏立明堂、辟雍"（《汉书·平帝纪》）。《汉书·王莽传》也记载此事，元始四年，"莽奏起明堂、辟雍、灵台，为学者筑舍万区"。此是王莽奏请建立明堂、辟雍、灵台、为学者筑舍总共四组建筑。《汉书·翟方近传》记载，王莽依《周书》作《大诰》自颂功德："建灵台，立明堂，设辟雍，张太学，尊中宗、高宗之号。"此也是记载王莽筹建四组建筑。《汉书》各篇除了总述长安南郊有并列的四座礼制建筑外，在其建成后，一些重要的礼仪活动均是在明堂中进行，很少提及辟雍。《平帝纪》《王莽传》记载在明堂中的礼仪活动如下：

《平帝纪》：元始"五年春正月，祫祭明堂。诸侯王二十八人、列侯百二十人、宗室子九百余人征助祭。礼毕，皆益户，赐爵及金帛，增秩补吏，各有差"。《王莽传》也记有平帝元始五年"祫祭明堂"事。

《王莽传》记载其他明堂之事：

平帝元始五年，"刘歆、陈崇等十二人皆以治明堂，宣教化，封为列侯"。

平帝元始五年，平帝崩，王莽称"摄皇帝"，"皆如天子之制，郊祀天地，宗祀明堂，共祀宗庙，享祭群神，赞曰'假皇帝'，民臣谓之'摄皇帝'，自称曰'予'"。

居摄元年正月，"莽祀上帝于南郊，迎春于东郊，行大射礼于明堂，养三老五更，礼毕而去"。

居摄元年四月，张竦奏曰："（王莽）所以藩汉国，辅汉宗也。建辟雍，立明堂，班天法，流圣化，朝群后，昭文德，宗室诸侯，咸益土地。"

居摄时,王莽"建郊宫,定祧庙,立社稷,神祇报况……以宗祀于明堂,宜序于祖宗之亲庙。其立祖庙五,亲庙四。"

始建国元年,"其庙当作者,以天下初定,且祫祭于明堂太庙"。

始建国二年十一月,"汉高皇帝为新室宾,享食明堂"。

始建国四年,"莽至明堂,授诸侯茅土"。

始建国四年,王莽下书曰:"岁在寿星,填在明堂,仓龙癸酉,德在中宫。"

天凤四年六月,"更授诸侯茅土于明堂"。

天凤六年,"初献新乐于明堂、太庙"。

地皇元年,"莽又见四方盗贼多,欲视为自安能建万世之基者,乃下书曰:'予受命遭阳九之厄,百六之会,府帑空虚,百姓匮乏,宗庙未修,且祫祭于明堂太庙……予又卜金水之南,明堂之西,亦惟玉食。予将亲筑焉。'"

从这些记载来看,自元始四年,"莽奏起明堂、辟雍、灵台,为学者筑舍万区"之后,一些大的礼仪活动均是在明堂中举行,在王莽九庙建立之前,王莽是在明堂中祭祀其祖先。尤其是地皇元年,王莽是选择"明堂之西"建立九庙,从遗址的位置看,"王莽九庙"遗址之东正是大土门遗址。《王莽传》又记,地皇四年九月,"众兵发掘莽妻子父祖冢,烧其棺椁及九庙、明堂、辟雍,火照城中"。此焚毁的九庙、明堂、辟雍是并列的,应表明是分立的不同建筑。从上述的记载可以说明,大土门遗址应是王莽所立的"明堂",王莽时期一些重要的礼仪活动均是在明堂中进行。因此,此遗址按当时的名称应称之"明堂"。

(七)汉长安城社稷建制

在"王莽九庙"遗址西南发现13号、14号两组建筑,分南北排列①。北部13号遗址夯土台基高出周边地面5—10米,东西残长240米,南北宽60—70米。台基之上发现有主体建筑(殿堂)、廊

---

① 中国社会科学院考古研究所编著:《西汉礼制建筑遗址》,文物出版社,2003年。

道及台基边上的附属建筑等。考古发掘表明，此建筑始建于秦代，西汉时期改建或重建，西汉末年废弃。《史记·高祖本纪》云："（二年）二月，令除秦社稷，更立汉社稷。"考古发掘报告据此推定，此秦时期建筑应为秦社稷，西汉时期的建筑应为汉社稷。

位于13号遗址之南的14号遗址，有内外两重围墙，平面呈"回"字形，外围墙边长600米，内围墙边长273米。内外围墙四面中央各辟一门。考古发掘报告推定，14号遗址可能是王莽新增的未完成的新社稷。《汉书·平帝纪》载：元始三年夏，安汉公王莽奏请"立官稷及学官"。《汉书·王莽传》载：地皇元年，王莽在建九庙时，百姓怨恨，"盗贼"四起，其政权已摇摇欲坠，"欲视为自安能建万世之基者"，王莽再次强调了建宗庙和社稷的重要性，以保证其政权的稳固："又兴奉宗庙社稷之大作，民众动摇。今复一切行此令，尽二年止之，以全元元，救愚奸。"14号遗址平面呈"回"字形，内外围墙四面中央各辟一门，此平面布局与王莽九庙类似。由此推测，该遗址应是平帝元始三年王莽筹建的社稷，其格局与秦汉时期平面为长方形的社稷不同。

秦代、西汉、新莽时期社稷的确立，此也涉及都城中"左祖右社"的布局问题。秦代、西汉都城则没有遵循这一都城规划。《史记·秦始皇本纪》载：秦"先王庙或在西雍，或在咸阳"。说明都城咸阳有集中的先王宗庙。至战国后期，秦传统的宗庙制度发生了变化：一是将庙建在渭南，离开了咸阳的宗庙区；再者是秦王均各自单独立庙，摆脱了传统的集中庙制。《史记·秦始皇本纪》载："诸庙、章台、上林皆在渭南。"秦始皇于二十七年建"信宫"，第二年遂改名"太极庙，象天极"。由此看出，渭南的秦社稷与渭北都城咸阳的宗庙不是"左祖右社"的布局，与渭南的诸庙也不是"左祖右社"的格局。刘邦的高庙在汉长安城安门之内，与西汉时期的社稷更不呈"左祖右社"之布局。王莽在"九庙"之西筹建社稷，大概是遵循周礼而建，呈"左祖右社"之格局。

（八）汉长安城郊祀礼制

汉高祖刘邦初定天下，庶事草创，一些礼仪制度多因秦之旧制，并进行改定。《史记·封禅书》记："（高祖）二年，东击项籍而还入关，问：'故秦时上帝祠何帝也？'对曰：'四帝，有白、青、黄、赤帝之祠。'高帝曰：'吾闻天有五帝，而有四，何也？'莫知其说。于是高祖曰：'吾知之矣，乃待我而具五也。'乃立黑帝祠，命曰北畤。有司进祠，上不亲往。悉召故秦祝官，复置太祝、太宰，如其故仪礼。"这样便由秦的雍四畤，成了西汉时期的雍五畤。秦汉时期畤的设立，是受当时阴阳五行观念的影响。即金、木、水、火、土，与西、东、北、南、中相对应，还与五色相对应。汉高祖所确立的五帝祭祀之礼，在中国历史上影响深远，此后的东汉、魏晋南北朝、隋唐五代、宋辽金元历代都奉行对五帝的祭祀，直到明初朱元璋进行礼制改革，五帝才从国家大祀的对象中去掉①。

汉文帝将祭祀五方帝神由雍五畤移至都城长安北部的"霸渭之会"，在灞渭之会建立了渭阳五帝庙，为"同宇，帝一殿，面各五门，各如其帝色，祠所用及仪，亦如雍五畤"。又在长门立五帝坛（《史记·封禅书》）。此是首次将五帝祭祀移至都城附近，以便文帝对五帝进行祭祀。

汉武帝初年，亳人谬忌（又称薄忌）奏称："天神贵者泰一，泰一佐曰五帝。古者天子以春秋祭泰一东南郊。"（《史记·孝武本纪》）于是在长安东南郊立泰一坛，在五帝之上又出现了一个最尊贵的泰一神，五帝成了泰一神之佐。这应与武帝时期大一统局面的形成有关。1971 年西安北郊联志村出土 85 件玉器，有玉人、玉璧、圭、璋、琮、琥、璜等②，此处所出玉人及其他玉器，与甘肃鸾亭山

---

① 姜波：《汉唐都城礼制建筑研究》，文物出版社，2003 年，第 21 页。
② 刘云辉：《陕西出土的古代玉器——春秋战国篇》，《四川文物》2010 年第 5 期。

西汉祭祀遗址①、凤翔血池祭祀遗址②所出相似，其位置又在汉长安城的东南4.5千米处，有可能是汉武帝时所立的薄忌泰一坛所在。武帝还在甘泉宫立泰一坛，"令祠官宽舒等具泰一祠坛，祠坛放亳忌泰一坛，三陔。五帝坛环居其下，各如其方。黄帝西南，除八通鬼道"。上天的至上神已确定，那么还需要地神，汉武帝认为："今上帝朕亲郊，而后土无祀，则礼不答也。"于是，汉武帝又立后土祠于汾阴，"后土宜于泽中圜丘为五坛"（《汉书·郊祀志》）。由此确立了对天神、地神的祭祀制度。

汉成帝建始元年，匡衡等人奏言："帝王之事莫大乎承天之序，承天之序莫重于郊祀，故圣王尽心极虑以建其制。祭天于南郊，就阳之义也；瘗地于北郊，即阴之象也。"（《汉书·郊祀志》）于是将汾阴后土祭祀徙至长安北郊，从而形成了于都城南、北郊祭祀天神、地神之制。

汉平帝元始年间，王莽对郊祀制度进行了重大改革。成帝、哀帝时期，祭祀天神、地神的建制及地点又反复多次，至王莽时最后确定南北郊祀制度。《三辅黄图》载："元始四年，宰衡莽奏曰：'帝王之义，莫大承天，承天之序，莫重于郊祀。祭天于南，就阳位；祠地于北，主阴义。圆丘象天，方泽则地。圆方因体，南北从位。燔燎升气，瘗埋就类。……天子亲郊天地。先祖配天，先妣配地，阴阳之别。以日冬至祀天，夏至祀后土……'于是定郊祀，祀长安南北郊，罢甘泉、河东祀。"（《后汉书·祭祀志》刘昭注）由是，南郊祭天，北郊祭地，遂成为以后历代都城郊祀之定制。

王莽还按《周官》"兆五帝于四郊"的记载，将五帝祭祀置于都城长安四郊：立中央帝黄灵后土畤于南郊未地；立东方帝太昊青灵勾芒畤于东郊；立南方炎帝赤灵祝融畤于南郊；立西方帝少昊白

---

① 早期秦文化联合考古队：《2004年甘肃礼县鸾亭山遗址发掘主要收获》，《中国历史文物》2005年第5期。
② 陕西省考古研究院等：《陕西凤翔雍山血池秦汉祭祀遗址考古调查与发掘简报》，《考古与文物》2020年第6期。

灵蓐收畤于西郊；立北方帝颛顼黑灵玄冥畤于北郊（《汉书·郊祀志》）。从而真正实现了"兆五帝于四郊"的郊祀制度。

（九）汉长安城东市、西市建制

长安东市、西市已经考古确认，位于长安城西北部横门内大道两侧，二市的始建年代可能有先后。《史记·汉兴以来将相名臣年表》载：高祖"六年，立大市"。《汉书·惠帝纪》载：惠帝六年"起长安西市"。研究者认为，"西市"之名，在建西市之前，其东应有时代早于西市的市场，可能即汉高祖设立的"大市"，因其时尚无"西市"，故"大市"不称"东市"。"西市"建于大市之西而得名，原来的"大市"也因西市之建立，而更名为"东市"，遂有东市、西市之称①。《三辅黄图》卷之二"长安九市"："《庙记》云：长安市有九，各方二百六十六步。六市在道西，三市在道东。凡四里为一市。致九州之人在突门。夹横桥大道，市楼皆重屋。又曰：旗亭楼在杜门大道南。"此是说长安的"市"是方形的，每个"市"由四个"里"组成，"市"设有"市楼"，上插旗帜，称"旗亭楼"。根据考古发现证实，东、西市是夹横门大道，西市内还发现各类作坊遗址，这些作坊可能属官府手工业。传世"南陵锺"铭文记："南陵大泉，第五十八。乘舆御水铜锺，容一石，重四十四斤半，建平四年十一月，长安市造。"② 此皇室用的乘舆之器造于"长安市"，说明长安东、西市内的手工业属官府手工业。东、西市不仅有手工业区，还有商业活动区。班固《西都赋》云："九市开场，货别隧分，人不得顾，车不得旋。"张衡《西京赋》云："尔乃廓开九市，通阛带阓，旗亭五重，俯察百隧。周制大胥，今也惟尉。"③ 此勾画出汉长安"市"的形制及活动内容，市有围墙，市内货物分列摆放为列肆，又称隧，市中有旗亭，可以俯察"百隧"，"市"设官吏掌

---

① 刘庆柱、李毓芳：《汉长安城考古发现与研究》，载《中国古代都城考古发现与研究》，社会科学文献出版社，2016年，第293页。
② 容庚：《秦汉金文录》卷二，中华书局出版社，2011年。
③ 萧统：《文选》，中华书局出版社，1981年，第23、42页。

管。此形制与汉代画像砖上的市井图非常相似①（图1-27）。《三辅黄图》卷之二"长安九市"记："当市楼有令署，以察商贾货财买卖贸易之事。三辅都尉掌之。"长安九市是由三辅都尉管辖，又设专门的官吏主管市内的"商贾货财买卖贸易之事"。根据考古发现及文献记载，可以看出长安的"九市"是"手工制造业同商业结合在一起，正是这时期工商业的历史特点"②。

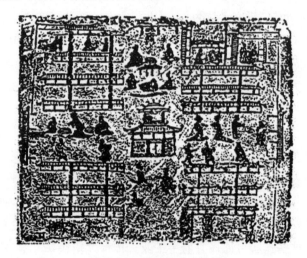

图1-27 汉画像砖市井图

四、小结

通过对汉长安城的考察与研究，可以看出以下主要的礼制文化特点：

1. 从长安城的布局来看，皇宫占据了整座城的绝大面积，居民区只占东北隅很少部分，反映了西汉时期集权制下的都城主要是为皇权服务的。

2. 从建筑格局看，突出表现了帝王之居至高无上的特殊地位。

---

① 刘志远：《汉代市井考——说东汉市井画像砖》，《文物》1973年第3期。
② 北京大学历史系考古教研室：《战国秦汉考古（上）》，铅印讲义，1973年，第64页。

未央宫前殿建成前、中、后三殿即"三朝",处于"建中立极"的位置,体现中央集权制的都城礼制特点。这种大朝正殿居高、居中之位置,中央官署分列其侧之布局,宫、庙分离及礼制建筑之格局等一系列的特点,为深入研究统一的中央集权制政体的形成以及秦汉社会政治、经济、思想、文化等各方面的发展变化,均具有非常重要的意义。

3. 汉长安"左祖右社"的格局是在王莽时期初步形成,但并不规整,正规的"左祖右社"格局是东汉都城洛阳建立的。

4. 对天地诸神的祭祀制度方面为后世奠定了基础。分祀五帝及诸神于都城四郊,开启了以后历代五郊坛制度的先河。祭天神于南郊,祭地祇于北郊,成为以后历代郊祀统一的制度。

5. 首次在都城南郊建立了明堂、灵台、辟雍等礼制建筑,也成为以后东汉至隋唐沿用的制度。

6. 各宫殿建筑、礼制建筑多体现出"五行""五方""五色"及"四灵"的宇宙观念,反映了西汉时期阴阳五行学说的盛行,正如《三辅黄图》卷之三"未央宫"所载:"苍龙、白虎、朱雀、玄武,天之四灵,以正四方,王者制宫阙殿阁取法焉。"

第四节 东汉都城洛阳礼制文化研究

东汉洛阳城的前身可追溯到西周成王时兴建的成周城。《左传·昭公三十二年》载周敬王追述成王兴建成周之事:"昔成王合诸侯,城成周,以为东都,崇文德焉。"《汉书·地理志》班固注云:"洛阳,周公迁殷民,是为成周。"成王时期的青铜器何尊铭文也记载了成王"宅于成周"之事:"唯王初迁,宅于成周,复禀武王礼福天。……则廷告于天曰:'余其宅兹中国,自之乂民。'"成王将成周视为天下之中,在这里治理天下之民。东周时期,敬王再次扩建成周,"王使富辛与石张如晋,请城成周"(《左传·昭公三十二年》)。杜预注:"子朝之乱,其余党多在王城,敬王畏之,徙都成周。成周狭小，故请城之。"（《左传·昭公三十二年》）秦庄襄王元年（前246），"秦界至大梁，初置三川郡"（《史记·秦本纪》），并"以吕不韦为丞相，封为文信侯，食河南洛阳十万户"[①]。1955年，在洛阳王城遗址内发现了"文信"钱石范[②]，说明吕不韦确是就封洛阳。秦统一六国后，全面推行郡县制，置洛阳县，亦为三川郡治。西汉初刘邦曾一度定都于洛阳，《汉书·高帝纪》："（五年）帝乃西都洛阳。……帝置酒洛阳南宫。"其部下娄敬等人认为"都洛阳不便，不如入关，据秦之固"。于是，刘邦乃西都长安，但洛阳仍是西汉政权控制中原地区的重要城市，并改三川郡为河南郡，洛阳为河南郡治（《汉书·地理志》）。东汉光武帝建武元年（25）十月进驻洛阳，洛阳成为东汉王朝的都城。

一、东汉都城洛阳的营建

据文献记载及考古勘察表明，周之成周、秦汉之洛阳地望在今河南省洛阳市以东15千米处，此处正是汉魏洛阳故城遗址。经对故城城垣的试掘，已发现西周城址、东周扩增城址、秦代扩增城址的城垣。西周城址的城垣呈方形，东周向北扩增，秦代向南扩增，整个城垣呈南北长方形[③]（图1-28）。考古发掘印证了成王始建成周、东周与秦时扩建的文献记载。刘邦都洛阳时间短暂，不会对洛阳进行营建，应是临时居于秦的三川郡治。王莽时更始帝刘玄欲都洛阳，遣刘秀整修洛阳："更始将北都洛阳，以光武行司吏校尉，使前整修宫府。"此也应是就原有宫府进行修整。光武帝刘秀于建武元年（25）进驻洛阳，"冬十月癸丑，车驾入洛阳，幸南宫却非殿，遂定都焉"（《后汉书·光武帝纪》）。洛阳成为东汉的都城。洛阳之名，乃以地

---

① 司马迁：《史记·吕不韦列传》索隐注："《地理志》高祖更名河南，此秦代而曰'河南'者，《史记》后作，据汉郡而言之耳。"
② 左丘：《略谈"四曲文钱"》，《考古》1959年第12期。
③ 中国社会科学院考古研究所洛阳汉魏城队：《汉魏洛阳故城城垣试掘》，《考古学报》1998年第3期。

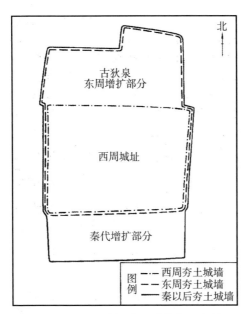

图 1-28　两周秦汉洛阳城演变示意图

处洛水之阳而名之,刘秀定都于此,因汉为火德,忌水,便改"洛"为"雒"。《汉书·地理志》颜师古注"洛阳"云:"鱼豢云汉火行忌水,故去'洛''水'而加'佳'。如鱼氏说,则光武以后改为'雒'字也。"故东汉称"洛阳"为"雒阳"。但实际上古籍中常混用二名,为行文便利,本书引用文献时不特别区分。

据《后汉书·光武帝纪》记载,为了增加作为都城的重要礼制建筑要素,刘秀在原郡治洛阳城的基础上又进行了诸多增建:

建武二年,"起高庙,建社稷于洛阳,立郊兆于城南,始正火德,色尚赤。……奉十一帝神主,纳于高庙"。

建武三年,"辛巳,立皇考南顿君已上四庙"。

建武三年,"冬十月壬申,幸舂陵,祠园庙"。

建武五年,"初起太学,车驾还宫,幸太学,赐博士弟子各有差"。

建武十四年,"春正月,起南宫前殿"。

建武十九年,"春正月庚子,追尊孝宣皇帝曰中宗。始祠昭帝、元帝于太庙,成帝、哀帝、平帝于长安,舂陵节侯以下四世于章陵"。

建武中元元年,"是岁,初起明堂、灵台、辟雍,及北郊兆域"。

建武中元二年,"初立北郊,祀后土"。

经建武年间刘秀对洛阳城的营建,洛阳作为都城的格局基本形成。

班固《东都赋》描述了当时洛阳的盛况:"然后增周旧,修洛邑,扇巍巍,显翼翼,光汉京于诸夏,总八方而为之极。于是皇城之内,宫室光明,阙庭神丽,奢不可逾,俭不能侈。外则因原野以作苑,填流泉而为沼。发蘋藻以潜鱼,丰圃草以毓兽。制同乎梁邹,谊合乎灵囿。"①班固是东汉初期人,此应是描述东汉都城的实况。

二、东汉都城洛阳考古发现与布局

东汉灭亡后,洛阳城又为曹魏、西晋、北魏作为都城所沿用,故常称之为"汉魏洛阳城"。由于此城经数代改建、扩建,虽经长期的考古工作,但发现的东汉洛阳城遗迹、遗址考古资料有限。所以,研究者多结合文献记载对东汉洛阳城进行复原与研究②(图1-29)。

城垣形制 东汉洛阳城的平面形状呈南北长方形。据勘测,北城垣全长约2523米,西城垣残长约3500米,东城垣残长约3895米③。南城垣已被洛河改道而冲毁不存,但根据《后汉书·郡国志》刘昭注引《帝王世纪》"城东西六里十一步,南北九里一百步"的记载,说明城的南北长度为汉晋时期的"九里"多。据洛阳城南郊"三雍"遗址的发现④,可进一步推断南城垣的位置。《后汉书·光

---

① 萧统:《文选》,中华书局,1981年,第32页。

② 对洛阳城主要的复原研究有,王仲殊:《东汉的都城(雒阳)》,载王仲殊著《汉代考古学概说》,中华书局,1984年。段鹏琦:《东汉洛阳城遗址》,载中国社会科学院考古研究所编著《中国考古学·秦汉卷》,中国社会科学出版社,2010年。钱国祥:《由阊阖门谈汉魏洛阳城宫城形制》,《考古》2003年第7期。徐龙国:《东汉雒阳城遗址考古发现与研究》,载刘庆柱主编《中国古代都城考古发现与研究》第9章,社会科学文献出版社,2016年。

③ 中国科学院考古研究所洛阳工作队:《汉魏洛阳城初步勘查》,《考古》1973年第4期。

④ 中国社会科学院考古研究所编著:《汉魏洛阳故城南郊礼制建筑遗址——1962—1992年考古发掘报告》,文物出版社,2010年。

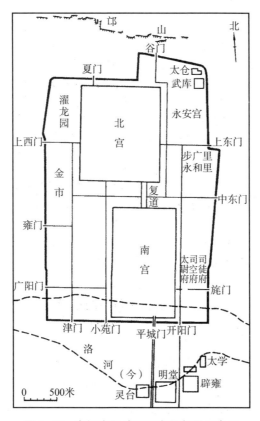

图1-29 东汉洛阳城平面布局复原示意图

武帝纪》注引《汉官仪》载:"明堂去平城门二里所。"根据这两方面的文献记载,可以推断出南城垣的大体位置当在今洛河河道内,在东、西城残垣往南再延长300米左右。在城墙外面环绕着一条宽18米至40米的护城河。

十二城门 据文献记载结合考古勘察得知,东汉洛阳城有十二城门,东垣三门,西垣三门,北垣二门,南四门。其城门名分别为:东墙自北而南为上东门、中东门、旄门,西墙自北而南为上西门、雍门、广阳门,北墙自西而东为夏门、谷门,南墙自东而西为开阳门、平城门、小苑门、津门(《后汉书·百官志四》)。《洛阳伽蓝记·序》记载,洛阳城门"门有三道,所谓九轨"。通过对北城垣夏门的勘查及东城垣上东门的发掘证实，东汉洛阳城的城门是一门三洞的形制，通往城内的道路为三道①。此印证了文献所载：洛阳城"宫门及城中大道皆分作三。中央御道，两边筑土墙，高四尺余，外分之。唯公卿尚书章服从中道，凡人皆从左右，左入右出"（《太平御览》卷一九五引陆机《洛阳记》）。

宫殿 南宫和北宫是洛阳城内两组主要的建筑群。南宫在西汉初就已存在，刘邦最初便是定都于洛阳。《史记·高祖本纪》载："天下大定，高祖都洛阳。……高祖置酒洛阳南宫。"唐张守节《正义》注引《舆地志》云："秦时已有南北宫。"《汉书·高帝纪》同样有此记载："（五年）帝乃西都洛阳。……帝置酒洛阳南宫。……上居南宫，从复道上见诸将往往耦语。"这说明在秦时已有南北宫，刘邦才能"置酒洛阳南宫"。光武帝刘秀初进洛阳城，就住在南宫的却非殿。研究者对南宫的具体位置虽有不同的看法，但基本定位在都城的南半部略中位置。关于北宫，《后汉书·明帝纪》：永平三年"起北宫及诸官府"。永平八年"冬十月，北宫成"。此似乎是明帝时新建北宫，但张守节《正义》注引《舆地志》云："秦时已有南北宫。"此应是明帝在秦时的基础上新建北宫。研究者一般将北宫的位置推定在都城北半部略中处。

文献记载，洛阳城内还有东宫、西宫、永安宫等②。据袁术烧南宫九龙门及东西宫记载，东西宫应在南宫之内。永安宫在北宫的东北部。

宗庙、社稷 《后汉书·光武帝纪》："（建武二年）起高庙，建

---

① 中国科学院考古研究所洛阳工作队：《汉魏洛阳城初步勘查》，《考古》1973年第4期。中国社会科学院考古研究所汉魏故城工作队：《汉魏洛阳城北魏建春门遗址的发掘》，《考古》1988年第9期。

② 范晔：《后汉书·明帝纪》："（永平）十八年秋八月壬子，帝崩于东宫前殿。"《后汉书·灵帝纪》："（中平六年）八月戊辰，中常侍张让、段圭等杀大将军何进，于是虎贲中郎将袁术烧东西宫。"《后汉书·何进传》："（中平六年八月）进部曲将吴匡、张璋素所亲幸，在外闻进被害，欲将兵入宫，宫阁闭。……会日暮，（袁）术因烧南宫九龙门及东西宫，欲以胁出让等。"《后汉书·百官志三》："永安，北宫东北别小宫名，有园观。"

社稷于洛阳。"《后汉书·祭祀志》："建武二年，立太社稷于洛阳，在宗庙之右，方坛无屋，有墙门而已。"刘秀于建武二年以左祖右社的方位立高庙和社稷，肯定是在南宫的东西两侧。目前宗庙和社稷的具体位置还不清楚。但刘昭注引《古今注》曰："建武二十一年二月乙酉，徙立社稷上东门内。"此为后人注释，是否属实，难以确定。

三公府、武库、太仓　《后汉书·百官志》："太尉"刘昭注引《古今注》："永平十五年，更作太尉、司空、司徒府开阳门内。"又引《汉仪》曰："司徒府与苍龙阙对。"据此，三公府应位于开阳门内南宫苍龙门东部。武库、太仓位于城的东北隅。

城南郊礼制建筑　《后汉书·光武帝纪》：建武五年，"初起太学，车驾还宫，幸太学，赐博士弟子各有差。"李贤注引《洛阳记》曰："太学在洛阳城故开阳门外，去宫八里，讲堂长十丈，广三丈。"《光武帝纪》：建武中元元年，"初起明堂、灵台、辟雍"。李贤注引《汉官仪》曰："明堂去平城门二里所，天子出，从平城门，先历明堂，乃至郊祀。"又曰："辟雍去明堂三百步。车驾临辟雍，从北门入。"明堂、灵台、辟雍，合称"三雍"。1930年曾在城南大郊村发现晋武帝三临辟雍的纪念碑，后又发现碑座，可证"三雍"遗址位于城南大角村一带[1]。这些礼制性建筑遗址经考古勘察和发掘已得到证实[2]。

南北郊坛　光武帝刘秀于建武二年在洛阳城南修建了南郊坛[3]，南郊坛的建筑形制和祭祀对象，《后汉书·祭祀志》中记载比较详细：是一圆坛，双重，有八（陛）条登坛阶道。坛外有三重围墙，四面各有一门。祭祀对象有天地、五帝、日月、北斗、五星、中宿五官、二十八宿、五岳、雷公、雨师、风伯、四海、四渎、名山大

---

[1] 阎文儒：《洛阳汉魏隋唐城址勘查记》，《考古学报》1955年第1期。
[2] 中国社会科学院考古研究所编著：《汉魏洛阳故城南郊礼制建筑遗址——1962—1992年考古发掘报告》，文物出版社，2010年。
[3] 范晔：《后汉书·光武帝纪》："（建武二年）起高庙，建社稷于洛阳，立郊兆于城南，始正火德，色尚赤。"

川等，累计一千五百一十四神。最初没有高祖配祀，又过了七年后，又增加了高祖配祀的制度。今汉魏故城南郊仍有"大郊村"之名，有可能是南郊坛的位置所在。刘秀于建武中元元年立北郊坛于洛阳城北①。北郊坛的形制为方坛，四陛。祭祀对象除了后土神外，还有五岳、四渎、名山、大川等神，并以高皇后配祀②。

西市、马市、南市　《后汉书》记载，东汉洛阳有西市、马市、城南市，具体遗址还没找到，据文献记载，可大体推测其位置。

西市应在城内，大致在南宫的西北，在夏门大道以西、上西门大道附近这一区域内。西晋时称之为"金市"。东汉章帝时傅毅在《洛都赋》中有"面朝后市"的词句，反映出西市是东汉早期洛阳城的主要市场，且"面朝后市"也是先秦以来所沿用的周制。

马市应在城东郊，距上东门一里多，它是由于东汉洛阳漕运的发展而逐渐繁荣起来的。东汉初，漕船从黄河经洛水可达洛阳城南。建武二十四年开凿明渠，漕船可直达洛阳城东，更接近太仓，这样便在城东形成了粮食及其他物品的交易市场。

南市，晋时称之为羊市，在城南郊，其具体地点在文献中没有记载。但从后代都城南郊市场所在位置或可得到一点线索。北魏洛阳城的宣阳门外（即东汉洛阳城的小苑门位置），洛水南有"四通市"，文献中形容"天下难得之货，咸悉在焉"③。四通市的繁荣与洛河水运业及其地处水陆交通会合处的地理条件有密切的关系，东汉洛阳城南市或在这一带。

居民区　田野考古工作中还没有发现东汉时期的平民居住区遗址，据文献记载，东汉洛阳城内的居民区也是划分为里，具体形状不清楚，里的名称在文献中见有商里、延熹里等。

南郊刑徒墓地　在城南灵台西南叫岗上村的地方，已发现刑徒

---

① 范晔：《后汉书·光武帝纪》："（建武中元元年）初起明堂、灵台、辟雍，及北郊兆域。……二年春正月辛未，初立北郊，祀后土。"

② 范晔：《后汉书·祭祀志中》。

③ 范祥雍：《洛阳伽蓝记校注》卷三，上海古籍出版社，2011年。

墓地，这些刑徒应与洛阳城某项工程有关，在发掘的不到两千平方米的范围内，就有522座刑徒墓，密度极大①。

墓穴是很窄的土坑，有的有木棺，在死者的身上有二块残砖，上刻简单文字。所记年代，最早的是安帝永初元年四月二十日（107），最晚的是安帝永宁元年（121），都是汉安帝时的，总共只有14年，已发现的就有500余人埋于此，说明劳累致死的比例是极大的。

刑徒墓砖的文字格式主要有八种：

1. 只刻姓名：

如"卫奴""龚伯"。

2. 加刻"无任"或"五任"：

如"无任谢郎""五任冯少"。"五任"即有手工技能的，"无任"则无手工技能。

3. 加郡、县名：

如"南阳宛陈便"。这里的南阳宛不是籍贯，而是狱名，即宛县的狱中来的。

4. 加刑名：

如"梁国下邑，髡钳赵仲"。髡钳是汉代一种刑法，即剃头发，髡钳即锢之铁钳，为五年刑。

5. 加死亡日期：

如"无任河南洛阳髡钳赵巨，元初六年闰月四日物故死"。"死"即"尸"。有的写为"……物故，死在此下"。

6. 加刻部属：

如"右部，无任少府若卢髡钳尹孝永初元年五月四日物故，死在此下"。"少府"是中央所置官职，"若卢"是少府属下的狱名，据《后汉书》记，洛阳有两狱，其中一狱就叫"若卢"，是专门关押犯

---

① 黄士斌：《汉魏洛阳城刑徒坟场调查记》，《考古通讯》1958年第6期。中国科学院考古研究所洛阳工作队：《东汉洛阳城南郊的刑徒墓地》，《考古》1972年第4期。

罪官吏的狱所。"右部",还有"左部",是"右作部""左作部"的省称,是管理刑徒劳动的部门,由将作大匠掌管,下设"左校令""右校令"。

7. 还加刻勉刑：

如"右部、勉刑济阳毁城双……"秦汉时勉刑不是免除刑役,而是免除刑具,又叫"弛刑"。

8. 加"第×笼"：

有的刻在最后,有的在"右部""左部"之后,可能是牢名,或是右部、左部管辖下的刑徒编组组织以牢笼为单位。

这批刑徒应当与修建洛阳城的某些工程有关。调用大量刑徒修建一些规模巨大的工程,秦汉时多是如此。如秦皇陵、汉景帝阳陵、武帝茂陵都发现了刑徒墓地,并且这几处的刑徒死后都带有铁钳、脚链,而洛阳的这批东汉刑徒墓,没有发现带铁钳的,这是否又反映了刑徒的地位有变化？

帝陵 东汉王朝有14位皇帝,其中少帝被废,废帝遭贬,实际只有12位皇帝建造了帝陵。据《帝王世纪》记载,洛阳汉魏故城西北15—20里有5陵：光武帝原陵、安帝恭陵、顺帝宪陵、冲帝怀陵和灵帝文陵;故城东南30—48里有6陵：明帝显节陵、章帝敬陵、和帝慎陵、殇帝康陵、质帝静陵和桓帝宣陵。汉献帝的禅陵位于今河南焦作市境内[①]。经多年对位于洛阳附近的东汉帝陵勘查得知,洛阳北部5陵位于今孟津县境内邙山之巅;洛阳东南的6陵位于洛河以南、今偃师市境内的万安山山麓,因此,洛阳的东汉帝陵可分为邙山、洛南两大陵区[②]。

---

① 徐宗源：《帝王世纪辑存》,中华书局,1964年;《后汉书·礼仪志》刘昭注引《帝王世纪》。

② 严辉、张鸿亮、王咸秋：《洛阳东汉帝陵考古调查与发掘取得重要收获》,《中国文物报》2018年3月9日第8版。洛阳市文物考古研究院编著：《邙山陵墓群考古调查与勘测第一阶段考古报告》,文物出版社,2018年。韩国河：《东汉帝陵有关问题的探讨》,《考古与文物》2007年第5期。

三、东汉都城洛阳礼制文化研究

(一) 刘秀营建洛阳城的理念

刘秀是在原郡治洛阳城的基础营建都城的,由于受原城址限制,其整体布局并不完全符合传统都城的礼制规划,但在某些方面也是按传统的都城规划理念进行增建的。

东汉洛阳城平面形状不符合《考工记》所说的"方九里",而是继续沿用秦汉时期的南北长方形旧城垣,南北长约九里,东西宽约六里,故后世又称"九六城"。虽不是"旁三门",但东、西城墙则是开设三门,南城墙最初也是三门,后来刘秀为了去城南进行郊祀,才于建武十三年开设平城门①。经对城门的钻探和发掘得知,城门均是一门三洞②。此虽是北魏时的城门建制,但其是在汉晋城门的基础上修缮建成的,东汉时的城门也应是一门三洞。三门洞通往城内的道路应为并行三条,因不是四面对称的"旁三门",形不成《考工记》所说的"九经九纬",但"洛阳城门依魏晋旧名……门有三道,所谓九轨"(《洛阳伽蓝记·序》),"城中大道皆分作三。中央御道,两边筑土墙,高四尺余,外分之。唯公卿尚书章服从中道,凡人皆从左右,左入右出"(《太平御览》卷一九五引陆机《洛阳记》)。此皆符合都城规划礼制。《后汉书·祭祀志》:"建武二年,立太社稷于洛阳,在宗庙之右。"此正是大朝居中,"左祖右社"之制,亦符合《考工记》所载的古代都城传统建制。

(二) 洛阳城的宫殿建制

1. 南宫是大朝正宫

南宫和北宫是洛阳城内两组主要的建筑群。学界对两宫的主次

---

① 范晔:《后汉书·百官志二》"南屯司马主平城门"刘昭注引《古今注》曰:"建武十三年九月,初开此门。"

② 中国社会科学院考古研究所洛阳工作队:《汉魏洛阳城初步勘察》,《考古》1973年第4期。中国社会科学院考古研究所汉魏故城工作队:《汉魏洛阳城北魏建春门遗址的发掘》,《考古》1988年第9期。

关系有不同的见解：有认为南宫是主宫①；有认为北宫建成后成为主宫②；还有认为两宫难分主次③。刘秀定都洛阳，"幸南宫却非殿"，此肯定南宫是大朝正宫。建武二年"起高庙，建社稷于洛阳"。《后汉书·祭祀志》："建武二年，立太社稷于洛阳，在宗庙之右。"这说明，"左祖右社"的格局是以南宫为正宫居中而言的。东汉诸帝即位时均要拜谒位于南宫左边的高庙和光武庙，此也体现了南宫为正宫的地位。

明帝重建北宫后，南宫仍然是大朝正宫。《后汉书》记载：

明帝　《明帝纪》：永平十八年，"帝崩于东宫前殿"。东宫应在南宫之内，说明明帝即位于南宫，也崩于南宫。

章帝　《皇后纪》："及帝崩，肃宗即位，尊后曰皇太后，诸贵人当徙居南宫。太后感析别之怀，各赐王赤绶，加安车驷马，白越三千端，杂帛二千匹，黄金十斤。"明帝崩于南宫，章帝应即位于南宫。章帝尊其母曰皇太后，皇太后及诸贵人徙居南宫，并在南宫赏赐诸王。这说明章帝时南宫仍是大朝正宫。

和帝　《和帝纪》："章和二年二月壬辰，即皇帝位，年十岁。尊皇后曰皇太后，太后临朝。"又载：永元四年六月"庚申，幸北宫"。和帝即位四年后"幸北宫"，说明此前应即位于南宫。

殇帝　《殇帝纪》："孝殇皇帝讳隆，和帝少子也。元兴元年十二月辛未夜，即皇帝位，时诞育百余日。"又记："（延平元年）八月辛亥，帝崩，癸丑，殡于崇德前殿，年二岁。"南宫有崇德殿，殇帝生百余日即皇帝位，不到一年而崩。可见，殇帝也是在南宫即位，也死于南宫。

安帝　《安帝纪》：延平元年八月，"殇帝崩，太后与兄车骑将军邓骘定策禁中。其夜，使骘持节，以王青盖车迎帝，斋于殿中。

---

①　段鹏琦：《汉魏洛阳城的几个问题》，载《中国考古学研究——夏鼐先生考古五十年纪念论文集》，文物出版社，1986年。
②　傅熹年主编：《中国古代建筑史》（第2卷），中国建筑工业出版社，2001年。
③　周长山：《汉代城市研究》，人民出版社，2001年。

皇太后御崇德殿，百官皆吉服，群臣陪位，引拜帝为长安侯。……太尉奉上玺绶，即皇帝位，年十三。太后犹临朝"。安帝是以长安侯的身份于南宫崇德殿即位①。

顺帝　《顺帝纪》：安帝崩后，"中黄门孙程等十九人……迎济阴王于德阳殿西钟下，即皇帝位，年十一。近臣尚书以下，从辇到南宫，登云台，召百官。……夺得玺绶，乃幸嘉德殿"。顺帝是以济阴王的身份被迎至北宫德阳殿，随即至南宫嘉德殿即位。

冲帝　《冲帝纪》：顺帝崩于南宫玉堂殿，二岁的冲帝即位于玉堂殿，三岁崩于玉堂殿。

质帝　《质帝纪》："及冲帝崩，皇太后与冀定策禁中，丙辰，使冀持节，以王青盖车迎帝入南宫。丁巳，封为建平侯，其日即皇帝位，年八岁。"

桓帝　《桓帝纪》："会质帝崩，太后遂与兄大将军冀定策禁中，闰月庚寅，使冀持节，以王青盖车，迎帝入南宫，其日即皇帝位，时年十五。太后犹临朝政。"

灵帝　《灵帝纪》："桓帝崩，无子，皇太后与父城门校尉窦武定策禁中，使守光禄大夫刘儵持节，将左右羽林至河间奉迎。……使窦武持节，以王青盖车迎入殿中。庚子，即皇帝位，年十二。"此虽没说灵帝在南宫即位，但质帝、桓帝均是太后定策禁中而立两小皇帝于南宫，此太后于禁中立灵帝，禁中应是指南宫，灵帝也应是在南宫即位。后记"帝崩于南宫嘉德殿"，也说明灵帝时仍以南宫为大朝正宫。又《五行志》记载："灵帝光和元年，南宫平城门内屋、武库屋及外东垣屋前后顿坏。蔡邕对曰：'平城门，正阳之门，与宫连，郊祀法驾所由从出，门之最尊者……'"平城门与宫连，此宫肯定是南宫，皇帝法驾由南宫通过平城门去城南郊祀，平城门是最尊者，当然南宫也是皇帝执政所在的大朝正宫。蔡邕是灵帝时期的议郎，多次参加灵帝时期的礼仪活动，这是当朝人对南宫和平城门重

---

① 范晔：《后汉书·安帝纪》李贤注"崇德殿"曰："洛阳南宫有崇德殿。"

要地位的解释,应是最为可信的。

少帝刘辩 《灵帝纪》:"(灵)帝崩于南宫嘉德殿,年三十四。戊午,皇子辩即皇帝位,年十七。尊皇后曰皇太后,太后临朝。……中常侍张让、段珪等杀大将军何进,于是虎贲中郎将袁术烧东西宫,攻诸宦者。"又《何进传》:"(袁)术因烧南宫九龙门及东西宫,欲以胁出让等。……(张让)因将太后、天子及陈留王,又劫省内官属,从复道走北宫。"这些记载表明少帝刘辩是在南宫即位,朝内的争斗厮杀均是在南宫。由于南宫最后被袁术烧毁,东汉最后的献帝只能居于北宫了。

由上述可证,南宫始终是东汉王朝的大朝正宫。

2. 南宫建制体现阴阳五行观念

对于南宫形制的复原,有学者复原为正方形①,有学者复原为南北长方形②。由于目前对南宫的具体位置还没勘察清楚,究竟南宫是方形还是长方形还没有定论。但从文献记载看,南宫应体现了阴阳五行观念。

《后汉书·百官志》:"南宫南屯司马,主平城门;北宫门苍龙司马,主东门;玄武司马,主玄武门;北屯司马,主北门;北宫朱爵司马,主南掖门;东明司马,主东门;朔平司马,主北门:凡七门。"对"南宫南屯司马,主平城门;北宫门苍龙司马,主东门"的标点,历来不好解释。现有学者将其标点为:"南宫南屯司马,主平城门北宫门;苍龙司马,主东门;……"并指出"'平城门北宫门',意思就是平城门北边的宫门,那个宫门与平城门相对而在北边"③。此处的"北宫门"实际是指平城门北面的南宫南门,平城门及南宫南门均由南宫南屯司马执掌。这样就顺了本文的原意。

南宫南门名端门,东汉时期的一些重要礼仪活动均由端门出入,如《后汉书·礼仪志》:

---

① 王仲殊:《东汉的都城(雒阳)》,载《汉代考古学概说》,中华书局,1984年。
② 钱国祥:《由阊阖门谈汉魏洛阳城宫城形制》,《考古》2003年第7期。
③ 张鸣华:《东汉南宫考》,《中国史研究》2004年第2期。

冬至日礼仪活动："先气至五刻，太史令与八能之士即坐于端门左塾。大予具乐器，夏赤冬黑，列前殿之前西上，钟为端。……三刻，中黄门持兵，引太史令、八能之士入自端门，就位。二刻，侍中、尚书、御史、谒者皆陛。一刻，乘舆亲御临轩，安体静居以听之。"

腊日大傩驱疫活动："先腊一日，大傩，谓之逐疫。……送疫出端门。"

皇帝大丧礼仪："大敛于两楹之间。五官、左右虎贲、羽林五将，各将所部，执虎贲戟，屯殿端门陛左右厢，中黄门持兵陛殿上。"

南宫之端门应仿照西汉未央宫而设。《史记·吕后本纪》载："代王即夕入未央宫，有谒者十人持戟卫端门，曰：'天子在也，足下何为者而入？'……代王遂入而听政。"此述汉惠帝崩后，汉文帝以代王身份通过端门进入未央宫即皇帝位。《汉书·五行志中》颜师古注"端门"为"宫之正门"。南宫端门也有似于周之内朝路寝之门。《周礼·夏官·太仆》载："建路鼓于大寝之门外，而掌其政。"郑玄注："大寝，路寝也。其门外，则内朝之中，如今宫殿端门下矣。"贾公彦疏："故建之于正朝之所也。"郑玄是东汉后期的经学家，其以当朝之端门有似于周之"路寝"之门，足证南宫为正朝，端门为南宫之正门。

综上文献所记，南宫南有端门，东有苍龙门，北有玄武门，唯独没记西门。难道倡导经学、遵从礼仪的东汉王朝能缺失西面的白虎门？学者根据《后汉书·五行志二》载"南宫云台灾……延及白虎、威兴门"，推断南宫西面也有白虎门[①]。由此可见，南宫是四面辟门的，其分别名之青龙、白虎、玄武，南门虽不名朱雀门，但北宫南门则名朱雀门。南宫大朝前殿位居中央，"青龙白虎掌四方，朱雀玄武顺阴阳"，这一切均遵循阴阳五行理念。由南宫前殿向南通过南宫正门端门、南城墙平城门，直达南郊礼制建筑群，此大道成为

---

① 陈苏镇：《东汉的南宫和北宫》，《文史》2018年第1期。

东汉皇帝举行重要礼仪活动的礼仪御道。所以,端门、平城门及这条礼仪御道均要由南宫南屯司马统一执掌卫护。

(三)洛阳城的"左祖右社"建制

《后汉书·光武帝纪》:"(建武二年)起高庙,建社稷于洛阳。"《后汉书·祭祀志》:"建武二年,立太社稷于洛阳,在宗庙之右,方坛无屋,有墙门而已。"刘秀于建武二年以"左祖右社"的传统建制立高庙和社稷,肯定是在南宫的东西两侧。但刘昭注引《古今注》曰:"建武二十一年二月乙酉,徙立社稷上东门内。"上东门是洛阳东城墙最北部的门,刘秀为何更改此前自己所遵循的传统建制而将社稷移至上东门内?此为后人注释,是否属实,值得怀疑。目前宗庙和社稷的具体位置还不清楚,还有待今后的考古工作加以证实。

东汉光武帝刘秀是出自西汉宗室,自称是承袭西汉的帝统。所以东汉王朝建立后,在洛阳建立西汉宗庙的同时,也在长安修复了高庙,形成了东庙和西庙。东汉皇室多次对西庙进行祭祀。

刘秀在洛阳所建高庙,其所祭祀神主先后反复了多次。最初,光武帝于建武二年(26)正月,立高庙于洛阳,"奉十一帝神主纳于高庙"(《后汉书·光武帝纪》)。建武三年,刘秀"立亲庙洛阳,祀父南顿君以上至舂陵节侯。时寇贼未夷,方务征伐,祀仪未设"(《后汉书·祭祀志》)。至建武十九年有大臣再次提出立刘秀四亲庙于洛阳之事,由于刘秀四亲庙与洛阳高庙诸帝存在帝统的问题,其四世祖神主无法作为皇帝纳入高庙。另外,刘秀与西汉诸帝也存在辈分上的问题,以汉高祖刘邦为始祖,汉元帝为第八世,刘秀为高祖九世孙,成、哀、平三帝辈分都在刘秀之后。因此有大臣反对立刘秀的四亲庙于高庙中。于是刘秀最后决定,洛阳高庙祭祀汉高祖(太祖)、汉文帝(太宗)、汉武帝(世宗)、汉宣帝(中宗)及汉元帝五帝,成、哀、平三帝纳入长安高庙祭祀。京师洛阳也不立刘秀四亲庙,而就南阳园庙祭祀,并依次尊为皇考庙、皇祖考庙、皇曾祖考庙、皇高祖考庙①。这种庙制到刘秀死时举行丧葬之礼又出现问题，按丧葬之礼，葬后要举行"班祔"之礼②，将新死者的神主以昭穆次序入庙。刘秀死后，明帝"以光武帝拨乱中兴"，是"再受命"之祖，尊庙号曰"世祖"（《后汉书·祭祀志》）。然洛阳高庙中已有"太祖""太宗""世宗""中宗"之庙，就不好将再受命的刘秀"世祖"之庙纳入高庙中；将刘秀神主祔于南阳的祖坟陵庙也不合适，因四亲祖均各自为陵庙，不是宗庙；刘秀的原陵又不设陵庙。这样，刘秀的神主只能安置于陵寝中进行丧祭之礼。刘秀的世祖光武庙则是在刘秀死后三年即明帝永平三年（60）才建成投入使用③。明帝以后，东汉诸帝皆"遵俭无起寝庙"，神主均藏于世祖庙中（《后汉书·祭祀志》）。东汉这种诸帝神主一庙"共堂"的宗庙建制④，为以后历代王朝所沿用。这样，都城洛阳便有了高庙和世祖庙两处宗庙，明帝以后诸帝即位均要到高庙和世祖庙进行拜谒，以成即位之礼。

（四）东汉太学建制

太学兴起于西汉武帝时期。董仲舒为武帝献策曰："故养士之大者，莫大乎太学，太学者，贤士之所关也，教化之本原也。……臣愿陛下兴太学，置名师，以养天下之士，数考问以尽其材，则英俊宜可得矣。"（《汉书·董仲舒传》）武帝听从董仲舒建议，"罢黜百家，表章六经"，遂"兴太学"（《汉书·武帝纪》）。汉武帝建元五年（前136）始立五经博士，"武帝立五经博士……《书》唯有欧阳（生）、《礼》后（苍）、《易》杨（何）、《春秋》公羊而已"

---

① 范晔：《后汉书·祭祀志》。姜波：《汉唐都城礼制建筑研究》，文物出版社，2003年，第86页。
② 《仪礼·既夕礼》载："卒哭，明日以其班祔。"
③ 范晔：《后汉书·显宗孝明帝纪》：永平三年"冬十月，蒸祭光武庙，初奏文始、五行、武德之舞"。
④ 魏徵：《隋书·音乐志》载："昔汉氏诸庙别所，乐亦不同，至于光武之后，始立共堂之制。"

(《汉书·儒林传·赞曰》)。此五部今文经立为官学,在太学里进行讲授①。宣帝甘露三年(前51),宣帝亲自召开了石渠阁会议,"诏诸儒讲五经同异","(宣帝)亲称制临决焉"。石渠阁会议结束后,宣帝于黄龙元年(前49)增立梁丘氏《易》、大小夏侯《尚书》、《穀梁春秋》等四家博士(《汉书·宣帝纪》),加上原有"五经"博士八员,共计十二博士:齐、鲁、韩《诗》,欧阳、大小夏侯《书》,后苍《礼》,施、孟、梁丘《易》,公羊《春秋》,穀梁《春秋》。至此,官定太学博士员十二人,称黄龙十二博士②。由此,今文经学大盛。至王莽托古改制,遵从古文经,于是设立左氏《春秋》、《毛诗》、《逸礼》、古文《尚书》、《周官》(《周礼》)等古文经博士③,古文经成为王莽托古改制的理论根据。并于元始四年(4)"莽奏起明堂、辟雍、灵台,为学者筑舍万区"。王莽所建太学位于汉长安城南郊,与明堂、辟雍、灵台在一大的范围内(参见第一章第三节)。

东汉初年,刘秀重建太学博士制度。《后汉书·儒林列传》载:"昔王莽、更始之际,天下散乱,礼乐分崩,典文残落。及光武中兴,爱好经术,未及下车,而先访儒雅,采求阙文,补缀漏逸。先是四方学士多怀挟图书,遁逃林薮。自是莫不抱负坟策,云会京师,范升、陈元、郑兴、杜林、卫宏、刘昆、桓荣之徒,继踵而集。于是立五经博士,各以家法教授,《易》有施、孟、梁丘、京氏,《尚书》欧阳、大小夏侯,《诗》齐、鲁、韩,《礼》大小戴,《春秋》严、颜,凡十四博士,太常差次总领焉。"所立十四博士皆为今文经。光武重置博士,为恢复太学做了必要的师资准备。建武五年(29),光武帝巡视于鲁,并使大司空祠孔子。还都洛阳后,便"起太学博士舍、内外讲堂,诸生横巷,为海内所集"(《后汉书·翟酺

---

① 《汉书·儒林传·赞曰》记武帝立五经博士,而只说了《书》《礼》《易》《春秋》四经,而缺《诗》经。宋王应麟《困学纪闻》载:"独举其四,盖《诗》已立于文帝时。"
② 《汉书·百官公卿表》:"武帝建元五年,初置五经博士。宣帝黄龙元年,稍增员十二人。"
③ 《汉书·儒林传》:"平帝时,又立《左氏春秋》《毛诗》《逸礼》《古文尚书》,所以网罗遗失,兼而存之。"

传》)。重新开启了经学在太学中的讲授。顺帝时，又扩建太学，"凡所造构二百四十房，千八百五十室"。至质帝时，太学生已达三万人(《后汉书·翟酺传》)。东汉太学成为传授经学的中心。

但至东汉后期，由于受"党锢"事件的影响，经学出现衰落趋势。质帝之后，"章句渐疏，而多以浮华相尚，儒者之风盖衰矣"。(《后汉书·儒林列传》)尤其是桓、灵时期，激烈的"党锢"事件使太学士人蒙受劫难，"党人既诛，其高名善士多坐流废，后遂至忿争，更相言告，亦有私行金货，定兰台漆书经字，以合其私文"(《后汉书·儒林列传》)。这说明正规的太学制度已被破坏，经学也处于混乱之中，甚至出现了篡改、伪造经文的行为。对于这种混乱的经学形势，有识之士便倡议整顿太学，确立正确的经学体系。

正定经学是灵帝熹平四年（175）开始的。曾校书于东观的议郎蔡邕指出，"以经籍去圣久远，文字多谬，俗儒穿凿，疑误后学"，乃与五官中郎将堂谿典等七人联名向灵帝"奏求正定六经文字"(《后汉书·蔡邕列传》)。灵帝采纳蔡邕等人的建议，于熹平四年"诏诸儒正五经文字，刻石立于太学门外"(《后汉书·灵帝纪》)。蔡邕乃选定正确经本，"自书册丹于碑，使工镌刻立于太学门外。于是后儒晚学，咸取正焉。及碑始立，其观视及摹写者，车乘日千余两，填塞街陌"(《后汉书·蔡邕列传》)。可见此时经学恢复之势。但仅过七年，董卓烧毁洛阳城，太学随之荒废，石经惨遭摧残，东汉一代的太学经学也就结束了。

关于熹平所刻经卷数，文献记载歧异，《灵帝纪》为"五经"，《蔡邕列传》为"六经"，《隋书·经籍志》则记"后汉镌刻'七经'，著于石碑"。近人王国维考证，实为《周易》《尚书》《鲁诗》《仪礼》《春秋》五经与《公羊传》《论语》二部[①]，为立于学官的今文经。关于所立碑的数目，《后汉书·蔡邕传》注引《洛阳记》的记载，其碑总数为46枚。熹平年间刻的石经后世称为"熹平石经"，

---

① 王国维：《观堂集林》卷第二十《魏石经考》，河北教育出版社，2001年。

因是用隶书一种字体刻的,又称"一体石经"。董卓之乱,太学遭到毁坏后,魏文帝黄初五年(224),又在东汉太学旧址上重修太学,齐王曹芳正始年间(240—249)用古文、篆、隶三种字体刻《尚书》《春秋》两部儒家经典,史称《魏石经》,又称《正始石经》《三体石经》。西晋初年,再次重修太学,晋武帝咸宁二年(276)又立国子学,与太学并存。

《后汉书·光武帝纪》:建武五年"初起太学",李贤注引《洛阳记》曰:"太学在洛阳城故开阳门外,去宫八里,讲堂长十丈,广三丈。"经考古勘察,太学遗址应在洛阳故城南郊今太学村一带。1980年,中国社科院考古研究所洛阳工作队对太学村北围墙北侧进行发掘,出土汉石经残块661余块,有字残石96块。有字残石所载内容,包括《仪礼》《春秋》《鲁诗》《论语》以及《仪礼》校记、《鲁诗》校记等①。在出土汉石经的西北部发现魏晋以降的太学遗址,其平面呈长方形,东西150余米,南北约220米。发现一排排布列规整有序的长条形房舍,是沿用了东汉太学诸生房舍的结构和形式。在魏晋太学遗址东西两侧,仍有一些长条形房舍遗址发现②。因魏晋太学是在东汉太学的基础上重修,说明东汉太学遗址正在此处,并且其实际范围还应扩大(图1-30)。

(五)东汉辟雍建制

辟雍之制始于周代。《诗·大雅·灵台》曰:"于论鼓钟,于乐辟雍。"又《诗·大雅·文王有声》曰:"镐京辟雍。"西周早期的麦方尊铭文也记有周王在辟雍行礼之事:"在辟雍,王乘于舟,为大豊。"③周之辟雍乃周王举行礼乐活动的地方。两汉都城南郊均建有辟雍,为汉朝皇帝行礼之处,"天子立辟雍何,辟雍所以行礼乐,宣

---

① 中国社会科学院考古研究所洛阳工作队:《汉魏洛阳故城太学遗址新出土的汉石经残石》,《考古》1982年第4期。
② 中国社会科学院考古研究所编著:《汉魏洛阳故城南郊礼制建筑遗址——1962—1992年考古发掘报告》,文物出版社,2010年。
③ 中国社会科学院考古研究所编:《殷周金文集成释文》6015号器,香港中文大学中国文化研究所出版,2001年。

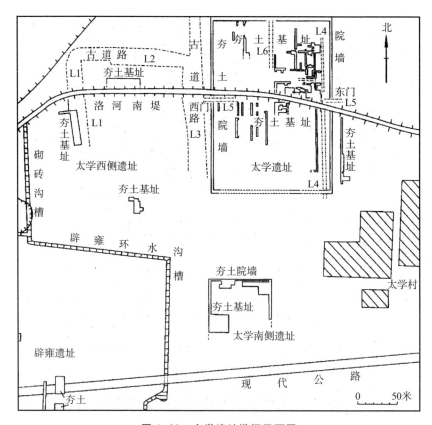

图 1-30 太学遗址勘探平面图

德化也。辟者,璧也,象璧圆以法天也。雍者,雍之以水,象教化流行也。"①西汉成帝时,刘向曾建议兴建辟雍:"宜兴辟雍,设庠序,陈礼乐,隆雅颂之声,盛揖攘之容,以风化天下。如此而不治者,未之有也。"成帝听从刘向建议,计划建辟雍于长安城南,后遭成帝崩,"营表未作"(《汉书·礼乐志》)。王莽托古改制,"欲耀众庶,遂兴辟雍",建辟雍于长安南郊。东汉"世祖受命中兴,拨乱反正",乃于建武中元元年(56)建辟雍于洛阳城南。明帝即位,躬行其礼,养三老、五更于辟雍。明帝永平二年"三月,临辟雍,初行大射礼。

---

① 班固:《白虎通义·辟雍》,程荣纂辑《汉魏丛书》,吉林大学出版社,1992年,第163页。

冬十月壬子，幸辟雍，初行养老礼"（《后汉书·明帝纪》）。东汉诸帝是在辟雍中行射礼和养老礼。

《后汉书·礼仪志》记载了"养三老、五更之仪"：先选三公老者一人为三老，卿大夫中之老者一人为五更。其皆服礼服，持玉杖，斋于太学讲堂。行礼当日，皇帝先到辟雍礼殿，坐于东厢。遣使者安车迎三老、五更。天子迎三老、五更行三揖之礼：于门屏，行交礼，揖，导引进门；进门后，揖，导引三老、五更行于右，天子行于左；至阶，揖，天子升自阼阶于堂，三老升自宾阶于堂，面东①。接下来，三公设几，九卿正履。天子亲自割牲，执酱、执爵献三老。献礼毕，进行"和乐"之礼②，"升歌《鹿鸣》，下管《新宫》，八佾具脩，万舞于庭"（《后汉书·明帝纪》）。至此，养老之礼结束。第二天，三老、五更"皆诣阙谢恩，以见礼遇大尊显故也"（《后汉书·礼仪志》）。根据东汉举行养老礼仪节，也可推断出辟雍礼殿的建筑格局。"万舞于庭"，说明礼殿是坐落于庭院之中，庭院正面辟门，门前有屏，屏外有阙。行礼之大殿呈前堂后室，东、西厢格局，堂前有阼阶、宾阶。

1930 年曾在城南大郊村发现晋武帝三临辟雍的纪念碑，后又发现碑座，可证辟雍遗址位于城南大郊村一带③。经考古勘察和发掘得知，遗址范围约 370 米见方④。遗址中部有一大的殿基，殿基四面各有一组建筑，每组皆由左右二阙和双阙内侧的门屏组成。由此推断，此整体建筑是四向的，其中心殿基也应是四向的。由于殿基破坏严重，中心建筑礼殿的格局已无法搞清。根据上文养老礼仪节推测的东汉辟雍建筑格局，该中心殿基应是"四向五室"的建筑格局，即

---

① 凌廷堪《礼经释例》载："凡入门，将右曲，揖；北面曲，揖；当碑，揖。谓之三揖。"《凌廷堪全集》壹，黄山书社，2009 年，第 28 页。

② 凌廷堪：《礼经释例》载："凡乐皆四节，初谓之升歌，次谓之笙奏，三谓之间歌，四谓之合乐。"《凌廷堪全集》壹，黄山书社，2009 年，第 475 页。

③ 阎文儒：《洛阳汉魏隋唐城址勘查记》，《考古学报》1955 年第 1 期。

④ 段鹏琦：《东汉洛阳城遗址》，载中国社会科学院考古研究所编著《中国考古学·秦汉卷》，中国社会科学出版社，2010 年。中国社会科学院考古研究所编著：《汉魏洛阳故城南郊礼制建筑遗址——1962—1992 年考古发掘报告》，文物出版社，2010 年。

每面均是前堂后室，东、西厢结构，前堂设阼阶、宾阶，四向之中为太室。辟雍是以"五行"理念而建的礼制性建筑。

前引《白虎通义·辟雍》记载："辟者，璧也，象璧圆以法天也。雍者，雍之以水，象教化流行也。"但此辟雍遗址环水并不是圆形，其水源通过遗址北部一条砖砌涵洞自北面到达遗址北部正中，然后向东、西两个方向分流，各流出180余米后折而向南，直到遗址以南，尚未显出转折闭合的迹象。由此可确认，此辟雍遗址的环水并非圆形，与《白虎通义》的说法不同。《白虎通义》是东汉章帝建初四年（79）下诏在白虎观召开会议，评议"五经"同异，由班固整理编辑而成。为何该遗址形状与当时文献的记载不一致？是否"璧圆"是指中心建筑建于圆形的台基之上"以法天"，而不是指"环水"？此北部水源由遗址东、西两侧由北而南畅流，也可谓"雍之以水，象教化流行"。当然，此问题还可深入研究。

（六）东汉明堂、灵台建制

关于明堂建制，较早文献《逸周书·明堂解》《考工记·匠人》《礼记·明堂位》《大戴礼记·明堂》等均有记载，但多歧异。正如王国维所说："古制中之聚讼不决者，未有如明堂之甚者也。《考工记》言五室，言堂而不言堂之数。《吕氏春秋·十二纪》、《小戴记·月令》均言一太室、四堂、八个。《大戴记·盛德》篇则言九室。此三者之说，已不相合。"① 东汉蔡邕则说："故言明堂，事之大，义之深也。取其宗祀之清貌，则曰清庙。取其正室之貌，则曰太庙。取其尊崇，则曰太室。取其堂，则曰明堂。取其四门之学，则曰太学。取其四面周水圆如璧，则曰辟雍。异名而同事，其实一也。"② 清代惠栋综合前人之说作《明堂大道录》，将明堂归纳为："明堂为天子太庙，禘祭、宗祀、朝觐、耕藉、养老、尊贤、飨射、

---

① 王国维：《观堂集林》卷第三《明堂庙寝通考》，河北教育出版社，2001年，第73页。
② 蔡邕：《明堂论》，载《后汉书·祭祀志》"明堂"注，中华书局，1982年，第3178页。

献俘、治历、望气、告朔、行政皆行于其中，故为大教之宫。其中有五寝五庙，左右个，前堂后室，室以祭天，堂以布政。上有灵台，东有太学，外有四门。四门之外有辟雍，有四郊及四郊迎气之兆，中为方泽，左有圜丘。"并认为此制"始于神农之制，自黄帝尧舜夏商周皆遵而行之"①。惠栋主要是综合了先秦两汉文献各家众说，将明堂复原成更为复杂的多功能建筑。其实，两汉文献所讲的明堂，均是古、今文学不同学派以阴阳五行学说附会而成的明堂，惠栋并没有超出汉代各家之说。

现代学者顾颉刚质疑惠栋之说，"读惠栋《明堂大道录》一书，此制诚无代蔑有，亦无所不包矣。然自今日观之，则犹为一必当怀疑之问题也。……《月令》式之明堂，乃阴阳家言之集中表现与其最后成就，全出理想，不必以事实求之者也"②。并指出，明堂在"古代只是一个朝南的大礼堂，是集中开会之所，本不神秘，但经汉儒鼓吹，则与辟雍、灵台合二为一，为帝王所专有"③。如果说神农、黄帝时有所谓"明堂"，那只能是如顾颉刚所言的"开会之所"。目前考古发现的新石器时期大型房屋建筑，均没有发现"四向"五室或九室布局者，也没有"亞"形构造者④。考古发现的河南偃师二里头夏代宫殿基址⑤、偃师商代宫殿基址⑥、陕西岐山凤雏西周宗庙基址⑦、凤翔秦宗庙基址⑧，均不是四向建筑，更没有分"五室"或

---

① 王先谦编：《清经解续篇》第一册，上海书店出版社，1988年，第801页。
② 顾颉刚：《史林杂识初编·明堂》，中华书局，1963年，第146—149页。
③ 李民：《〈尚书〉与古史研究（增订本）》，"六、顾颉刚先生关于'夏史与明堂'的一封信"，中州书画社，1983年。
④ 汪宁生：《释明堂》，《文物》1989年第9期。
⑤ 中国社会科学院考古研究所编著：《中国考古学·夏商卷》，中国社会科学出版社，2003年，第66、67页。
⑥ 刘庆柱主编：《中国古代都城考古发现与研究》（上），社会科学文献出版社，2016年，第88页。
⑦ 陕西周原考古队：《陕西岐山凤雏村西周建筑基址发掘简报》，《文物》1979年第10期。
⑧ 陕西省雍城考古队：《凤翔马家庄一号建筑群遗址发掘简报》，《文物》1985年第2期。

"九室"者，而正如顾颉刚先生所说的是"朝南的大礼堂"。西汉时，汉武帝封泰山，"欲治明堂奉高旁，未晓其制度。济南人公玉带上黄帝时明堂图。明堂图中有一殿，四面无壁，以茅盖。通水，圜宫垣为复道，上有楼，从西南入，命曰昆仑，天子从之入，以拜祠上帝焉"（《史记·孝武本纪》）。从公玉带所献明堂图看，其主体为一"四面无壁以茅盖"的建筑，此所谓黄帝时明堂，并没有明显的"五行"观念之色彩。正如马端临所云："《考工记》所言，夏后世室，殷人重屋，周人明堂，其制大概由质而趋于文，由窄而趋于广。以是推之，黄帝时无明堂则已，苟有之，则一殿无壁，盖以茅，正太古简朴之制。又按武帝欲求仙延年，方士之谬诞者多假设黄帝之事，以售其说。……皆矫诬古圣，张大其词，以迎合时主之侈心。独公玉带所上明堂之制，乃简朴如此……固未可以其言之并出于封禅求仙之时，而例黜之也。"（《文献通考·郊社考·明堂》）但到泰山明堂按照公玉带所献图修成后，武帝"则祠泰一、五帝于明堂上坐，令高皇帝祠坐对之。……而泰山下祠五帝，各如其方，黄帝并赤帝，而有司侍祠焉"（《史记·孝武本纪》）。由此观之，武帝在泰山明堂是用于祭祀太一、五帝之神，以高皇帝配祀。从祭祀序位上看，太一居中央，五帝"各如其方"，此已显露出五帝、五方、五色的"五行"观念。不难看出，汉代阴阳五行思想盛行，以这种思想统辖万事万物的发展规律。"汉代人的思想的骨干，是阴阳五行，无论在宗教上，在政治上，在学术上，没有不用这套方式的。……有阴阳之说以统辖天地、昼夜、男女等自然现象，以及尊卑、动静、刚柔等抽象观念；有五行之说，以木、火、土、金、水五种物质与其作用统辖时令、方向、神灵、音律、服色、食物、嗅味、道德等等，以至于帝王的系统和国家的制度。"[1]至王莽时，遵从古文经，于都城长安南郊所建的明堂，遂成为"四向五室"的建筑格局（参见第三节）。

东汉的明堂是光武帝刘秀建武中元元年所建，位于平城门外，

---

[1] 顾颉刚：《汉代学术史略》第一章"阴阳五行说及其理想中的政治制度"，人民出版社，2008年，第1页。

辟雍之西①。据勘察，其平面略呈方形，四周建有夯筑围墙，东、西、南三面围墙墙基犹存，每面墙约长400米。围墙之内，中心部位为一平面呈圆形的夯土建筑基址，直径61—62米。在圆形夯土建筑基址边缘处，犹有原包砌青石被拆后留下的环状沟遗迹。圆形建筑基址之上的建筑遗迹已毁坏不存②（图1-31）。根据此残留的遗迹现象推测，东汉的明堂应如经学家所云，是"上圆下方"的建筑。由于圆形建筑基址之上的主体建筑遗迹不存，无从得知主体建筑的真实结构，如以东汉盛行今文经推测，其是否呈今文经所主张的四向九室十二堂之格局？杨鸿勋先生根据文献记载，将东汉明堂复原成三层建筑，底层为每面三堂，四面共十二堂；中层每面二室，四面共八室；上层中央为太室。此正符合今文学派所主张的四向九室十二堂格局。杨先生的见解可备一说③（图1-32）。

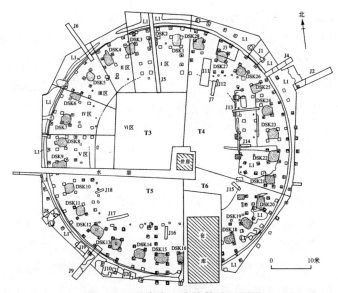

图1-31　明堂中心建筑基址平面图

---

① 《后汉书·光武帝纪》李贤注引《汉官仪》曰："明堂去平城门二里所。……辟雍去明堂三百步。"
② 中国社会科学院考古研究所：《汉魏洛阳故城南郊礼制建筑遗址——1962—1992年考古发掘报告》，文物出版社，2010年。
③ 杨鸿勋：《宫殿考古通论》，紫禁城出版社，2001年，第319—330页。

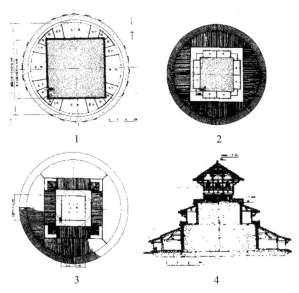

图 1-32 明堂复原图（杨鸿勋复原）

1. 底层十二堂平面图 2. 中层八室平面图 3. 上层太室平面图 4. 明堂复原剖面图

关于东汉明堂进行何种祭祀之礼，《后汉书》各帝纪有记载。《明帝纪》载：永平"二年春正月辛未，宗祀光武皇帝于明堂。……礼毕，登灵台"。并诏曰："今令月吉日，宗祀光武皇帝于明堂，以配五帝。礼备法物，乐和八音，咏祉福，舞功德，班时令，敕群后。事毕，升灵台，望元气，吹时律，观物变。"《后汉书·祭祀志》也记载了此次礼仪活动："明帝即位，永平二年正月辛未，初祀五帝于明堂，光武帝配。五帝坐位堂上，各处其方。黄帝在未，皆如南郊之位。光武帝位在青帝之南少退，西面。牲各一犊，奏乐如南郊。卒事，遂升灵台，以望云物。"这是东汉明堂建成后第一次进行祭祀之礼，祭祀的对象是五帝，以光武帝配祀。祭祀礼仪完成后，则"升灵台，望元气，吹时律，观物变"。李贤注云："元气，天气也。王者承天心，理礼乐，通上下四时之气也，故望之焉。"以观天象吉凶、水旱、丰荒、灾疫之变。此后东汉皇帝在明堂的祭祀均是遵从此礼仪，如《章帝纪》：建初"三年春正月己酉，宗祀明堂。礼毕，登灵台，望云物。大赦天下"。《和帝纪》：永元"五年春正月乙亥，宗祀五帝于明堂,遂登灵台,望云物。大赦天下"。《顺帝纪》:"(永和元年春正月)己巳,宗祀明堂,登灵台,改元永和,大赦天下。""汉安元年春正月癸巳,宗祀明堂,大赦天下,改元汉安。"由此看出,东汉均是于每年正月在明堂祭祀五帝天神,然后登云台观天象,明堂与灵台是连续进行礼仪活动的建筑。

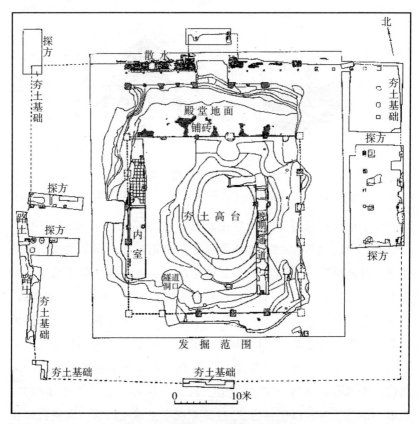

图1-33 灵台中心建筑基址平面图

灵台位于平城门外大道西侧,与明堂一西一东夹道相对。遗址平面呈方形,四周有围墙,每边长200米左右,中部是一座50米见方的台基,残高约8米,顶部已塌毁,文献记"上平无屋",是一个方形的平台。台基四面各辟上下两层平台,下层平台每面有五间以上的回廊式建筑。上层平台每面有五间建筑,墙壁涂有颜色,东青、西白、南朱、北黑，是以四神代表四个方向设计的。另外，上层平台西面五间建筑的后面，又加辟五间内室（图1-33）。此或许是《晋书·天文志》所载，"张平子（张衡）既作铜浑天仪于密室中"的"密室"①。

从考古发现及文献记载表明，东汉的明堂、灵台、辟雍、太学是分立的。然而，前引东汉蔡邕在《明堂论》中则认为，青庙、太庙、明堂、辟雍、太学是"异名而同事，其实一也"。蔡邕是东汉人，应当知道当时的礼制建筑的实际情况，为什么他所说的与实际情况不一样。其实，蔡邕是综合了先秦两汉文献对明堂的各家众说，将其统一符合到东汉明堂之中，把它描绘成了一座无所不包的礼制建筑，所以其称"异名而同事，其实一也"。

四、小结

通过对东汉洛阳城的考察与研究，可以看出以下主要的礼制文化特点：

1. 刘秀是在原郡治洛阳城的基础上营建都城的，由于受原城址所限，其整体布局并不完全符合传统都城的礼制规划，但在某些方面也是按传统的都城规划理念进行增建的。如"一门三道"是遵循传统建制，而"左祖右社"已正式纳入都城的建制，为后世历代王朝建都所遵从。

2. 南宫四面辟门，东、西、北门分别名之青龙、白虎、玄武，南门虽不名朱雀门，但北宫南门则名朱雀门，正可谓"青龙白虎掌四方，朱雀玄武顺阴阳"。这些均是阴阳五行观念在都城营建中的体现。

3. 在宗庙建制上进行了重大改革，实行诸帝神主一庙"共堂"的宗庙建制，为以后历代王朝所沿用，遂形成后来的太庙制度。

---

① 段鹏琦：《东汉洛阳城遗址》，载中国社会科学院考古研究所编著《中国考古学·秦汉卷》，中国社会科学出版社，2010年，第237—240页。

4. 关于明堂、灵台、辟雍、太学的建制，两汉时期聚讼不已，但经考古勘察的各遗址与文献印证，已证实四者是分立的，各有不同的用途。明堂主要用于祭天之礼，灵台用于望气观天象，辟雍用于举行射礼和养老礼，太学为教授经学之处。明堂、灵台、辟雍均是依阴阳五行的理念而建。

总之，东汉都城洛阳已形成典型的古代都城礼制文明模式，对此后历代都城礼制文明建制有着深远影响。

第二章
秦汉陵墓考古研究

第一节　秦雍公陵、毕陌陵、芷阳陵的建制研究

一、雍城秦公陵建制

秦都雍城西南郊的三畤原一带是秦公墓区，墓区东西长7千米，南北宽3千米①（图2-1）。墓区的南、西、北三面有壕沟环绕，称

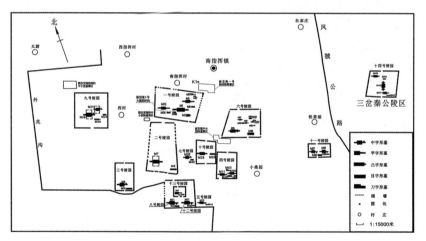

图 2-1　凤翔雍城秦公陵墓分布图

---

① 陕西省雍城考古队：《凤翔秦公陵园第二次钻探简报》，《文物》1987年第5期。陕西省考古研究院等：《雍城一、六号秦公陵园第三次勘探简报》，《考古与文物》2015年第4期。

为外隍；里面的墓葬成组分布，每组墓外有壕沟环绕，称为中隍；中隍内设双墓道的"中"字形主墓还有壕沟环绕，称为内隍。一些大墓上部发现有建筑遗迹，但没有高大的封土。陵区内已探出墓葬、车马坑等44座，其中双墓道的大墓20座，单墓道的大墓3座，双墓道的大墓应是秦公及秦公夫人墓。发掘者根据墓葬分布情况，将其划分为13座"陵园"。其中的秦公一号墓已经发掘，这是一座设有双墓道的大型竖穴木椁墓，全长300米，墓室长59.4米，宽38.45米，墓室中部是方木构成的大型椁室。墓内发现人牲20具，是被肢解后置于墓坑的夯打填土中，这些应是举行祭典仪式时所用人牲。另发现人殉166具，一具一棺，顺序排列于墓室底部及四周，此应是墓主的姬妾、近臣等（图2-2）。该墓出土有刻文字的石磬，其中刻有"天子匽喜，龏趄是嗣，高阳有灵，四方以鼏"等16字的句子。王辉认为，"龏趄是嗣"的"龏"即"共"，"趄"与"桓"通，应当指秦共公和秦桓公，他们的嗣君，即是秦穆公的四世孙秦景公。据此推测，该墓墓主应是秦国国君秦景公（前537卒）[①]。

图2-2 凤翔雍城秦公陵1号秦公墓

二、咸阳秦毕陌陵区建制

秦定都咸阳时期的秦王陵墓区有三处，即毕陌陵区、芷阳陵区和骊山陵区。毕陌陵区是秦惠文王、武王的陵墓区，位于咸阳西北

---

① 王辉：《论秦景公》，《史学月刊》1989年第3期。王辉、焦南峰、马振智：《秦公大墓石磬残铭考释》，载《"中研院"历史语言研究所集刊》第67本2分册，1996年。

的咸阳塬上。考古发现两处陵园，位于周陵镇的一座，由内、外两重垣墙及附设的内、外两重围沟组成，呈一规整的南北长方形陵园（图2-3）。外垣墙四面各辟一门，内垣墙南、北各一门，东、西各二门。陵园中坐落两座南北并列覆斗形封土的四墓道大墓，四墓道分别对应内垣墙各门。在封土侧及内外墙间发现地面建筑遗址5处、外藏坑27座及小型墓葬168座[①]。另一处位于此陵园西南4800米的

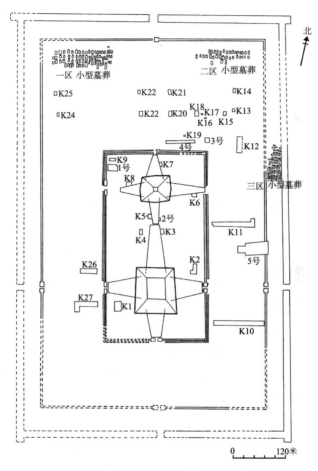

图2-3 咸阳毕陌陵区秦武王永陵平面图

---

① 陕西省考古研究院等：《咸阳"周王陵"考古调查、勘探简报》，《考古与文物》2011年第1期。

严家沟，其陵园形制及布局与周陵镇陵园大体相似。此两座陵园被推测为秦惠文王的"公陵"（即严家沟陵园）和武王的"永陵"（即周陵镇陵园）[①]。

三、咸阳芷阳秦东陵区建制

《史记·秦始皇本纪》载，昭襄王和庄襄王均葬"芷阳"陵区，又称"秦东陵"，位于临潼骊山西麓。此陵区根据墓葬的分布情况，可将其分为四处陵园，一至三号陵园紧紧相邻，只是以兆沟相隔，也可能属于一个陵区。四号陵园独处于一至三号陵园之南，应属于另外一个陵区。有三座四墓道大墓坐落于一号和四号陵园中。一号陵园的两座大墓南北并列，墓上有高大的封土，东墓道（主墓道）东各有一陪葬坑，封土侧发现地面建筑、陪葬墓等，陵园外以壕沟围绕。四号陵园四周也以"隍壕"围绕，除有一座四墓道大墓外，还有两座单墓道大墓，另有数座小型陪葬墓[②]。一号陵园是昭襄王的陵园已被证实[③]，二号、三号、四号陵园的归属还有待确定（图2-4）。

从陵墓建制看，咸阳毕陌陵区、临潼东陵区与凤翔秦公陵区相比，又有以下几方面的变化：（1）每一位秦王的陵园面积扩大，如秦东陵一号陵园的面积就扩大到东西4千米，南北2千米的范围，比整个实行族葬制的凤翔秦公陵园大出好几倍，已是以一位秦王为主的独立陵园。（2）毕陌陵区与东陵区的墓上都出现了高大的封土。（3）封土上没有享堂，而是把这种建筑移至陵园内墓侧的平地上。这种建筑的性质，应属陵园内的寝殿，或叫陵寝。这是一种新的制

[①] 刘卫鹏、岳起：《咸阳塬上"秦陵"的发现和确认》，《文物》2008年第4期。
[②] 张海云：《芷阳遗址调查简报》，《文博》1985年第3期。陕西省考古研究所等：《秦东陵第一号陵园勘查记》，《考古与文物》1987年第4期。陕西省考古研究所等：《秦东陵第二号陵园调查钻探简报》，《考古与文物》1990年第4期。陕西省考古研究所秦陵工作站：《秦东陵第四号陵园调查钻探简报》，《考古与文物》1993年第3期。
[③] 王辉、尹夏清、王宏：《八年相邦薛君、丞相殳漆豆考》，《考古与文物》2011年第2期。

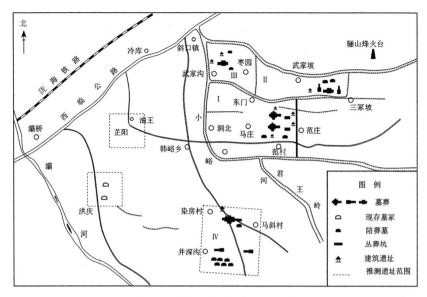

图 2-4 临潼秦芷阳陵区平面图

度，这种起之于墓侧的寝殿制度，成了汉代陵墓的定制。蔡邕《独断》载："古不墓祭，至秦始皇出寝，起之于墓侧，汉因而不改，故今陵上称寝殿，有起居、衣冠、象生之备，皆古寝庙之意也。"① 陵寝用作灵魂起居饮食之所，每日有人如同对待活的君主一样在陵寝中侍候。过去一直认为陵园内起寝之制始于秦始皇时，现在看来，大概从秦惠文王、武王的毕陌陵区就出现了。

第二节　秦始皇陵建制研究

一、秦始皇陵布局

秦始皇的骊山陵区位于临潼骊山北麓②（图 2-5）。整个陵园有

---

① 蔡邕：《独断》，程荣纂辑《汉魏丛书》，吉林大学出版社，1992 年，第 185 页。
② 陕西省考古研究院：《2010 年度秦始皇帝陵园礼制建筑遗址考古勘探简报》，《考古与文物》2011 年第 2 期。秦始皇帝陵博物院：《秦始皇陵内城陵寝建筑勘探简报》，载《秦陵秦俑研究动态》2011 年第 2 期。赵康民：《秦始皇陵北二、三、四号建筑遗迹》，《文物》1979 年第 12 期。

两重城垣环绕，秦始皇墓上有覆斗形的封土，至今仍高达47米。内外城四面均设城门，外城东西门和南北门的连线正好相交于封土顶点中心。封土北侧发现大面积的建筑基址，其范围从陵丘北的西部边缘直到内城北墙，整个建筑遗址的东、西、北三侧各有一道夯土墙，在内城的西北部形成一个独立的南北向长方形建筑群。最南部夯土基址规模巨大，似相对独立的一大单元，应是整个建筑群的核心部分主体"寝殿"所在。该建筑基址以北的基址，又分为九组东西对称的建筑群（图2-6）。封土的东北部又筑一小城，内有陪葬墓，均无封土。

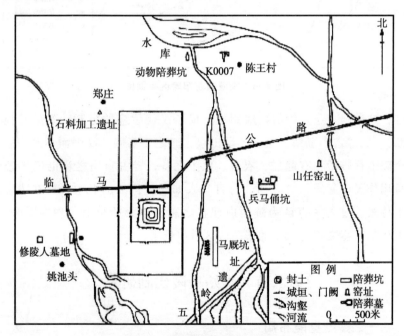

图2-5 临潼秦始皇陵平面图

在内外城之间还有供奉祭品的"骊山食官"遗址、管理陵园的园寺吏舍遗址等。在陵园东侧有陪葬的王室诸公子、公主墓以及马厩坑、兵马俑坑等。

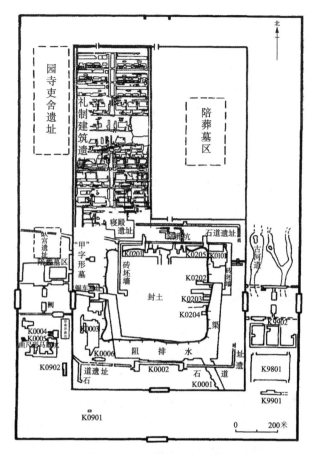

图 2-6 秦始皇陵陵寝平面图

二、秦始皇陵的设计理念与特点

秦始皇陵的设计理念和特点,既是继承了前代陵园制度的特点,又进一步完善化了。其重要的新特点有以下几方面:(1)陵园不是挖隍壕,而是用夯土筑起了内外两层城墙。此应是吸收了关东等国陵园的构筑特点。(2)过去多认为秦始皇陵是坐北向南或坐南向北。经多年的考古勘察,看来是坐西向东的,这也是继承了前代的陵墓制度。(3)秦始皇陵丘上无建筑,而在陵丘北侧建有寝殿。这印证了蔡邕《独断》中的记载是正确的,只不过陵侧建寝殿早在毕陌陵区和东陵区就已经开始了。(4) 毕陌陵区和东陵区的陵园内秦王与王后墓为并列葬,墓上均有高大的封土。而秦始皇陵园内只有一个高大的陵丘,没有王后陵、夫人陵,可谓一墓独尊。如果内城东北角小城内探出的多座墓是王后、妻妾墓,也正符合秦以右为上的传统,只是这些墓不起坟丘,以突出秦始皇至高无上的地位。西北部小城的九组对称建筑可能是模拟内宫之"后寝",居住秦始皇的"有子者"后宫诸妃嫔,与东小城埋葬"非有子者"从死诸妃嫔相对应。这样,妃嫔之生者与死者一起伴陪陵寝中秦始皇神主。(5) 秦始皇陵园内还仿照生前设有各种园寺吏舍、食官等,以定时进行祭祀等。(6) 秦始皇建生祠时,还修筑了一条"自极庙道通骊山"的道路,这也意味着将庙祭与陵寝的祭祀协调统一起来。

三、秦陵陵寝建制源自虞祭安魂之礼

秦陵陵寝的出现应源自虞祭安魂之礼。按周代的丧葬礼制,人死后的祭祀主要在殡宫和宗庙中举行。据《仪礼》中的《士丧礼》《既夕礼》《士虞礼》等记载,周代在整个丧葬过程中对死者要举行10余种不同名目的祭奠。没有埋葬之前,在殡宫和祖庙进行始死奠、小敛奠、大敛奠、朝奠、夕奠、朔月奠、荐新奠、朝祖奠、祖奠、大遣奠等祭奠。埋葬之后,丧主返哭祖庙,又返哭殡宫,在殡宫进行虞祭之礼。《士虞礼》郑玄《目录》云:"虞,安也。士既葬父母,迎精而返,日中祭之于殡宫以安之。"又《礼记·丧服小记》郑注云:"虞于寝,祔于祖庙。"当时人普遍认为,"形魄具而魂气附焉则生,形魄存而魂气离焉则死"[1],人死后魂魄分离,死者体魄已埋入墓内,为避免灵魂到处游荡成为野鬼,故"孝子恐魂灵无依,急迎神归"[2]。又认为灵魂是依附在死者的衣服之上,称之为"魂衣",送葬时,由魂车载死者魂衣与柩车一起至墓地,待下葬毕,柩车已

---

[1] 胡培翚:《仪礼正义·士丧礼疏》下册,江苏古籍出版社,1993年,第1644页。
[2] 胡培翚:《仪礼正义·既夕礼疏》下册,江苏古籍出版社,1993年,第1905页。

空，便将魂车所载魂衣载之柩车运回殡宫进行虞祭之礼，即所谓"迎精而反，将以设于寝庙"①。这就是《既夕礼》所载的葬后"反哭"宗庙、"遂适殡宫"之仪节。此"殡宫"即"宫寝"，胡培翚《仪礼正义·既夕礼疏》云："经云'遂适殡宫'，则反哭于祖庙后，即至寝，明矣。"在宫寝中进行虞祭之礼以安其神，这就是虞祭。虞祭之后，为死者设神主牌，以后进行卒哭祭、小祥祭、大祥祭、禫祭，这些祭奠都是在放置死者魂衣的宫寝中进行，至禫祭除服后，将神主移至祖庙进行以后的庙祭，但死者的魂衣仍保留在寝宫中以享祭祀。这是周代对死者的祭祀礼仪。

东周时期由于墓祭的出现，使虞祭安魂之礼逐渐由宫寝移至陵墓举行，从而出现了陵寝。东汉蔡邕最早指出了陵寝的起源，其《独断》云："宗庙之制，古学以为人君之居，前有'朝'，后有'寝'，终则前制庙以象朝，后制寝以象寝。庙以藏主，列昭穆；寝有衣冠几杖，象生之具。总谓之宫。……古不墓祭。至秦始皇出寝，起之于墓侧，汉因而不改，古今陵上称寝殿，有起居、衣冠、象生之备，皆古寝之意也。"②此是讲，陵寝是由宫寝而来，陵寝内也放置死者灵魂所凭依的衣冠，其用途也是用于虞祭安魂。由此可以看出，陵寝的正式出现应源自虞祭安魂之礼，是仿之于虞祭安魂的宫寝而来。

蔡邕讲"至秦始皇出寝，起之于墓侧"，但从秦陵的考古发现看，起码早在春秋时期的凤翔秦公陵就出现了墓上建筑③，如以河北中山王陵出土的铜兆域图版铭文所记，此墓上建筑也可称之为"堂"④，杨宽先生则认为"是供奉墓主灵魂起居饮食的寝"⑤，此见解是可信的。墓上建"堂"，肯定是为地下的死者而建，地下墓室既

---

① 胡培翚：《仪礼正义·既夕礼疏》下册，江苏古籍出版社，1993年，第1954页。
② 蔡邕：《独断》，程荣纂辑《汉魏丛书》，吉林大学出版社，1992年，第185页。
③ 陕西省雍城考古队：《凤翔秦公陵园第二次钻探简报》，《文物》1987年第5期。
④ 河北省文物研究所：《䂮墓——战国中山国国王之墓》，文物出版社，1995年。
⑤ 杨宽：《中国古代陵寝制度史研究》，上海人民出版社，2003年，第182—183页。

然是安葬"体魄"之处，墓上之"堂"就应是安"灵魂"之所。灵魂是依附在衣冠之上，所以将衣冠置之墓上"堂"内以安其魂，这样，既可使魂与魄不远离，又便于祭祀"安魂"，这大概是凤翔秦公陵之上建"堂"的真正动因。文献还记载，秦都雍城内还有先王宗庙①，并且已经考古发现②，这说明秦在都雍时期，不仅遵循商周传统的庙祭之礼，墓上建堂，表明也实行墓祭之礼。秦于春秋时期所表现的既"庙祭"又"墓祭"的制度，对秦汉时期祭祖制度产生了重要影响。

经考古勘察与发掘的咸阳"毕陌"秦惠文王陵和武王陵③，墓上都出现了高大的覆斗形封土。《秦纪》记载，秦惠文王之前的秦王葬处没有称"陵"的，至秦惠文王、武王时，其葬处开始称"陵"："惠文王享国二十七年，葬公陵"；"悼武王享国四年，葬永陵"。"毕陌"秦惠文王陵和武王陵的发现，印证了《秦纪》的记载④。封土上已没有堂类建筑遗迹，而在封土侧发现有地面建筑遗址。由于封土上没了堂，起之墓侧的建筑中就应该有发挥祭祖"安魂"作用的建筑，也就是后来所谓的陵寝。如果此推测不误的话，正式的墓侧建陵寝之制就不是蔡邕所说的始于秦始皇时，大概从秦惠文王、武王的毕陌陵区就出现了。"芷阳"的"秦东陵"、骊山秦始皇陵都遵循陵侧建陵寝之制。毕陌陵区与芷阳东陵区新出现陵寝用于墓祭，同时也进行庙祭。秦都咸阳原有集中的祖庙，但从秦昭王开始庙制发生了变化，将"诸庙"移至渭南，此应与秦都咸阳向渭南扩展有关，除此之外，秦东陵也在渭南，昭王等庙移至渭南，也为按季节进行庙祭与墓祭提供了方便。

---

① 《史记·秦始皇本纪》载，秦"先王庙或在西雍，或在咸阳"。
② 陕西省雍城考古队：《凤翔马家庄一号建筑群遗址发掘简报》，《文物》1985年第2期。
③ 陕西省考古研究院等：《咸阳"周王陵"考古调查、勘探简报》，《考古与文物》2011年第1期。
④ 参《史记·秦始皇本纪》第288—289页引《秦纪》，中华书局，1975年。

四、秦始皇陵园内城建筑性质研究

秦始皇陵园内城建筑应仿自其生前内宫宫寝。在秦始皇陵丘西北侧发现了大片的建筑遗址，最南部是一规模巨大的基址，北部是东西对称的九组建筑群。研究者对此建筑群的功用进行了诸多研究，提出了各种见解：（1）认为最南部规模最大的基址是"寝殿"基址，北部为"便殿"基址①。（2）认为最南部建筑为"寝"，"模拟了秦始皇帝及九嫔的生活起居类宫殿"；北部九组对称建筑为"朝"，"复制了秦帝国都城中的宗庙或朝廷办公机构"②。（3）认为南部为"正寝"，北部为"燕寝"③。或认为北部基址体现了"天子六寝、后六寝，十二寝"的"寝"制④。从整个秦始皇陵园的布局看，将内城西北部建筑群理解为模拟秦始皇的内宫之"寝"应该是没有问题的，因陵园是仿都邑、宫室修筑，内城模拟宫城，是秦始皇及皇后、妃嫔等所居之处。《史记·秦始皇本纪》载，秦始皇死后，秦二世令"先帝后宫非有子者，出焉不宜。皆令从死，死者甚众"。陵园内城东北部小城内有可能埋的是秦始皇后宫"非有子者"诸妃嫔，其位置正位于始皇陵之北部，与毕陌陵区王陵与王后陵坐落方位一致。西部小城建筑区内曾出土四块有刻文的青石板，文字内容分别为"纳中东下卅六""内西七""泰左东丙三上""泰右东十八"。有学者认为，"泰"也有可能为"太官"省称；"纳"或"内"也有可能为"内官"的省称⑤。这一认识颇有见地，为确定此

---

① 袁仲一：《秦始皇陵的考古发现与研究》，陕西人民出版社，2002年，第80—89页。张占民：《秦始皇陵北寝殿建筑群的发现与初步研究》，载《考古文物研究》，三秦出版社，1996年。
② 孙伟刚：《秦始皇帝陵园2010年勘探新发现礼制建筑遗址性质》，载北京大学震旦古代文明研究中心编《古代文明研究通讯》总第49期，2011年6月。
③ 张卫星：《秦始皇帝陵园内城陵寝建筑探析》，《秦陵秦俑研究动态》2011年第2期。
④ 张仲立：《秦始皇陵礼制建筑群与"秦始出寝"》，《考古与文物》2011年第2期。
⑤ 张卫星：《秦始皇帝陵园内城陵寝建筑探析》，《秦陵秦俑研究动态》2011年第2期。

组建筑的性质提供了重要依据。"泰官""太官""大官"可通用，西安相家巷出土秦封泥有"泰官丞印""大官丞印"多枚①，秦东陵一号墓被盗出的4件漆豆足座底部分别烙印有"大官""太官"文字②。西汉景帝阳陵陵园内封土东侧外藏坑中也出土有"大官之印""大官丞印""太官令印"等印章和封泥③。说明秦、汉王朝均设有此官署。《汉书·百官公卿表》载："少府，秦官，掌山海池泽之税，以给供养，有六丞。属官有尚书、符节、太医、太官、汤官……十六官令丞。"颜师古注："太官主膳食。"太官是专门掌管宫廷膳食的机构。《史记·孝景本纪》载："以大内为二千石，置左右内官，属大内。"裴骃集解云："韦昭曰：'大内，京师府藏。'"司马贞索隐云："主天子之私财物曰少内，少内属大内也。"《汉官仪》："内者，署名，令一人，秩六百石，属少府"；"内者主帷帐"④。又《后汉书·百官志》载：内者令"掌宫中布张诸亵物"。由此可以看出，秦汉时期的"太官""内官""内者"的职能是专门掌管皇室内起居生活之事。秦始皇陵园西小城内出土的刻有"纳""内""泰"等字样的石板，可能与这些官职有关，但西小城建筑不会是这些官职的官署，只能是它们所负责职掌的皇室内宫。这样北部的九组对称建筑可能是模拟内宫之"后寝"，居住秦始皇后宫"有子者"诸妃嫔，与东小城埋葬"非有子者"诸妃嫔相对应。如上述推测不误的话，始皇陵陵园内城的设计理念可能是：南部陵墓内是秦始皇体魄所在，由东北小城"从死者"诸妃嫔在阴间侍奉。西部小城南端近陵丘的建筑相对独立，体量最大，又位于始皇陵丘之边缘，也即"墓侧"，应是安

---

① 周晓陆、陆东之、庞睿：《秦代封泥的重大发现——梦斋藏秦封泥的初步研究》，《考古与文物》1997年第1期。杨广泰：《新出封泥汇编》，西泠印社，2010年，第35—36页。
② 王辉、尹夏清、王宏：《八年相邦薛君、丞相殳漆豆考》，《考古与文物》2011年第2期。
③ 陕西省考古研究院：《汉阳陵帝陵东侧11—21号外藏坑发掘简报》，《考古与文物》2008年第3期。杨武站：《汉阳陵出土封泥考》，《考古与文物》2011年第4期。
④ 孙星衍等辑：《汉官六种》，中华书局，1990年，第139页。

置秦始皇灵魂之"寝",或谓"正寝";其北部"后寝"所居"有子者"诸妃嫔,则如始皇生前一样侍奉其灵魂。如此,陵园内城正是仿生前内宫,依然是秦始皇及后宫妃嫔所处之地。由此可以看出,始皇陵内城如此布局,也是由当时丧葬礼制及"事死如事生"的观念所致。

总之,秦始皇陵的建制,奠定了中国封建帝王陵园的建筑格局,汉代的帝王陵虽也有些变化,但总的设计意图及建筑布局,基本上是沿袭秦制。

第三节 西汉帝陵建制研究

一、西汉帝陵布局特点

西汉从高祖刘邦到平帝,十一位皇帝中有九位葬于汉长安城北部的咸阳塬上,呈东西一排。文帝、宣帝则葬在长安城东南(图2-7)。这些帝陵的布局主要有以下特点:(1)皇帝和皇后陵丘均为覆斗形,两陵相邻,多是皇帝陵居西,皇后陵居东,且多错位于帝陵之北。(2)各陵均设有陵园。通过对景帝阳陵、武帝茂陵、宣帝杜陵等陵园的考古勘查得知①,此三陵的皇帝陵和皇后陵均各自设陵园,平面呈方形,四周有围墙围绕,四面中央各辟一门,陵墓坐落在陵园中央。景帝阳陵、武帝茂陵在帝、后陵园之外还发现有东西向长方形的外围墙,形成帝、后共享的外陵园,四面各辟一门(图2-8)。近年发现的汉文帝霸陵陵园与上三陵陵园基本相同,只是被推测为文帝墓(江村大墓)之上"不起坟"②。(3)景帝阳陵、武帝茂陵陵园

---

① 陕西省考古研究所编:《汉阳陵》,重庆出版社,2002年。焦南峰:《试论西汉帝陵的建设理念》,《考古》2007年第11期。陕西省考古研究院等:《汉武帝茂陵考古调查、勘探简报》,《考古与文物》2011年第2期。中国社会科学院考古研究所编著:《汉杜陵陵园遗址》,科学出版社,1993年。

② 陕西省考古研究院等:《汉文帝霸陵考古调查勘探简报》《考古与文物》2022年,第3期。

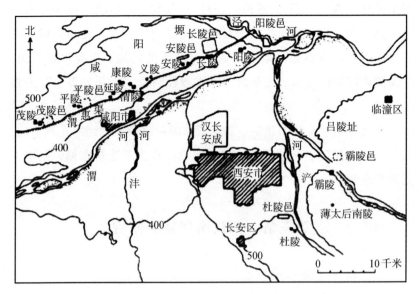

图 2-7　西汉帝陵分布图

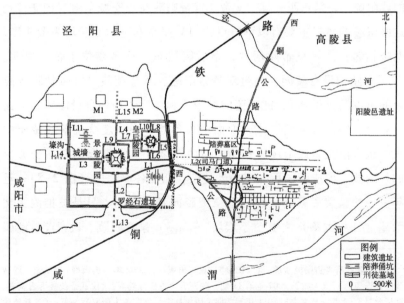

图 2-8　汉景帝阳陵陵区遗迹平面分布图

内封土四周均有大量外藏坑，学者研究认为，帝陵陵园内的外藏坑"代表或象征的是三公九卿中的九卿及其所属机构及设施"①。(4) 在内外陵垣之间发现多处建筑遗址，这些建筑遗址中应有"陵寝""陵庙"等建筑。(5) 各帝陵园都有大量陪葬墓，一般葬在整个陵园的东部，多是开国元勋、达官显贵或皇亲国戚之墓。如高祖长陵东部有60多座坟丘，据文献记载，所葬有萧何、曹参、周勃和王陵等人。武帝茂陵则有卫青、霍去病、霍光、上官桀等人陪葬。这些陪葬墓的封土有覆斗形、锥形、山形等形式，规模都很庞大。(6) 从高祖长陵到宣帝杜陵，在陵园附近都设有陵邑，主要守护皇陵并供奉皇陵的费用，另一目的是便于控制关东大族。西汉初期的几个陵邑的守护者，主要是迁徙来的关东大族；西汉中期的几个陵邑，也是以二千石以上的官吏为主。但到西汉后期，汉王朝对陵邑大族不但不能控制，反而增加了许多麻烦。因此汉元帝时下诏罢置陵邑，以后的几个帝陵就没有再设陵邑。

二、西汉帝陵陵寝建制

可以看出，西汉帝陵的布局特点，基本上是承之于秦始皇陵建制，又进一步规范化、制度化，尤其是陵寝制度、陵庙制度，更体现了西汉帝陵祭祀制度的突出特点。对于西汉陵寝制度、陵庙制度，《汉书·韦玄成传》记载颇详："自高祖下至宣帝，与太上皇、悼皇考，各自居陵旁立庙……又园中各有寝、便殿。日祭于寝，月祭于庙，时祭于便殿。寝，日四上食；庙，岁二十五祠；便殿，岁四祠。又月一游衣冠。"由此看出，西汉对已去世的皇帝有三处祭祀场所："日祭于寝，月祭于庙，时祭于便殿"，这样就将陵寝祭、便殿祭、陵庙祭协调统一起来，形成规范的西汉帝陵祭祀制度。

蔡邕《独断》、应劭《汉官仪》、司马彪《后汉书·祭祀志》均记载，秦汉时期帝陵陵寝是放置死者衣冠之处。《汉书·平帝纪》记

---

① 焦南峰：《汉阳陵从葬坑初探》，《文物》2006年第7期。

载,汉哀帝义陵的"寝"里发生"急变":前一天晚上寝令已将衣冠放入匣柜中,第二天早上衣冠突然出现在外床上,这被认为是神灵显圣,赶紧用太牢祭祀。这一故事说明陵寝中是放置死者衣冠的。实际上,帝陵陵寝是通过丧葬礼仪由宫寝转化而来。如前述,在先秦的送葬礼仪中,附有灵魂的"魂衣"由乘车、道车、稾车三魂车载之与柩车一起至墓地,待下葬后,柩车已空,于是将乘、道、稾三魂车所载魂衣再载之柩车运回城内的祖庙、殡宫以享祭祀,即《仪礼·既夕礼》所记载的葬后"反哭"宗庙、"遂适殡宫"之仪节,此"殡宫"即"宫寝",将魂衣放置宫寝中进行虞祭安魂之礼。至秦汉时期,由于在墓侧建有陵寝,所以死者的衣冠就不会运回城内的宫寝中,而是直接放置于墓侧的陵寝中进行祭祀。这应是秦汉时期帝陵墓侧出寝之缘起。

对于汉代帝陵寝园中的"便殿",汉晋文献有不同的记载。蔡邕《独断》、应劭《汉官仪》、司马彪《后汉书·祭祀志》均记载西汉诸陵墓侧有"寝",或称"寝殿",并没有提及"便殿";司马彪《后汉书·礼仪志》记东汉皇帝大丧仪节时,"容根车游载容衣"藏于"便殿",则没提及"寝殿";前引《汉书·韦玄成传》记西汉诸陵"园中各有寝、便殿。日祭于寝,月祭于庙,时祭于便殿",将"寝""便殿"并提,均为祭祀之所。注释家对"便殿"则有不同的解释,《汉书·韦玄成传》如淳注曰:"《黄图》高庙有便殿,是中央正殿也。"颜师古注曰:"如说非也。凡言便殿、便室者,皆非正大之处。寝者,陵上正殿,若平生路寝矣。便殿者,寝侧之别殿耳。"《汉书·武帝纪》载:"夏四月壬子,高园便殿火。上素服五日。"颜师古注曰:"凡言便殿、便室、便坐者,皆非正大之处,所以就便安也。园者,于陵上作之,既有正寝,以象平生正殿,又立便殿,为休息闲宴之处耳。说者不晓其意,乃解云便殿、便室皆是正名,斯大惑矣。"由于颜师古在《汉书》的几处注释中,均非常明确地解释"便殿、便室、便坐者,皆非正大之处",为"寝侧之别殿",是"休息闲宴之处",遂多为后世所认从,从而忽略了更为重要的如淳之注。如淳是曹魏时人，比唐代的颜师古更应了解汉代的制度，况且，如淳是用《黄图》来注释"便殿"是中央正殿的，是确实可靠的证据。《黄图》是专门记录汉长安及附近建筑的图，有题记，成书于东汉末曹魏初期，后遗失，有人对《黄图》的题记作了辑录，遂成今本《三辅黄图》。经研究，今本《三辅黄图》为中唐以后人所作。（今本《三辅黄图》正文中有些内容实际是颜师古注文，如"高庙有便殿，凡言便殿、便室、便坐者，皆非正大之处，所以就便安也。高园于陵上作之，既有正寝，以象平生正寝路寝也。又立便殿于寝侧，以象休息闲晏之处也。"此并非《黄图》原文，而是颜师古注文，陈直先生已经指明①。）魏晋时期的如淳、张晏、孟康、晋灼等引用《黄图》来注释《汉书》，他们所见到的是原本《黄图》，应是可信的。因此，如淳注"《黄图》高庙有便殿，是中央正殿"的解释不会有误。

颜师古以"旁侧"之意解"便殿"，这是其错解的症结所在。实际上，古代更主要是以"安""平"来释"便"。许慎《说文》云："便，安也，人有不便更之。"此释以平安、适宜之义。《尚书·尧典》："九族既睦，平章百姓。"注云："言化九族而平和章明。"孔颖达疏："明以亲九族，平章百姓，亦是协和之也。"② 司马迁《史记·五帝本纪》引此文则为："九族既睦，便章百姓。"刘宋裴骃《集解》注引徐广曰："下云'便程东作'，然则训平为便也。"唐司马贞《索隐》云："《古文尚书》作'平'……平既训便，因作'便章'。"又《毛诗·小雅·鱼藻之什》："乐只君子，万福攸同，平平左右，亦是率从。"郑笺云："平，婢延反。《韩诗》作'便便'，云闲雅之貌。"郑玄对"平"的注音就读为"便"（"婢延反"）③。《左传·襄公十一年》引此诗云："乐只君子，福禄攸同，便蕃左右，亦

---

① 陈直：《三辅黄图校证》，陕西人民出版社，1980年，第117页。
② 《尚书正义·尧典》，载《十三经注疏》，中华书局影印本，1980年，第119页。
③ 《毛诗正义·鱼藻之什·鱼藻》，载《十三经注疏》，中华书局影印本，1980年，第490页。

是帅从。"另有《墨子·天志中》载:"百姓皆得暖衣饱食,便宁无忧。"此"便宁"也当"适宜""安适"之义讲。不难看出,传世先秦两汉时期的文献中,"便"字更多地表示"平安""适宜""协和""闲雅"等吉祥之义,其用于建筑、处所之名,则表示此建筑或处所是非常重要的礼制性地点,并不是颜师古所解释的"非正大之处"。

近年来,地下出土的战国、汉代文字资料,也有"便室""便坐"的记载。如近来发现的清华简《楚居》中出现"便室"之名:"至酓䑏(绎)与屈紃(紃),思(使)若(鄀)嗌(嗌)卜遷(徙)于夷(夷)屯(屯),为梗(梗—便)室=(室,室)既成,无以内之,乃穷(窃)若(鄀)人之犝(犝)以祭。"①楚熊绎使鄀嗌占卜选择夷屯居住,并在夷屯先构筑"便室",因没有牺牲进行祭祀,便偷窃了鄀人的牛。此"便室"应是用于祭祀的宗庙②。《左传·庄公二十八年》记:"凡邑,有宗庙先君之主曰都,无曰邑。"《礼记·曲礼下》载:"君子将营宫室,宗庙为先,厩库为次,居室为后。"《墨子·明鬼下》载:"昔者虞夏商周三代之圣王,其始建国营都日,必择国之正坛,置以为宗庙。"因熊绎被周成王正式封为诸侯,所建之国都首先要筑宗庙。由此看来,熊绎在夷屯所筑的"便室",很可能就是楚国最初建国立都时所立的宗庙。河南偃师南蔡庄乡发掘一座东汉灵帝建宁二年纪年墓,该墓出土一肥致碑,碑文是肥致弟子颂扬肥致君事迹的内容,其中一段为:"建宁二年大(太)岁在己酉,五月十五日丙午直建,孝苌为君设便坐,朝莫(暮)举门恂恂,不敢解(懈)殆(怠),敬进肥君,餕顺四时所有。"③此是肥致弟子孝苌为肥致设"便坐",并朝暮、四时进行祭祀。此"便

---

① 清华大学出土文献与保护中心编:《清华大学藏战国竹简(壹)》,中西书局,2010年。
② 陈伟:《清华简〈楚居〉"梗室"故事小考》,简帛研究网,2011年2月3日。
③ 河南省偃师县文物管理委员会:《偃师县南蔡庄乡汉肥致墓发掘简报》,《文物》1992年第9期。刘昭瑞:《论肥致碑的立碑者及碑的性质》,《中原文物》2002年第3期。

坐"即"便房神坐"之简称,为放置肥致神主之处,也就是指肥致神主,而不能理解为放置于旁侧室的神主,更不能理解为"非正大之处"。略晚的《晋书·礼志》明确记载了"便房神坐":"武帝泰始四年,文明王皇后崩,将合葬,开崇阳陵,使太尉司马望奉祭,进皇帝密玺绶于便房神坐。"此供奉晋文帝司马昭神坐的"便房",更应是墓中最为显著的重要位置,而不会是旁侧小曲室①。目前发现的西晋墓葬多是单室墓,晋武帝司马炎的峻阳陵已经调查清楚,也是单室墓②。因此,西晋时期的"便房"是指安放棺柩的主室,此"便房"安置晋文帝司马昭之神主,故称"便房神坐",简称"便坐"。《汉书·霍光传》还记载葬具中有"便房":霍光死后,汉宣帝赐其"梓宫、便房、黄肠题凑各一具,枞木外藏椁十五具……皆如乘舆制度。"服虔认为:"便房,藏中便坐也。"如淳注曰:"《汉仪注》:天子陵中明中高丈二尺四寸,周二丈,内梓宫,次楩椁,柏黄肠题凑。"认为"便房"即指东汉初卫宏所著《汉仪注》中的"楩椁"。颜师古则认为:"便房,小曲室也。如氏以为楩木名,非也。"③湖北江陵谢家桥发掘了一座西汉前期的木椁墓④,木椁内分为中间棺室、前室(头箱)、后室(足箱)及左右边室(边箱)五部分。所出遣策对椁室有记录:"便廊具室一,厚尺一寸,宽丈一尺,衺丈八尺。"⑤汉代的1尺约合今23.2厘米,以此来换算,所记"便廊具室"厚约0.26米,宽约2.55米,长约4.18米。此墓所用木椁的盖板、墙板、挡板、底板厚度不一,多在0.20—0.25米之间,木椁长宽以壁板的外侧计,宽2.67—2.76米,长4.10—4.24米。此木椁的实际尺度与遣策所记"便廊"非常一致。这说明,遣策所记的"便廊具室一"是指该墓主所用的整具椁室,而不是单指"旁侧"边室

---

① 《汉书·霍光传》颜师古注:"便房,小曲室也。"
② 罗宗真:《魏晋南北朝考古》,文物出版社,2001年,第78页。
③ 《汉书·霍光传》颜师古引诸家注。
④ 荆州博物馆:《湖北荆州谢家桥一号汉墓发掘简报》,《文物》2009年第4期。
⑤ 杨开勇:《谢家桥1号汉墓》,载荆州博物馆编著《荆州重要考古发现》,文物出版社,2009年,第192页竹简照片。

或"小曲室",更不能理解为"非正大之处"。正确的解释是:"便椁",即安置棺椁之椁,为天子所用,亦称"便房",以灵魂所处之位,则称"便坐"。这里的"便"字,也是表示"平安""适宜""闲雅"等吉祥之义。由此看出,地下出土的战国、汉代有关"便室""便坐""便房""便椁"等文字资料,均表明其是重要的祭祀性、礼制性之地,绝非颜师古所说的"非正大之处"。

厘正了先秦两汉时期"便"字的本意,则可知颜师古对"便殿"的解释是错误的,即使颜师古所在的唐代,"便殿"也不一定是指旁侧之"别殿"。宋叶梦得《石林燕语》载:"唐以宣政殿为前殿,谓之'正衙',即古之内朝也。以紫宸殿为便殿,谓之'上阁',即古之燕朝也。而外别有含元殿。古者,天子三朝:外朝、内朝、燕朝。"①唐代以紫宸殿为"便殿",是皇宫中"三朝"之一的"燕朝"大殿,亦即似于周之"路寝"②。又北宋张洎曰:"今之崇德殿,即唐之紫宸殿也,在周为内朝,在汉为宣室,在唐为上阁,即只日常朝之殿也。"③《三辅黄图》卷之三"未央宫"载:"宣室殿,未央前殿正室也。"可以看出,在唐代,三朝之一的紫宸殿亦称之为"便殿",象征周代的燕朝"路寝",也似于西汉未央宫前殿正室"宣室殿"。由此可见,颜师古将"便殿"释为"非正大之处""寝侧之别殿""休息闲宴之处"的观点完全是误解。

《汉书》中凡记载有关"便殿"的事件中,也证明其绝非"非正大之处""休息闲宴之处",而是特别强调其是非常重要的正式祭祀建筑。据《汉书·韦玄成传》记载,西汉皇帝棺椁葬入陵墓之后,要在陵庙、便殿中定时进行祭祀,既然便殿用于祭祀,便殿之内就

---

① 叶梦得:《石林燕语》卷二,中华书局,1984年,第19页。
② 《礼记·曲礼》孔颖达疏云:"凡天子三朝,其一在路门内,谓之燕朝……其二是路门外之朝,谓之治朝……其三是皋门之内、库门之外,谓之外朝。……天子诸侯皆三朝也。"任启运《朝庙宫室考》云:"内朝,路寝也,又谓燕朝,宗人嘉事行于此;治朝,日听政事所在;外朝,则有大政询万民之朝也。"
③ 李焘:《续自治通鉴长编》卷三十二"太宗淳化二年",中华书局,2004年,第725、726页。

设有象征死者的神物，而绝不会是"休息闲宴之处"。《汉书·五行志》记载了董仲舒以春秋时鲁国两观、桓公庙、僖公庙及亳社灾，来推演辽东高庙、高园便殿发生火灾的原因，认为"在外而不正者，虽贵如高庙，犹灾燔之，况诸侯乎！在内不正者，虽贵如高园（便）殿，犹燔灾之，况大臣乎！此天意也"。董仲舒虽是以"天人感应"来推演高庙及便殿火灾的原因，并以此来借喻不论是外封诸侯还是朝内重臣，只要"不正"就要灭之，此正表明了便殿是汉王朝非常重要的祭祖建筑，而非颜师古所说的"非正大之处""休息闲宴之处"。

西汉帝陵陵园中陵寝、陵庙、便殿均用作祭祀，陵寝中置魂衣，陵庙中设神主，便殿中肯定也有所祭神物，此神物也是魂衣。《汉书·王莽传》载：汉宣帝"杜陵便殿乘舆虎文衣废藏在室匣中者出，自树立外堂上，良久乃委地"。此是讲，汉宣帝的衣冠原藏在便殿室中匣内，后突然自立于便殿外堂上。此肯定是有人为反对王莽篡汉而作伪，但由此可以推知，便殿是前堂后室（或谓前堂后寝）的格局，后寝于匣中藏魂衣，并"日上四食"，每一季度将魂衣置于前堂上进行"时祭"，"岁四祠"，即四季之祭。前述《汉书·平帝纪》所载哀帝义陵"寝"中"急变"：前一天晚上寝令将魂衣已放入室内匣柜中，第二天早上衣冠突然出现在外床上，这被认为是神灵显圣，赶紧用"太牢祠"。此"外床"之"外"，即似于宣帝杜陵便殿的"外堂"，也即外堂之床。为义陵寝中神衣发生"急变"所举行的"用太牢祠"之处，应在便殿中的前堂上。此也可证实，西汉陵寝中的便殿是前堂后寝的格局，后寝藏魂衣，前堂用于重大的祭祀，即"岁四祠"。此建筑正是如淳所说的"便殿，是中央正殿也"。之所以又将寝殿称为"便殿"，很可能是取义于葬后"安神"之殿而名之。这也有似于先秦葬后在宫寝中举行的"虞祭"安神之礼。

被长期误解的"便殿"得以正名后，便可以对西汉帝陵的陵寝格局重新认识了。考古已发现了汉宣帝杜陵陵园南门外东侧的寝园

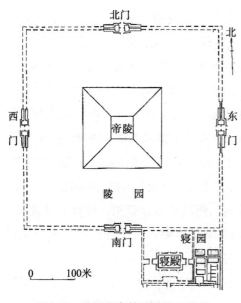

图2-9 西汉宣帝杜陵陵园平面图

遗址及王皇后陵陵园南门西侧的寝园遗址（图2-9）①。宣帝杜陵寝园中部有一南北廊将寝园分隔成东、西两个院落，西院落面积大，中部略南独立一座规模巨大的宫殿基址，被推测为寝园中的主体建筑寝殿，这一推断是正确的。如根据上述对"便殿"的分析，此寝殿又可称"便殿"，是举行重大祭祀的"中央正殿"。东部院落由数组建筑基址和庭院组成，以往学者多根据颜师古的解释将其定为"便殿"。如对其内部的格局进行分析，便会发现，东院建筑其实是西部正殿的附属建筑。东部院落发现殿堂基址一座，大小庭院10余处，房屋数十间。在一些房屋内发现有窖穴，窖穴内有大量已腐的粮食及牛、羊、猪、鳖、水禽等动物骨头，还有巨型铁鼎等残块。有的屋内还出有不少铲、镰、锛、犁铧等工具。六号院及其南门附近出土有剑、刀、镞、弩机和甲片等遗物。从这些发现看，这些建筑应是供管理、守卫和供奉陵寝的人员使用。文献记载，西汉帝陵设有"食官令"，职掌陵寝祭祀。《汉书·冯奉世传》记载："竟宁中，（冯参）以王舅出补渭陵食官令，以数病徙为（渭陵）寝中郎。"如淳注"食官令"曰："给陵上祭祀之事。"陵寝中的"食官令"应是职掌陵寝中的"日祭于寝""寝日四上食"及"时祭于便殿""便殿岁四祠"等"陵上祭祀之事"。由此推测，宣帝杜陵寝殿（即便殿）东部的附属建筑主要应是食官遗址，在此筹

---

① 中国社会科学院考古研究所编著：《汉杜陵陵园遗址》，科学出版社，1993年。

备寝殿祭祀之事。秦始皇陵的食官遗址处于内外城之间，西汉帝陵则将这类附属设施直接置于寝园内寝殿之旁侧，成为寝园的有机组成部分，这反映了西汉寝园格局更加规整，更方便了"日祭于寝""寝日四上食""时祭于便殿""便殿岁四祠"的陵寝祭祀，体现西汉陵寝祭祀更加制度化、规范化。

三、西汉帝陵陵庙建制

由于在墓侧起陵寝，也使西汉的宗庙制度发生了重大变化。前已述及，汉长安内立有高祖庙，另在各帝陵旁还建有陵庙，以解决"月一游衣冠"至庙的问题。近年发掘的汉景帝阳陵附近的"罗经石"遗址（图2-10）[①]，韩伟先生认为是社[②]，王学理先生认为是陵庙[③]，杨宽先生在其《中国古代陵寝制度史研究》一书中，上编将罗经石遗址推定为景帝庙（即德阳宫），下编则又说为寝殿[④]。2003年，王莽九庙遗址的详细考古报告出版，其每座庙址的规划布局几乎与罗经石遗址完全相同（图2-11）[⑤]。平面布局均呈"回"字形，外围是正方形院墙，四面正中各辟一门，四门之间是四个曲尺形配房。内部中心是正方形台基，四面各有三个门道，共十二门道，四周有砖铺地面、卵石散水，门道内侧均有厅堂建筑遗迹。四面门址按不同的方位分别出土四神空心砖或瓦当：东门为龙纹，西门为虎纹，南门为朱雀纹，北门为玄武纹。"罗经石"遗址主体建筑四面的铺地砖、墙壁等，均按照东、南、西、北方位的不同，分别涂有代表不同方位颜色的青、红、白、黑颜色，也出有四神空心砖（图2-12）。根据王莽九庙各庙主体建筑四面墙体残留痕迹推测，可能也分别涂有

[①] 马永嬴、王保平：《走近汉阳陵》，文物出版社，2001年。
[②] 韩伟：《罗经石乎？太社乎？》，《考古与文物》2001年第2期。
[③] 王学理：《太社乎？陵庙乎？》，《文博》2001年第5期。
[④] 杨宽：《中国古代陵寝制度史研究》，上海人民出版社，2003年，第20、208页。
[⑤] 中国社会科学院考古研究所编著：《西汉礼制建筑遗址》，文物出版社，2003年。

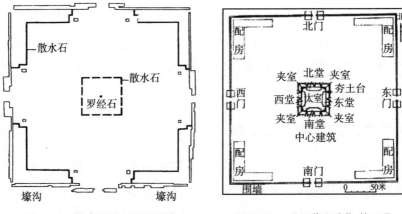

图 2-10　景帝阳陵"罗经石"　　　图 2-11　"王莽九庙"第三号
　　　遗址平面图　　　　　　　　　　建筑遗址平面图

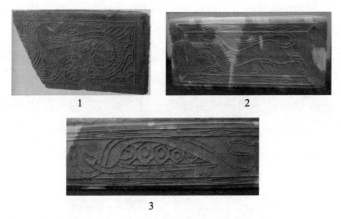

图 2-12　罗经石遗址出土四神纹空心砖

1. 青龙纹空心砖　2. 白虎纹空心砖　3. 玄武纹空心砖

不同方位颜色，只是曾经被大火焚烧，有些色泽已不清晰。对罗经石遗址的不同看法，主要是由中心台正中的"罗经石"引起。该石平面呈方形，边长1.7米，厚0.4米，上面加工成直径1.35米的圆盘，圆盘上刻有正方向十字凹槽。无独有偶，在王莽九庙12号庙址中心台的正中，也放置一础石，扁平椭圆形，长2.44米，宽2.05米，厚0.82米。顶面中部刻出平座，平座长1.85米，宽与石同。

此础石与四周厅堂础石相比,是最大的一块。报告推测,中心木柱应是直接竖立在此础石平座上的。既然罗经石遗址的布局及建筑方式与王莽九庙遗址相一致,就可以肯定此遗址应当是景帝庙,即德阳宫。所谓"罗经石",既不是测量方向的"罗盘石",也不是放置社主或神主的基座,而是如王莽九庙中的中心柱础石[①]。之所以此中心础石刻有正方向十字凹槽,只是确保陵庙建筑的正方向而已[②]。汉景帝阳陵"罗经石"遗址之所以如此设计,是受当时盛行的"五行"思想的影响,这种格局正与汉代经学家所设想的宗庙格局非常相符,是五行学说在汉代宗庙祭祀上的具体体现。所以,"罗经石"遗址确定为汉景帝阳陵的陵庙是不会有问题的。

由于墓侧起寝,西汉各帝的庙也都立在了各自的陵墓附近,形成了分散的陵庙制,只是三年祫祭时才集中到高庙。《汉旧仪》载:"宗庙三年大祫祭,子孙诸帝以昭穆坐于高庙,诸堕庙神皆合食,设左右坐。"[③] 王莽复古改制,为了标榜其为黄帝、虞帝之后,在都城长安南郊建立了以太初黄帝为首的王氏九庙,以图恢复传统的集中庙制。东汉时期,彻底废止了西汉的陵庙制度,重新恢复了都城内的集中宗庙制度。

第四节 东汉帝陵建制研究

东汉王朝有 14 位皇帝,其中少帝被废,废帝遭贬,实际只有 12 位皇帝建造了帝陵。据《帝王世纪》记载,洛阳汉魏故城西北 15—20 里处有 5 陵:光武帝原陵、安帝恭陵、顺帝宪陵、冲帝怀陵和灵帝文陵;故城东南 30—48 里处有 6 陵:明帝显节陵、章帝敬陵、和

---

① 傅熹年先生、钟晓青先生均认为"罗经石"可能是建筑中心的柱础石。见李零:《说汉阳陵"罗经石"遗址的建筑设计》文后补记,《考古与文物》2002 年第 6 期。
② 河南永城芒砀山梁王陵区发现汉代大型礼制建筑基址(参河南省文物考古研究所:《河南永城市芒砀山汉代礼制建筑基址》,《考古》2007 年第 7 期),笔者曾参观发现,基址许多柱础石台面上刻有正方向的十字凹槽,其应是为保证上面梁架结构的正方向。
③ 孙星衍等辑:《汉官六种》,中华书局,1990 年,第 100 页。

帝慎陵、殇帝康陵、质帝静陵和桓帝宣陵。汉献帝的禅陵位于今河南焦作市境①。经对位于洛阳附近的东汉帝陵多年勘查得知，洛阳北部5陵位于今孟津境内邙山之巅；洛阳东南的6陵位于洛河以南，今偃师市境内的万安山山麓。因此，洛阳的东汉帝陵可分为邙山、洛南两大陵区（图2-13）②。

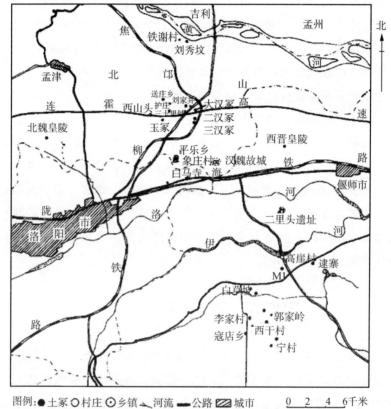

图 2-13　东汉帝陵分布图

---

① 徐宗源：《帝王世纪辑存》，中华书局，1964年。《后汉书·礼仪志》刘昭注引《帝王世纪》。

② 严辉、张鸿亮、王咸秋：《洛阳东汉帝陵考古调查与发掘取得重要收获》，《中国文物报》2018年3月9日第8版。洛阳市文物考古研究院编著：《邙山陵墓群考古调查与勘测第一阶段考古报告》，文物出版社，2018年。韩国河：《东汉帝陵有关问题的探讨》，《考古与文物》2007年第5期。

一、东汉帝陵布局特点

据考古勘察资料结合文献记载,东汉帝陵陵园的布局与西汉帝陵陵园相比,发生了较大变化,主要表现为:(1)将皇帝与皇后的"异穴并葬"改为"同穴合葬",这样也由西汉帝、后各筑陵园改为一个陵园,并且从明帝开始又将陵园的围墙改成"行马"(竹木做的屏篱)。(2)西汉帝陵封土为覆斗形,东汉帝陵封土为圆形。(3)西汉帝、后陵都是坐西向东,东汉帝陵则改成坐北向南。(4)西汉帝陵的方形陵园四面正中均设门,东面为正门,东门向东有一条宽大的神道(或称司马道),神道两侧对称埋有大量的陪葬墓。东汉帝陵的方形陵园(或行马)有四出司马门,以南面正中"司马门"为正,南"司马门"向南应是神道。(5)西汉帝、后陵分别各置陵寝于墓侧,其方位不固定。由于东汉帝、后同穴合葬,故陵寝共享一处,多建在陵墓东面的"司马门"之内。从明帝显节陵开始又新增加了"石殿"建筑。(6)西汉时分别于各帝陵陵旁立庙。东汉各帝陵旁不再立陵庙,实行集中庙制,将宗庙建在都城之内,呈"左祖右社"布局。(7)西汉从高祖长陵到宣帝杜陵,在陵园旁设有陵邑,东汉帝陵不设陵邑。

二、东汉帝陵陵寝建制

东汉帝陵陵园布局较之西汉有较大变化,但陵墓的祭祀制度、祭祀理念基本是承之西汉。东汉陵墓祭祀主要还是在"便殿"中举行。《后汉书·礼仪志》载:东汉皇帝大丧,棺柩葬入墓中后,"容根车游载容衣。司徒至便殿,并黻骑皆从容车玉帐下。司徒跪曰:'请就幄',导登。尚衣奉衣,以次奉器衣物,藏于便殿。太祝进醴献。"容根车载着已死皇帝的魂衣,在司徒的导引下至便殿,便殿床榻上设有幄帐,中黄门尚衣将魂衣安置在便殿幄帐内,然后由太祝主持进行祭奠之礼。此对已死皇帝的祭祀大典在"便殿"进行,说明在东汉时期,"便殿"仍然是陵园中的正殿,在此正殿隆重祭奠死者。已死皇帝下葬后当日在"便殿"中举行的祭祀大典，应是沿用的先秦周制"日中而祭"的"虞祭"安神之礼。《后汉书·礼仪志》记载了东汉皇帝大丧也实行虞祭之礼："皇帝、皇后以下皆去粗服，服大红，还宫反庐，立主如礼。桑木主尺二寸，不书谥。虞礼毕，祔于庙，如礼。"此"祔于庙如礼"正是依照先秦丧葬时虞祭后立主"班祔"之礼，即虞祭后，立神主祔于庙。《仪礼·既夕礼》载："卒哭，明日以其班祔。"郑玄注："班，次也……祔，犹属也。祭昭穆之次而属之。"但东汉时虞祭之礼的具体仪节与先秦周制有别，而应是承袭于西汉。先秦是将魂衣安置在宫寝中进行虞祭之礼，汉代则是将魂衣安放在陵寝中的便殿，所以，东汉在便殿所举行的葬日祭奠就应类似于先秦的虞祭。东汉时，不仅虞祭在陵寝中的便殿举行，而且虞祭后的卒哭祭、小祥祭、大祥祭、禫祭也是在陵寝中举行。《后汉书·礼仪志》载："皇帝近臣丧服如礼。醳大红，服小红，十一升都布练冠。醳小红，服纤。醳纤，服留黄，冠常冠。……每变服，从哭诣陵会如仪。祭以特牲，不进毛血首。"此是讲虞祭后举行祥祭、禫祭时变换丧服的礼仪，这些祭祀都要"诣陵"举行，也就是到放置魂衣的"便殿"中举行。亦可证东汉帝陵陵寝中的"便殿"仍然是祭祀安神的"中央正殿"。东汉时期，若依周制本应在宫寝中、宗庙中举行的丧祭活动转移到陵寝中举行，这应当与东汉明帝实行上陵礼有关。

刘秀建立东汉王朝，承袭西汉刘姓帝统，一些礼仪制度主要是沿用西汉传统，其丧葬礼仪也不例外。所以，刘秀建陵也如西汉帝陵一样有陵寝，一系列的丧葬之礼要在陵寝中举行，这就是上举《后汉书·礼仪志》所记载的如置魂衣于便殿并在便殿中举行祭祀等活动。与丧葬礼仪紧密相关的还涉及宗庙建制，但是，光武帝时期的宗庙祭祀制度还没理顺，存在一些不可避免的矛盾。刘秀最初所定的宗庙制度，到其死时举行丧葬之礼却出现了问题。按丧葬之礼，葬后要举行"班祔"之礼，在宗庙中为新的神主班列昭穆次序，之后再将新神主接回寝中祭祀，到服期满才迁神主入庙。刘秀死后虽被尊为世祖，但世祖光武庙则是刘秀死后三年即明帝永平三年（60）才建成投入使用①。所以，将刘秀的神主祔于京师的高祖庙不合适，因辈分上不合适；祔于南阳的祖坟陵庙也不合适，因四亲祖均各自为陵庙，不是宗庙，且刘秀作为世祖皇帝，其神主也不好附于其祖辈的王侯庙中；刘秀的原陵又不设庙。这样，刘秀的神主便安置于陵寝中以享丧祭之礼。由此，明帝只能率公卿群臣上陵拜谒其父神主②。这应是明帝实行上陵礼的真正原因。

据《后汉书·礼仪志》刘昭注引谢承书，汉灵帝建宁五年（172）正月，司徒掾蔡邕随驾参加了光武帝原陵的上陵礼，评议曰："光武即世，始葬于此。明帝嗣位逾年，群臣朝正，感先帝不复闻见此礼，乃帅公卿百僚，就园陵而创焉。……以明帝圣孝之心，亲服三年，久在园陵，初兴此仪，仰察几筵，下顾群臣，悲切之心，必不可堪。"汉明帝为其父光武帝"久在园陵"亲服三年，此正是儒家所倡导的"三年之丧"之礼。东汉时期，"三年之丧"盛行，蔚然成风，大概与明帝的带头作用不无关系。但明帝并不会三年期间都在园陵服丧，而应是按礼制行三年之丧礼，即在陵寝中举行卒哭、小祥、大祥、禫祭之丧礼。此正是《后汉书·礼仪志》所记"皇帝近臣丧服如礼""每变服，从哭诣陵会如仪"制度形成之缘由。

论者对明帝实行上陵礼多有评议，如顾炎武《日知录》卷一五"墓祭"评论说："后汉明帝永平元年春正月，率公卿以下朝于原陵，如元会仪，而上陵之礼始兴。……而（永平）十七年正月，明帝当谒原陵，夜梦先帝、太后如平生欢，既寤，悲不能寐，即案历，明旦吉，遂率百官及故客上陵。……此特士庶人之孝而史传以为盛节，故陵之崇、庙之杀也，礼之渎、敬之衰也。"杨宽进一步阐述顾炎武的观点："东汉政权之所以会推行'上陵礼'，不是偶然的，正

---

① 范晔：《后汉书·显宗孝明皇帝纪》：永平三年"冬十月，蒸祭光武庙，初奏文始、五行、武德之舞"。

② 范晔《后汉书·显宗孝明皇帝纪》："永平元年春正月，帝率公卿已下朝于原陵，如元会仪。"

是当时社会上重视'上墓'、'墓祀'的结果，也就是顾炎武所说把'士庶人之孝'作为'盛节'的结果。"并指出："东汉以后，帝王对祖先的祭祀更加隆重，只是把这种隆重的祭祀典礼从宗庙迁移到了陵寝，使宗庙失去了重要作用"，"从此在统治者的祭礼中，陵寝的地位大大升高而宗庙的地位显著降低"①。顾、杨二氏的评议似乎有些偏颇，没有注意到上陵礼开始实行的真正原因。如上文所述，东汉上陵礼实行的主要动因，应是东汉初期由于帝统世系及辈分没理顺，致使宗庙祭祀一时处于窘境等原因造成的。再者，认为上陵礼出现后，致使"陵之崇、庙之杀""宗庙失去了重要作用""宗庙的地位显著降低"的观点也欠确切。自商周至秦汉乃至明清，历代王朝都将自己的宗庙奉为神圣不可侵犯之处，又何来帝王削弱其宗庙作用之说？况且，光武帝刘秀一开始建国立都，就将立庙作为头等重要的大事，于建武二年（26）就在都城洛阳建立以汉高祖刘邦为首的宗庙。光武帝死后，明帝尊其为世祖，明帝永平三年（60）世祖庙启用，成为以世祖刘秀为首的宗庙建制。至"灵帝时，京都四时所祭高庙五主，世祖庙七主，少帝三陵，追尊后三陵，凡牲用十八太牢"（《后汉书·祭祀志》）。世祖庙七主为：世祖光武帝、显宗明帝、肃宗章帝、穆宗和帝、恭宗安帝、敬宗顺帝、威宗桓帝。殇帝、冲帝、质帝皆年小而崩，神主不列于世祖庙，"就陵寝祭之"。皇后神主皆分别配享于世祖庙，但和帝母梁贵人、安帝祖母宋贵人、顺帝母李氏是被追尊为后的，故此三后的神主"就陵寝祭之"。可以看出，东汉时期对宗庙祭祀是非常重视和严格认真的。查阅《后汉书》各帝纪，每位新即位皇帝一般都要首先拜谒高庙、光武庙，遇到奇异之事，也要到宗庙中拜谒。又东汉皇帝每年"正月上丁，祠南郊。礼毕，次北郊、明堂、高庙、世祖庙，谓之五供。五供毕，以次上陵"（《后汉书·礼仪志》）。并且对宗庙的祭祀为一岁五祀，时间依次为春正月、夏四月、秋七月、冬十月及腊月（《后汉书·祭

---

① 杨宽：《中国古代陵寝制度史研究》，上海人民出版社，2003年，第40—43页。

祀志》）。由此也可以看出东汉各代皇帝对宗庙祭祀的重视程度。更为重要的是，东汉时期是以"左祖右社"的格局在都城洛阳建立宗庙和社稷的①。"左祖右社"是都城建筑规划中的核心内容，是《周礼·考工记》所记载的理想化都城设计方案，"朝"是政权所在，"社"是神权所在，"祖"是祖权所在，"朝""祖""社"三为一体，集中反映了政权、祖权和神权紧密结合的意识形态，在上层建筑领域充分体现了政权是利用神权和祖权来维护其统治地位的。这种"左祖右社"的都城规划格局，一直为历代王朝所沿用。因此，认为东汉上陵礼出现后，致使"陵之崇、庙之杀""宗庙失去了重要作用""宗庙的地位显著降低"的观点是值得商榷的。当然，东汉时期宗庙制度也有重大改革。《宋书·礼志》载："光武以中兴崇俭，七庙有共堂之制。"《隋书·音乐志》载："昔汉氏诸庙别所，乐亦不同，至于光武之后，始立共堂之制。"这就是说，光武帝刘秀将传统的"天子七庙"制以及西汉"诸庙别所"制改革成诸神主"共堂之制"。明帝以后，东汉诸帝皆"遵俭无起寝庙"（《后汉书·祭祀志》），神主均藏于世祖庙中。东汉这种诸帝神主一庙"共堂"的宗庙建制，为以后历代王朝所沿用，遂形成后来的太庙制度。

明帝开始实行的上陵礼，不仅使宗庙祭祀和陵寝祭祀制度有所变化，而且使陵寝的建筑格局也发生了变化。东汉伏无忌《古今注》记载了东汉帝陵的陵寝建制情况②，根据所述陵寝格局，可分两种建制。一种是设有寝殿，另附有管理设施。如：光武帝原陵，寝殿、钟虡皆在周垣内。殇帝康陵，寝殿、钟虡在行马中，因寝殿为庙，园吏寺舍在殿北。冲帝怀陵，为寝殿行马，园寺吏舍在殿东。质帝静陵，寝殿、钟虡在行马中，园寺吏舍在殿北，因寝为庙。冲帝怀陵虽没注明"因寝殿为庙"，但据三少帝神主均在陵寝中进行祭祀，冲帝寝殿也应是"因寝殿为庙"。《后汉书·祭祀志》所载被追尊的

---

① 《后汉书·祭祀志》："建武二年，立太社稷于洛阳，在宗庙之右。"
② 《后汉书·礼仪志》刘昭注引《古今注》文。此引文应是东汉伏侯《古今注》内容。

三位皇后神主也是"就陵寝祭之"。

这种"因寝殿为庙"的建筑格局,蔡邕《独断》讲得更清楚:"宗庙之制,古学以为人君之居,前有'朝',后有'寝',终则前制'庙'以象朝,后制'寝'以象寝。'庙'以藏主,列昭穆;'寝'有衣冠几杖,象生之具,总谓之宫。……古不墓祭,至秦始皇出寝,起之于墓侧,汉因而不改,故今陵上称寝殿,有起居衣冠象生之备,皆古寝之意也。"蔡邕所讲"皆古寝之意也",道出了陵寝的来源,秦汉陵墓的寝殿是源于先秦"前朝后寝"或"前庙后寝"的建筑形式。蔡邕所述陵寝的建筑格局及用途,与《古今注》中的"因寝殿为庙"的"寝殿"、《汉书》《后汉书》中用于祭祀大典的"便殿"是完全一致的,可以说是同一祭祀建筑的不同名称,以"象生之具"而名之曰"寝殿",以祭祀安神之意而名之曰"便殿"。蔡邕是灵帝时的司徒掾,又曾随灵帝参加过原陵的上陵之礼,他所述陵寝的建筑格局及用途是不会有问题的。

《古今注》所记东汉陵寝另一种建制是,除有寝殿外又新增加了"石殿","寝殿"则挪至旁侧。这一建制是从明帝显节陵开始的,如:明帝显节陵,石殿、钟虡在行马内,寝殿、园省在殿东,园寺吏舍在殿北。章帝敬陵,石殿、钟虡在行马内,寝殿、园省在东,园寺吏舍在殿北。和帝慎陵,石殿、钟虡在行马内,寝殿、园省在东,园寺吏舍在殿北。安帝恭陵,石殿、钟虡在行马内,寝殿、园吏舍在殿北。顺帝宪陵,石殿、钟虡在司马门内,寝殿、园省寺吏舍在殿东。此种新的陵寝建制,显然是"石殿"成为整个陵寝的正殿,是举行重大祭祀之处,"寝殿"则位于"石殿"之东侧或其后,真正成了专藏衣冠之所。对照《后汉书·礼仪志》所载东汉皇帝大丧时,是在"便殿"内举行重大祭奠,而没有提及"石殿",这是因为《古今注》与《礼仪志》叙述角度不同,《古今注》是讲陵寝的建筑格局,而《礼仪志》是讲丧葬礼仪程序,从格局上虽然是"石殿"代替了"寝殿"的位置,但从功用上依然是祭祀安神之正殿,《后汉书·礼仪志》从丧葬程序的角度仍然可称"石殿"为

"便殿"。东汉顺帝宪陵陵园已经发掘，在陵丘东侧发现东西排列的两处大型宫殿建筑基址，被推测为宪陵的石殿和寝殿遗址，这印证了东汉帝陵陵寝建制的新格局①（图2-14）。

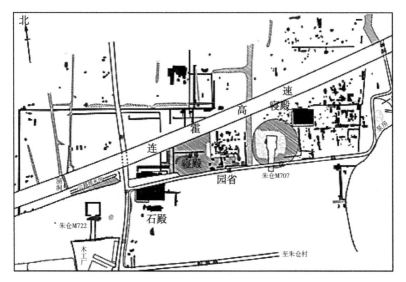

图 2-14　M722 顺帝宪陵、M707 冲帝怀陵东侧石殿和寝殿遗址平面图

东汉帝陵一改西汉陵旁立庙制度，将各帝神主纳入都城宗庙。刘秀光武庙是其死后三年即明帝永平三年才建成投入使用。此前如果将其神主祔于京师高祖庙，因其辈分在西汉成、哀、平三帝之前，不好排入，而刘秀的原陵又不设陵庙。这样，刘秀的神主便安置在陵寝中以享丧祭之礼。由此，明帝只能率公卿群臣上陵拜谒其父神主。这应是明帝实行上陵礼的真正原因。

第五节　汉代诸侯王、列侯大墓的发掘与研究

汉承秦制，实行二十等爵制，最高一级为列侯。实际上，在列侯之上还有诸侯王一级。楚汉相争之时，刘邦为分化瓦解项羽的势

---

① 洛阳市文物考古研究院编：《洛阳朱仓东汉陵园遗址》，中州古籍出版社，2014年。

力,把各地的重要军事将领陆续封为诸侯王。西汉王朝建立后,由于社会经济凋敝,统治秩序尚待重建,汉高祖不得不维持原来的分王封侯的政策,"立二等之爵",封功臣大者为王,小者为侯。当时共分封了7个异姓诸侯王和140多个列侯。后来,异姓诸侯王的势力逐渐对汉中央政权构成严重威胁,于是,汉高祖在吕后的协助下,除比较弱而不能谋逆的长沙王吴芮外,将其他6个异姓诸侯王逐一剪除,并改封同姓诸侯王。同姓诸侯王均是皇室子弟,同样势力强大,霸据一方,"大者夸州兼郡,连城数十,宫室百官同制京师"(《汉书·诸侯王表·序》),成为文、景时期汉中央王朝的严重隐患。文帝采纳"众建诸侯而少其力"之计(《汉书·贾谊传》),景帝又行"削藩"之策,企图削弱诸侯王国势力。武帝时颁"推恩令",使各王国析为若干小国,又"作左官之律,设附益之法,诸侯惟得衣食税租,不与政事"(《汉书·诸侯王表·序》)。到此时,才缓解了各王国与中央皇权的尖锐矛盾。

西汉初期所封的列侯,多是跟随刘邦定天下的开国元勋,其后也只有诸侯王子弟等望室宗戚及少数重臣才能获封。高祖曾下诏:"重臣之亲,或为列侯,皆令自置吏,得赋敛。"(《汉书·高帝纪》)可见,初期的列侯有封邑,甚至有封国,也可自置官吏,其地位仅次于诸侯王。汉武帝在削弱诸侯王势力的同时,又借口列侯所献酎金分量和成色的不足,夺爵106人。至此,列侯虽有封邑或封国,但无治民之权,也只有衣食租税。

经过文、景、武三代对诸侯王及列侯的一系列削弱政策,使其势力日显衰落,加强了中央皇权。尽管如此,终汉之世,对皇亲国戚、达官显贵分王封侯的政策没变,一直到东汉时期仍然沿用。

关于汉代王侯的丧葬制度,在《汉旧仪》和《后汉书·礼仪志》中有专门记载,也散见于其他有关汉代历史的文献中。20世纪30年代,杨树达著《汉代婚丧礼俗考》,比较系统地整理了文献材料,研究了汉代的丧葬制度。但当时可以与文献相印证的考古材料实在是寥寥无几。20世纪50年代,发掘了为数极少的诸侯王墓或列侯墓，但比较多地发掘则是进入20世纪70年代之后的事。随着考古资料的不断丰富，对诸侯王、列侯墓丧葬制度的研究也得以全面深入地展开，在墓葬形制演变、黄肠题凑葬制、敛服制度、随葬品制度、殉葬车马制度、墓上建筑制度以及有关丧葬礼仪等方面的研究，均取得了可喜的成果。

一、汉代诸侯王墓的发掘与研究

（一）20世纪50年代末至60年代初诸侯王墓的发掘和研究

1959年，河北省文物工作队在河北定县北庄发掘了一座大型汉墓[①]，出有鎏金铜缕玉衣片，有些玉片的背面墨书"中山"二字，一件铜弩机上刻有"建武卅二年二月……"（即刘秀建武末年），又据其他一些石刻文字材料，推定此墓是东汉前期中山简王刘焉夫妇墓。

这是首次考古发掘的汉代诸侯王墓，第一次了解了东汉前期诸侯王墓独特的墓葬形制。该墓是一座以石材围固的竖穴土坑砖室墓，由斜坡墓道、耳室、墓门、甬道、前室、后室、回廊等部分组成，耳室、甬道、前室、后室、回廊均是砖筑券顶。在砖室外围筑一方形石墙，每边长20米，厚1米，高8.4米。在砖室顶部又平铺石块三层，厚约80厘米。整座墓共用石材4000余块，大部分琢磨成方形，长宽各1米左右，厚约25厘米。发现174块石材上有铭刻或墨书题字，其内容多是石材的供地及工匠名。墓葬早年被盗，棺椁已毁，除残存数量不等的陶器、铜器、铁器及玉石器等随葬品外，还出土有属于两个个体的鎏金铜缕玉衣片5000余片。根据墓葬所在地望、墓葬的规模、形制以及石材、玉衣片、铜弩机上的铭刻题记等推断，此墓应是东汉前期中山简王刘焉及其王后的合葬墓（图2-15）。

在当时发掘的大型汉墓有限的情况下，刘焉墓的形制令人颇感特殊，特别是在砖室外设回廊和石墙的做法，是汉墓中少见的一例，

[①] 河北省文化局文物工作队：《河北定县北庄汉墓发掘报告》，《考古学报》1964年第2期。

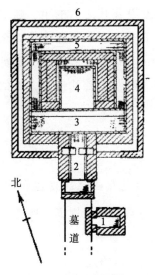

图2-15 定州北庄汉墓平面图
1. 耳室 2. 甬道 3. 前室
4. 主室 5. 回廊 6. 题凑石墙

首次证实汉代诸侯王墓中所用"黄肠石"葬制。《后汉书·中山简王刘焉传》载,刘焉死后,"发常山、钜鹿、涿郡柏黄肠杂木,三郡不能备。复调余州郡工徒及送致者数千人,凡征发摇动六州十八郡,制度余国莫及"。这样大批征调各郡国黄肠木及工徒修陵墓的举动,与此墓石材刻铭包括数十个不同王国、郡、县等供材地名和工匠名的情况是非常吻合的,只不过范晔将"黄肠石"写成了"黄肠木"。在20纪二三十年代,就有许多金石学家开始收藏黄肠石。端方《陶斋藏石记》、周进《居贞草堂汉晋石影》、罗振玉《松翁近稿·汉黄肠石拓本跋》、王国维《观堂集林·南越黄肠木刻字跋》、郭玉堂《洛阳出土石刻时地记》等书中,对汉代的黄肠石都有收录和研究。被收录的一些黄肠石刻有年号及监造黄肠石的官吏,如"建宁五年三月十四日更黄肠椽王条主""熹平元年十月二十九日更黄肠椽王条主"等。罗振玉指出,这些刻有永初、阳嘉、元嘉、建宁、熹平等年号的石材,为东汉顺帝宪陵、桓帝宣陵、灵帝文陵所用之物。王国维也认为,这些石材即郑玄注《周礼·方相氏》所云"天子之椁,柏黄肠为里,而表以石焉"的汉代帝陵所用黄肠石。但这些黄肠石均是收集品,在墓内的实际建制并不清楚。中山简王刘焉墓的发掘,第一次证实了东汉诸侯王墓所用黄肠石的构筑形制。

关于汉代丧葬所用敛服玉衣,《汉书》《后汉书》等文献中多有记载,一般称"玉匣"或"玉柙",也称"玉衣"。《后汉书·礼仪志》记载了玉衣的使用制度:皇帝死后用"金缕玉柙";"诸侯王、列侯、始封贵人、公主薨，皆令赠印玺、玉柙银缕；大贵人、长公主铜缕"。文献中虽记载了玉衣的使用制度，但并没有讲玉衣的具体形制。注家刘昭、颜师古、李贤注"玉衣"时，皆据卫宏《汉旧仪》所记的简略文字，可见汉以后的注家对玉衣的形制已不甚清楚了。

刘焉夫妇墓出土5000余枚两个个体的玉衣片，首次明确地证实了东汉诸侯王及王后死后用玉衣的制度。所出为"鎏金铜缕"，虽不在文献所记的"金缕""银缕""铜缕"三等之列，但可或相当于"金缕"或"银缕"。刘焉是光武帝刘秀少子，以诸侯王的身份用"银缕"，符合玉衣等级之制；如用"金缕"，则是皇帝的特赐。

由于20世纪50年代末只发掘了这一座诸侯王墓，只能初步了解了东汉诸侯王墓的部分墓葬形制及所用玉衣制度，属于对诸侯王墓研究的初始阶段。

（二）20世纪60年代末至70年代诸侯王墓的发掘和研究

20世纪60年代末至70年代，比较多地发掘了两汉诸侯王墓，对其研究也有了突破性的进展，主要集中于对诸侯王墓墓葬形制的认识及相关埋葬制度的探讨。

从这一时期发掘的西汉诸侯王墓形制看，主要是凿山为藏的崖洞墓和构筑"黄肠题凑"的竖穴坑墓两类。

1968年发掘的中山靖王刘胜墓和王后窦绾墓[①]，是首次发现的诸侯王崖洞墓形制。两座墓营建于河北满城西南的陵山主峰东坡接近山顶处。两墓墓口向东，南北并列，均向山内凿成山洞。刘胜墓全长51.7米，最宽处65米，最高处7.9米。两墓的形制、结构基本相同，全墓可分为墓道、甬道、南耳室、北耳室、前室和后室等部分。墓道为较长的斜坡式，填以石块和黄土。墓门以砖坯封堵，再用铁水浇铸成铁墙。墓门之后是甬道，在其两侧有对称的南、北耳室。再往里是宽大的前室。前室和后室之间设有石门。刘胜墓的后室设在前室之西，窦绾墓的后室设在前室之南。在刘胜墓的甬道、南耳

---

① 中国社会科学院考古研究所等：《满城汉墓发掘报告》，文物出版社，1980年。

室、北耳室和前室以及窦绾墓的前室内，原建有瓦顶木结构的房屋，已塌毁。两墓的后室均是在岩洞中用石板建成的石屋，有门道、主室和侧室三部分。环绕刘胜墓的后室还开凿一周回廊（图2-16）。

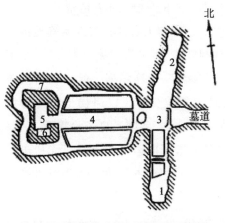

图 2-16 满城中山靖王刘胜墓平面图
1. 南耳室 2. 北耳室 3. 甬道
4 前室 5. 主室 6. 浴间 7 回廊

从各室内随葬品的放置情况，可以看出这种崖洞墓设计的意图。刘胜墓的后室内于一侧设棺床，上置一椁一棺，墓主穿金缕玉衣。室内还放置许多珍贵物品，有鎏金银嵌玻璃"长乐食官"锺、鎏金银蟠龙纹"楚大官糟"锺、错金银鸟虫书壶、错金熏炉等铜器，有雕琢精美的玉器，有铜、铁兵器以及金饼和大量五铢钱等。在小侧室内置有青铜沐盘、盛水铜罍、铜熏炉、铜灯等物，还有一件搓澡石和一件石男仆俑。小侧室象征沐浴之处。整个后室是仿自墓主生前卧居的后寝之所。前室内放置蒸煮食物用的鼎、釜、甗，装酒用的锺、罍、壶，日常生活用的铏、盆、灯、熏炉等大量铜器，各种铁器、金银器、漆器和陶器，还有陶、石制作的侍从奴仆俑，以及出行时使用的仪仗。在中部位置张设两具帷帐，帷幕和木质帐架已朽烂，只有铜质帐构件。这些物品的放置，似表明此室象征墓主生前宴饮待客的前堂。前部的南耳室及甬道内放置车6辆，马16匹，狗11只，鹿1只。北耳室放置大量不同类型的陶器，有盛酒的大缸，装盛鱼肉、粮食的壶、瓮，还有鼎、釜、甗、盘、耳杯等炊器和饮食用具。耳室南部还有一盘石磨，磨旁有一具拉磨牲畜的遗骸。从出土情况看，南耳室象征车马厩，北耳室象征仓厨库。窦绾墓随葬品的布置情况，与刘胜墓基本相似，只是随葬物品略少。

刘胜、窦绾二墓的形制，已摆脱了先秦的多重棺椁制度，而是完全模仿生前所居前堂、后寝、左右仓厨和车马厩的形式设计的。这是自西汉开始的一种新的埋葬形式。

1972年，在山东曲阜九龙山发掘的4座大型崖洞墓①，与刘胜墓、窦绾墓大体相似。共发现5座，东西并列，墓门皆向南，依山凿洞于半山腰处。发掘的4座均由墓道、墓门、甬道、墓室和耳室组成。5号墓较小，墓室为单室，余皆作前、后室。与刘胜墓、窦绾墓不同的是，前室两侧又各设二侧室，墓道、甬道侧共有四个耳室。墓道侧的二耳室主要放置3辆真车马，甬道侧的二耳室主要放置粮食和禽畜食品。前室侧的四个侧室主要放置礼乐器、生活用具及钱币等。3号墓封门塞石上刻有"王陵塞石广四尺"字样，殓服为银缕玉衣，又出有"王未央""王庆忌"铜印。发掘者据《汉书·景十三王传》推定该墓主是鲁孝王刘庆忌。这4座排列一致、形制相同的大型崖洞墓，应是西汉时期的鲁王或王后墓。其墓形也是仿自生前居室而设计的，只是车马厩、仓厨室、储藏室比刘胜墓、窦绾墓增多了一些。

"黄肠题凑"葬制，是20世纪70年代发现的西汉诸侯王墓所用的另一种墓形。这一时期，先后发掘了黄肠题凑墓共8座，即北京大葆台广阳顷王刘建夫妇并穴墓、河北定州八角廊中山怀王刘修墓、石家庄小沿村赵王张耳墓、长沙陡壁山吴姓长沙王后曹㛮墓、象鼻嘴吴姓长沙王墓、江苏高邮天山广陵厉王刘胥夫妇并穴墓。这些墓的发掘，印证了文献所记西汉大贵族所用"黄肠题凑"葬制。其主要特征是用大量规整的枋木垒筑方形木墙，又在枋木墙内构筑椁室、棺室等。大概因地域或时期的不同，各墓的具体构筑形式又有些差异。

据现有的考古材料，汉代"黄肠题凑"葬制以1978年发掘的河北石家庄小沿村汉初赵王张耳墓为最早②。由于该墓被盗，保存不好，只能据痕迹知其大概。竖穴土坑内置有棺椁，为一椁二棺。木

---

① 山东省博物馆：《曲阜九龙山汉墓发掘简报》，《文物》1972年第5期。
② 石家庄市图书馆文物考古小组：《河北石家庄市北郊西汉墓发掘简报》，《考古》1980年第1期。

椁四周与椁壁呈垂直方向垒筑枋木墙，木头皆向内，此枋木墙即黄肠题凑。其他葬制不甚清楚。

1973年发掘的河北定州八角廊中山怀王刘修墓，属西汉中期[①]。整个竖穴墓室呈"凸"字形，分成墓道、前室、后室三部分。前室用大木构成，内部又用立木横向分隔成左、中、右三室。右室放置三辆大型实用真车马，象征车马厩；左室放置大量生活用陶器，象征炊厨室；中室放置四辆偶车马饰件。后室最外围是枋木垒筑的方形黄肠题凑木墙，内部又用木板分隔成前堂、后室和左右室。前堂放置铜器等，后室置五层套棺，棺内殓服为金缕玉衣。左右室中放置大量的丝织品、漆器、竹简等。

1974—1975年发掘的北京大葆台广阳顷王刘建夫妇墓，属西汉后期[②]。刘建墓的葬具保存比较好。最外部用大木构成两层外回廊，外回廊内是用15000余根枋木垒筑的方框形木墙，枋木长90厘米，宽厚都为10厘米，木头皆内向，此即"黄肠题凑"。题凑之内用木板从三面围筑形成棺室和前室，与题凑墙之间形成内回廊。棺室内置五层棺，外两层棺前部设双扇门。前室内残存有漆床、陶器及各种食品等，在内外回廊内残存有陶器、俑、车马饰件、马、豹等。在墓道内又有用大木板构成的椁室，内置三辆大型实用真车马（图2-17）。广阳顷王王后墓的形制与刘建墓相似。

南方的长沙王墓和广陵王墓葬具保存得也比较好。西汉文景时期的长沙象鼻嘴长沙王墓，所用黄肠题凑形制比较清楚[③]。在竖穴岩坑底部先铺白膏泥，其上用长150厘米左右、宽20—33厘米的908根柏木枋叠垒筑成"黄肠题凑"墓室。题凑内为椁室，椁室内用隔板分成中部棺房和外侧两回廊。棺室内置三层套棺。外回廊以隔门分隔成12室及前部的门室，内回廊以隔门分隔成7室和前堂。题凑

[①] 河北省文物研究所：《河北定县40号汉墓发掘简报》，《文物》1981年第8期。
[②] 北京市古墓发掘办公室：《大葆台西汉木椁墓发掘简报》，《文物》1977年第6期。大葆台汉墓发掘组：《北京大葆台汉墓》，文物出版社，1989年。
[③] 湖南省博物馆：《长沙象鼻嘴一号西汉墓》，《考古学报》1981年第1期。

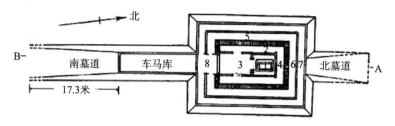

图 2-17　北京大葆台 1 号汉墓平面图

1. 棺椁　2. 棺房　3. 前室　4. 内回廊　5. 黄肠题凑　6、7. 外回廊　8. 过道

前壁正中留出过道，也用大木板构成，前部与墓道相通（图 2-18）。长沙陡壁山曹㜭墓基本与此墓相似①。

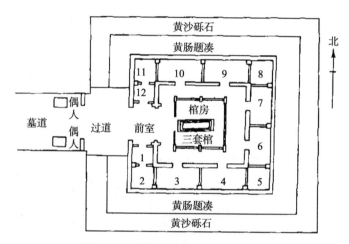

图 2-18　长沙象鼻嘴 1 号汉墓平面图

1—12. 外回廊分隔的藏室

高邮广陵王刘胥夫妇墓葬制较为复杂②。两墓东西并列，坐北朝南。封土残高 5—6 米。墓地上遍布汉代瓦片，推测原有陵园、寝庙一类建筑。两墓均为设有一条墓道的竖穴岩坑墓。刘胥墓深 24 米。

---

① 长沙市文物局文物组：《长沙咸家湖西汉曹㜭墓》，《文物》1979 年第 3 期。
② 梁白泉：《高邮天山一号汉墓发掘记》，《文博通讯》第 32 期，1980 年；《高邮天山二号汉墓的秘密被揭开》，《新华日报》1980 年 5 月 26 日。黄展岳：《汉代诸侯王墓论述》，《考古学报》1998 年第 1 期。

在墓底先铺碎石、夯土、木炭，再用大木铺筑成整个椁室的底。紧贴墓圹四壁并立木板形成外侧木墙。在外木墙之内用长94厘米、宽厚各40厘米左右的枋木筑成框形"黄肠题凑"墓室。题凑墙与外木墙之间形成宽1.6—1.7米的外回廊。题凑之内又筑有三层回廊，紧贴题凑墙内壁的外回廊分隔成15间小房，每间小房均设门楣、门框、门槛和双扇门，在双扇木门上漆书"食官第×内户""中府第×内户"等字样。再内两层回廊没有分隔。中央棺房分前后两部分，后部置二套棺；前部为前室，前后设门（图2-19）。在题凑墙南壁到墓道尽端处用木板筑成车马库，内置车马器具。墓主身着金缕玉衣，又有"广陵私府"封泥和木牍出土。木牍中有一枚墨书"六十二年八月戊戌"字样。据《汉书·诸侯王表》，广陵王中在位超过六十二年的只有第一代王刘胥（在位六十三年），据此推定，此墓为刘胥墓。

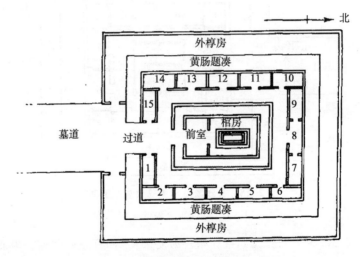

图 2-19　高邮神居山 1 号汉墓平面图
1—15. 外回廊分隔的藏室

根据这些墓葬材料，学者们研究了有关"黄肠题凑"的一系列葬制内容。鲁琪的《试谈大葆台西汉墓的"梓宫""便房""黄肠题凑"》、单先进的《西汉"黄肠题凑"葬制初探》、刘德增的《也谈汉代"黄肠题凑"葬制》等论文，均对"黄肠题凑"葬制作了专门研究①。

"黄肠题凑"一名，最初见于《汉书·霍光传》，记述了霍光死后，汉宣帝赐其"璧、珠玑、玉衣、梓宫、便房、黄肠题凑各一具，枞木外藏椁十五具"。颜师古注引苏林曰："以柏木黄心致累棺外，故曰黄肠。木头皆向内，故曰题凑。"据此可知，这一葬制主要包括"黄肠题凑""梓宫""便房""外藏椁"等部分。是汉代皇帝、皇后、诸侯王、王后等大贵族使用的葬制。对于"黄肠题凑""梓宫""外藏椁"，论者观点基本一致。"黄肠题凑"即上述墓中用枋木构筑的框形墙，经鉴定的北京大葆台刘建墓所用黄肠木确是柏木。这种框形墙所用木质及构筑方法与苏林所释完全相符。"梓宫"即梓木制成的棺。《汉书·霍光传》颜师古注云："以梓木为之，亲身之棺也。为天子制，故亦称梓宫。"同制京师的诸侯王也可用天子之制，大葆台刘建墓的棺椁是用梓属楸木制成，正可视为梓宫。又颜师古注引服虔云："外藏椁"是"在正藏外，婢妾之藏也，或曰厨、厩之属也"。"外藏"是对"正藏"而言，"正藏"是指放置梓宫的藏室，即椁内藏室。那么，诸侯王墓中用以存放车马、禽兽、金帛、食品、用具及陶、木俑等的外椁室或外回廊即为外藏椁。对于"便房"的认识，意见不一。鲁琪最初认为墓中的前室为"便房"，主要据《后汉书·礼仪志》载皇帝参加丧葬仪式时的一段内容："羡道开通，皇帝谒便房。太常导至羡道，去杖，中常侍受，至柩前，谒，伏哭止如仪。"鲁琪认为皇帝"谒便房"，"至柩前"，即"梓宫"之前，也就是前室为"便房"，但他后来又认为"凹"字形的内回廊为"便房"②。俞伟超先生认为，墓的"正藏"之内分明堂、后寝和

---

① 鲁琪：《试谈大葆台西汉墓的"梓宫"、"便房"、"黄肠题凑"》，《文物》1977年第6期。单先进：《西汉"黄肠题凑"葬制初探》，《中国考古学会第三次年会论文集》，文物出版社，1981年。刘增贵：《也谈汉代"黄肠题凑"葬制》，《考古》1987年第4期。
② 参大葆台汉墓发掘组：《北京大葆台汉墓》"结语"，文物出版社，1989年。

"便房",那么,只有棺室两侧的侧室或内回廊为"便房"[1];单先进认为内椁和棺室总称"便房",主要依据《汉书·霍光传》及如淳注在叙述这些葬具顺序时,"便房"是处于"梓宫"和"黄肠题凑"之间,而黄肠题凑墓中的内椁与棺房正处在"黄肠题凑"和"梓宫"之间。又颜师古注"便房"为"小曲室",黄肠题凑内的"凹"字形内椁房正像曲室形;刘德增、黄展岳则据《汉仪注》所记天子陵中"内梓宫,次楩椁,柏黄肠题凑"之文,认为内椁或棺房是用楩木做成,故称"便(楩)房"或"便(楩)椁"[2]。虽然对便房的认识还没有定论,但总的看来,经过20世纪70年代的考古发现和研究,已基本了解了诸侯王所用"黄肠题凑"葬制。

这一时期发现的东汉诸侯王墓有两座,一是1969年发掘的河北定州北陵头中山穆王刘畅夫妇墓[3],一是1970年发掘的江苏徐州土山彭城王或王后墓[4]。北陵头中山穆王刘畅夫妇墓,是一座东汉晚期的大型砖券墓。由墓道、墓门、甬道、左右耳室、前室、中室和二后室组成(图2-20)。二后室象征刘畅夫妇各居的后寝,中室象征前堂,前室则象征庭院。这种三室砖券墓是东汉后期普遍流行的,不仅诸侯王是这样,二千石的官吏墓也多用三室者。如河北望都一号墓为前、中、后三室及两侧耳室[5],望都二号墓为前后五室和两侧八

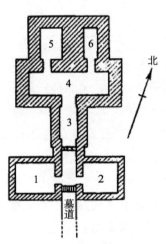

图2-20 定州北陵头中山
穆王刘畅墓平面图

1. 西耳室 2. 东耳室 3. 甬道
4. 前室 5. 西后室 6. 东后室

---

[1] 俞伟超:《汉代诸侯王与列侯墓葬的形制分析》,《先秦两汉考古学论集》,文物出版社,1985年。
[2] 黄展岳:《释"便房"》,《中国文物报》1993年6月20日。
[3] 定县博物馆:《河北定县43号汉墓发掘简报》,《文物》1973年第11期。
[4] 南京博物院:《徐州土山东汉墓清理简报》,《文博通讯》第15期,1977年。
[5] 北京历史博物馆等:《望都汉墓壁画》,中国古典艺术出版社,1955年。

耳室。内蒙古和林格尔新店护乌桓校尉墓，是前、中、后三室和三个耳室①。另外，河南新密打虎亭弘农太守墓、山东沂南相当于千石官吏的画像石墓等，均筑成前、中、后三室墓②。从以上几座大型墓的形制看，东汉后期，从诸侯王到二千石甚至千石的官吏，均用三室或多室墓。说明此时期随着各地方官吏和豪强势力的发展，诸侯王势力的衰落，其葬制也几乎相同了。

徐州土山墓是东汉晚期的砖石合砌墓，由墓道、墓门、甬道、前室、后室组成，与东汉中晚期的大型双室砖墓无别。只是墓的砌石整齐划一，多刻文字，并有"官十四年省"字样。墓中出银缕玉衣一套。这些又表现出墓主的特殊身份。根据墓葬所在地域及随葬品所提供的年代范围，推测该墓为东汉晚期的某代彭城王或王后墓。

通过20世纪70年代对两汉诸侯王墓的发掘和研究，基本上了解了诸侯王墓墓葬形制的发展演变情况，对其特殊的丧葬制度也有了较为清楚的认识。

（三）20世纪80年代至90年代诸侯王墓的发掘和研究

20世纪80年代至90年代，又先后发掘了大批两汉诸侯王墓，进一步充实了对诸侯王墓丧葬制度的认识。

这一时期发掘的西汉诸侯王墓比较多，有江苏徐州龟山楚襄王刘注夫妇墓、徐州东洞山楚王夫妇并葬墓、徐州北洞山楚王墓、徐州狮子山楚王墓、徐州驮篮山楚王墓、河南永城芒砀山保安山梁孝王刘武夫妇并葬墓、芒砀山柿子园梁王墓、芒砀山僖山梁王或王后墓、山东昌乐菑川王后墓、长清双乳山济北王墓、湖南长沙望城坡长沙王后渔阳墓、广州象岗山南越王墓。从这些诸侯王和王后墓的形制看，除了70年代发现的崖洞墓、黄肠题凑墓外，还有石室墓和木椁墓。并且楚王和梁王的崖洞墓比中山靖王刘胜墓、鲁孝王刘庆忌墓更为复杂。

---

① 内蒙古自治区博物馆文物工作队：《和林格尔汉墓壁画》，文物出版社，1978年。
② 河南省文物研究所：《密县打虎亭汉墓》，文物出版社，1993年。曾昭燏等：《沂南古画像石墓发掘报告》，文化部文物管理局，1956年。

1981年至1995年期间，在徐州附近共发掘8座楚王或王后墓，均为凿山为藏的崖洞墓，以北洞山楚王墓、狮子山楚王墓、龟山楚襄王刘注夫妇墓的规模最大，结构最复杂。

徐州北洞山楚王墓的时代属西汉前期，由于墓内出土四铢半两钱而不出五铢钱，墓主应是文、景至武帝前期的某代楚王[①]。墓全长66.3米以上。墓道露天开凿，由南至北分为三段。中段墓道两侧壁凿有7个小龛，龛内共放置侍卫俑、仪仗俑222个，象征守卫。北段两侧壁有二耳室。再向北开凿山洞，山洞全长21.3米，洞口设墓门，门后设甬道，甬道两侧各凿一侧室。甬道向北直通前室、后室。前室东北角有走廊，走廊北侧设二厕间。在中段墓道东壁北端凿出通道台阶，通往11个露天开凿的石室。从出土遗物看，这11个石室应是车马库、仓库、饮食库和庖厨之属，也即"外藏室"（图2-21）。从窃后所余的玉衣片看，墓主是用金缕玉衣。

徐州狮子山楚王墓的时代也属西汉前期[②]。全长117米。墓道也分三段，在中段墓道的北端东侧底部，发现一座陪葬墓，墓内出有一枚"食官监印"铜印，墓主应是负责楚王饮食的官员。该墓西侧墓道壁下还发现彩绘陶俑25件。后段墓道上方为天井，是汉墓中仅见的一例。在天井下墓道两侧凿有三个耳室。天井向北开凿山洞，洞口设墓门，门内接甬道、前室、后室及四侧室、二陪葬室。二陪葬室内陪葬的是二女性。墓室早年被盗，仅天井下三耳室幸免遭劫，出土遗物2000余件。其中最引人注目的有官印和封泥240多枚，玉器200多件，半两钱20余万枚。从出土遗物看，三耳室、四侧室应是御府库、钱库、兵器库、炊厨库、贮藏库、杂物库。与其他诸侯王墓不同的是，该墓前室是象征寝室，室内一侧筑出棺床，尚存镶玉漆棺一具，金缕玉衣一袭。后室则象征宴饮乐舞之室。另外，在狮子山墓地之上还有陵园、寝园一类的建筑遗迹。在陵园外有陪葬

[①] 徐州博物馆等：《徐州北洞山西汉墓发掘简报》，《文物》1988年第2期。
[②] 狮子山楚王陵考古发掘队：《徐州狮子山西汉楚王陵发掘简报》，《文物》1998年第8期。

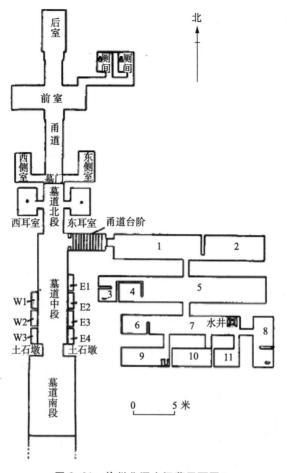

图 2-21 徐州北洞山汉墓平面图

E1—E4、W1—W3. 仪卫室　1、2. 武库　3、4. 盥洗室　5. 宴乐室　6、7. 炊厨　8. 厕间　9、11 饮食库　10. 凌阴

墓和陪葬坑。已发掘二座兵马俑坑，出土兵马俑 2300 多件。

徐州龟山楚襄王刘注夫妇墓，实际上是由两座南北并列的墓连接而成，是诸侯王夫妇墓由并穴合葬至同穴合葬的过渡形制[1]。二墓

---

[1] 南京博物院、铜山县文化馆：《铜山龟山二号西汉崖洞墓》，《考古学报》1985 年第 1 期。南京博物院：《〈铜山龟山二号西汉崖洞墓〉一文的重要补充》，《考古学报》1985 年第 3 期。徐州博物馆：《江苏铜山县龟山二号西汉崖洞墓材料的再补充》，《考古》1997 年第 2 期。

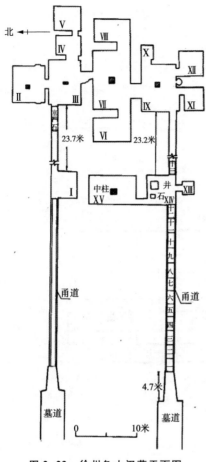

图 2-22 徐州龟山汉墓平面图
Ⅰ—ⅩⅤ. 墓室 一—十三. 塞石

结构基本相同,均由墓道、甬道、前室、中室、后室和若干侧室、耳室组成。南墓全长 82.5 米,北墓全长 83.5 米。二条墓道均露天开凿,斜坡式,各长 10 余米。甬道和墓室全部凿筑在山腹中。两墓除耳室外,其他各室都有瓦顶木构房屋,而且都有排水沟槽。北墓的前室与南墓的中室之间有门道相通,使二墓构成一体(图 2-22)。从残存的器物和禽畜果品遗骸判断,前中后室象征前庭、中堂、后寝,耳室、侧室为车马库、仓库、饮食库、庖厨室之属。由于南墓出土"刘注"龟钮银印一方,遂确认南墓墓主为刘注,北墓墓主是其夫人。刘注是第六代楚王,卒于武帝元鼎元年(前 116),谥为襄王。

河南永城芒砀山是西汉梁国王陵,有数代梁王葬于此,已发现大型陵墓区八处,其中保安山是梁孝王刘武及其王后的陵墓区[①]。梁孝王刘武是汉文帝之子,卒于景帝中元六年(前 144)。梁孝王妻李后可能卒于武帝元朔六年(前 123)前不久。梁孝王陵及王后陵是目前发现的最大的诸侯王陵,在许多方面都模仿西汉帝陵。

---

① 河南省文物考古研究所:《永城西汉梁国王陵与寝园》,中州古籍出版社,1996 年。

梁孝王陵位于保安山南峰，王后陵位于北峰，两墓相距约200米，以山为陵，墓顶都有封土，并发现大面积的建筑遗迹。整个陵区用夯土筑成平面近方形的大型陵园，南北长约900米，东西宽约750米。在东门外还有类似门阙的建筑遗迹。在梁孝王陵的东部有一大型寝园遗址，由围墙、前朝、后寝、廊庑等多组建筑组成，出土的大量建筑用瓦上模印有"孝园"二字。在寝园之东还有许多大、中、小型陪葬墓。

两墓均是开凿在山岩之中的大型崖洞墓，由墓道、甬道、耳室、主室、回廊及许多侧室构成。梁孝王墓的甬道两侧有三耳室、一侧室。甬道后通主室，主室两侧有六侧室，四周凿成回廊，回廊四角有四角室（图2-23）。墓内原有木构建筑。由于墓室早年被盗，发现时已空无一物，各室的性质已难以判断。估计耳室可能是车马之室，各侧室应是库藏室，或有饮食室、沐浴室及厕间等。李后墓比梁孝王墓规模还要大，由东西两墓道、三甬道、前庭、前室、后室、回廊及三十个侧室构成。墓道及前庭是露天开凿，前庭北壁有两个侧室，其石门阃底面分别刻有"东车""西车"，此应是车马厩室。在东甬道两侧有4个侧室，出有成束的剑、镞等兵器及车马器，此应是前藏室。东甬道向里进入前室，据甬道塞石上多刻有"东宫东南旁第×"等字样判断，前室即为"东宫"，室内原有瓦顶木结构建筑，并清理出了大量釉陶器、陶器等生活用具，此"东宫"象征墓

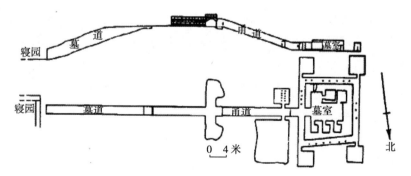

图2-23　永城保安山梁孝王墓平面图

主人饮宴待客之所。在"东宫"两侧有六个侧室,应是庖厨或贮藏之室。前室与后室之间为中甬道,两侧有 4 个侧室,4 室之内被盗掘已空,从中甬道的位置及各侧室的布局结构看,此 4 室可能是放置大型礼器的内藏室或中藏室。中甬道通入后室,后室四周有一近方形回廊,并附设 9 个侧室。据西甬道各侧室门道塞石上多刻有"西宫西南旁第×"等字样判断,此后室即为"西宫",象征墓主的后寝之所,其他各室应为寝卧室、更衣室、沐浴室、厕间及贮藏室等。"西宫"西部是西甬道和西墓道,甬道两侧附设 6 个侧室,各室器物多盗掘已空,有的仅剩车马饰件及"半两"钱等,以此推测,西甬道各室应属后藏之室。不难看出,此种墓结构完全是模仿墓主人生前的宫殿建筑(图 2-24)。

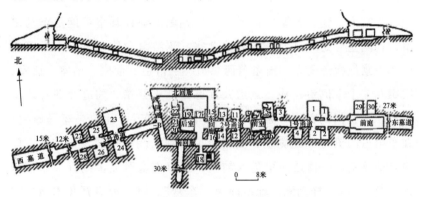

图 2-24 永城保安山梁孝王王后墓平面图

这一时期发掘的黄肠题凑墓,只有长沙咸家湖望城坡西汉前期的吴姓长沙王后渔阳墓[①]。墓葬形制基本与 70 年代发掘的象鼻嘴墓和陡壁山墓相似。在该墓题凑木墙上,首次发现"题凑"木的自名刻文:"囷(渔)阳是(题)凑广一尺……广口尺八寸。"毫无疑问,这种短木垒筑的木墙确是《汉书·霍光传》所说的"黄肠题凑"。(图 2-25)

---

① 长沙市文物考古研究所、长沙简牍博物馆:《湖南长沙望城坡西汉渔阳墓发掘简报》,《文物》2010 年第 4 期。

图2-25　望城坡渔阳墓照片及"题凑"木刻文

西汉晚期，还发现了以石材代替黄肠木的黄肠石墓，反映了诸侯王墓中一种新型葬制开始出现。如河南永城僖山一号墓，是一座凿山竖穴石坑墓①。地面上有10余米高的封土。有一条墓道，墓道后段用408块塞石封堵，大部分石块上刻有文字，内容为石块的方位、编号和工匠的姓名等。墓室是用方形石块垒砌成四壁，墓口用14块长条石封盖。这种石筑墙代替了木质黄肠题凑，演变为黄肠石墓。据墓内出有金缕玉衣及精美鎏金器、玉器等推测，这应是一座西汉末期的梁王墓。

山东长清双乳山西汉武帝时期的济北王墓，则是凿山竖穴石坑木椁墓。葬具是二椁三层套棺，沿用先秦的棺椁旧制②。

1983年发掘的广州象岗山南越王墓，则是岭南地区的一种独特葬制③。在墓主身上发现印章八枚，最大的一枚是龙钮金印"文帝行玺"，另有龟钮金印、覆斗钮玉印"泰子"，蟠龙钮玉印"帝印"，覆斗钮玉印"赵眜"，以及三枚无字玉印。推知墓主是第二代南越王"赵眜"，卒于汉武帝元朔至元狩年间（前128—前117）。此墓是一座大型竖穴岩坑石室墓，整个墓室用红砂岩石板砌筑，只是前室两

---

① 河南省文物考古研究所：《永城西汉梁国王陵与寝园》，中州古籍出版社，1996年。
② 山东大学考古系等：《山东长清县双乳山一号汉墓发掘简报》，《考古》1997年第3期。
③ 广州市文物管理委员会等：《西汉南越王墓》，文物出版社，1991年。

侧耳室掏洞而成。分前后两部分，共七个室。前部为前室、东耳室、西耳室；后部四室，有主室、东侧室、西侧室，在主室的后端隔出一个后藏室（图2-26）。主室内置一椁一棺，棺内墓主着丝缕玉衣。东侧室内有三至四个殉人，出有多枚夫人之玺，此室为婢妾藏室。西侧室主要放置两类物品，一类是墓主享用的牺牲，另一类是各类器物，另外还有殉人七具。据缄封陶器口的封泥篆书"厨丞之印"四字，此室是庖丁厨役之室。后藏室内放置铜、陶器皿一百余件，多饮食器皿之类，有鼎、釜、甑、鍪、鉴、蒜头壶、提筒及陶瓮罐等，器皿中多有猪骨、牛骨、鳖甲、介壳等，并出有不少篆书"泰官"的封泥。泰官乃是掌管皇帝饮食和朝廷设宴之官吏。那么，后藏室乃象征墓主的饮宴之所。前室遗物多属木车构件，大概原来随葬三辆车及一些车具，另有殉人棺一具，出有"景巷令印"龟钮铜印一枚。"景巷令"殉人可能是仿效汉廷詹事属官"永巷令"，掌南越王室家事。前室顶部、门楣、门扉及四壁都绘有卷云纹，此室可能象征庭院，备车马以出行。东耳室主要放置乐器，钮钟14件，甬

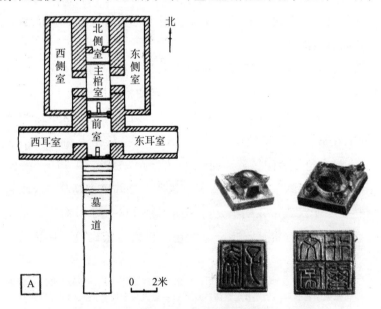

图2-26 广州象岗山南越王墓平面图及出土玺印

钟 5 件，铙 8 件，编磬两套 18 件。铜铙上刻有"文帝九年乐府工造第×"字样。《汉书·百官公卿表》载，乐府属少府，此当为南越王之乐府，职掌礼乐，此室象征礼乐宴饮之室。西耳室放置物品最多，有铜礼器、生活用器、兵器、车马饰、金银玉饰、丝织品等，总计五百余件。此室像一贮藏之室。研究者指出，南越王墓的结构布局与其他诸侯王墓有相似之处，但也表现出了南越王国的独特葬制。

20 世纪 80 年代以来发掘的东汉诸侯王一级的墓有 4 座，即东汉前期的江苏邗江甘泉山广陵思王刘荆夫妇合葬墓、山东临淄金岭镇齐炀王刘石墓、东汉中期的河南淮阳北关陈顷王刘崇墓、东汉晚期的山东济宁任城王或王后墓。通过对这几座墓的发掘与研究，再结合以前发掘的几座东汉诸侯王墓，基本厘清了东汉诸侯王墓墓葬形制的发展演变规律。

邗江甘泉山 2 号墓中出有"广陵王玺"龟钮金印，一件铜雁足灯上铭文有"山阳邸"和"建武廿八年造"等字样，则此广陵王应为明帝永平元年（58）由山阳王徙封为广陵王的刘荆①。刘荆是光武帝刘秀的第九个儿子，明帝时几度谋反，败露后于永平十年（67）被迫自杀。该墓为大型砖券墓，由墓道、墓门、甬道、前室、二棺室和回廊组成。前室为横长方形，与二棺室、回廊之间无间隔；二棺室在墓室中部偏后，砌筑二个砖券室，后面无间隔；在二棺室的左、右、后三面形成回廊。

临淄金岭镇 1 号墓被推断为东汉前期的齐炀王刘石墓②。墓葬形制与广陵王刘荆夫妇墓相似，也为大型砖券墓，由墓道、封门、甬道、左右耳室、前室、主室（即棺室）和回廊组成（图 2-27）。比刘荆墓多出左右耳室，主室为一个完整的大砖券室。另外，在甬道、前室、主室及回廊内侧均平铺基石一周，此应是象征性铺筑的黄肠石。此种形制至东汉晚期还沿用，如山东济宁任城王或王后墓的格

---

① 南京博物院：《江苏邗江甘泉二号汉墓》，《文物》1981 年第 11 期。
② 山东省文物考古研究所：《山东临淄金岭镇一号东汉墓》，《考古学报》1999 年第 1 期。

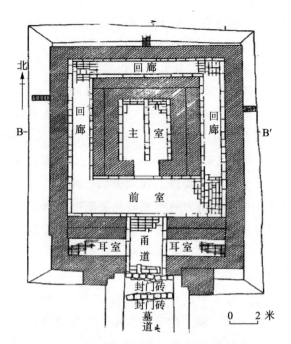

图 2-27 临淄金岭镇 1 号汉墓平面图

局与金岭镇 1 号墓相似，只是整个墓室用石材筑成①。

以上三墓的平面布局与河南唐河新莽始建国天凤五年（18）郁平大尹冯君孺人墓相类似②。东汉皇族起于河南南阳地区，东汉前期诸侯王墓应是吸取了西汉末至王莽时期南阳地区豪族墓葬的形制特点。另外，此三墓与 50 年代发掘的河北定州北庄中山简王刘焉墓的中部砖室格局也基本相同，只是没有外围的黄肠石。总的看来，东汉前期诸侯王墓的主要特点是外围设回廊的前后室砖券墓，有没有黄肠石，大概是依墓主的财力、物力及实际地位等条件来决定的。

东汉中期的河南淮阳北关陈顷王刘崇墓的墓葬形制，可以把东汉前后期诸侯王墓的演变轨迹衔接起来。该墓也是带回廊的砖石多

---

① 济宁市博物馆：《山东济宁发现一座东汉墓》，《考古》1994 年第 2 期。
② 南阳地区文物队等：《唐河汉郁平大尹冯君孺人画象石墓》，《考古学报》1980 年第 2 期。

室墓，由墓道、墓门、甬道、左右耳室、前室、后室和回廊组成①（图2-28）。四周是砖券回廊，回廊四角及东、西、北三面设有七个长方形券室，有券门与回廊相通。回廊中部沿中轴线筑有甬道、左右耳室、前室和后室。石块用于铺地，垒砌甬道壁和后室内壁，也没有像定州北庄刘焉墓那样的外围黄肠石墙。这是一种全新的形式，也是一种承前启后的形式。外部单独砌筑的砖券回廊，实际上也是仿黄肠题凑葬制中的回廊，只是西汉用黄肠木，东汉前期用黄肠石，此时则用砖券筑成。而中部的左、右耳室和前、后室，则是自西汉后期以来中层官吏所用的墓葬形制。不难看出，这是

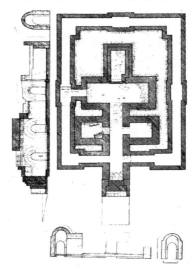

图2-28 淮阳北关1号汉墓平面图

一种早期诸侯王墓葬制与中层官吏墓葬制的结合形式。至东汉后期的诸侯王墓，外部的回廊取消，中部则变成了前、中、后三室墓。这样，从墓葬形式上也就模糊了诸侯王与地方豪族墓葬的界限。

（四）21世纪的诸侯王墓发掘和研究

进入21世纪，陆续发现北京老山汉墓、山东定陶灵圣湖汉墓、江苏省盱眙大云山汉墓、安徽六安双墩汉墓、江苏泗阳大青墩汉墓等西汉诸侯王级墓葬②。除江苏泗阳大青墩汉墓为木构椁室外，其他

---

① 周口地区文物工作队等：《河南淮阳北关一号汉墓发掘简报》，《文物》1991年第4期。
② 国家文物局主编：《2000年中国重要考古发现》，文物出版社，2001年。山东省文物考古研究所等：《山东定陶县灵圣湖汉墓》，《考古》2012年第7期。南京博物院等编著：《大云山：西汉江都王陵1号墓发掘报告》，文物出版社，2020年。汪景辉、杨立新：《安徽六安双墩1号汉墓考古发掘获重大发现》，《中国文物报》2007年2月28日第4版。江苏省大青墩汉墓联合考古队：《泗阳大青墩泗水王陵》，《东南文化》2003年第4期。

几座均为大型黄肠题凑墓。

2009年9月至2010年12月，南京博物院考古研究所对江苏省盱眙县大云山汉墓区进行了勘探和抢救性发掘，揭示出一处完整的西汉江都王陵园，出土了精美文物9000余件（图2-29）。陵园平面近正方形，每边长约500米。四面筑有陵墙，除东墙中段保存尚好外，其余多仅存夯土墙基。东墙中部探出东门遗迹，门外有阙台两处。陵园内发现主墓3座、陪葬墓13座、车马坑2座、兵器坑2座、建筑基址2处。主墓M1、M2位于陵园的东南部，两墓东西并列，位于同一个封土内。车马坑位于M1、M2的东西两侧。另一座主墓M8在M1西北140米处。陪葬墓分布于陵园北部，建筑基址位于陵园中部，兵器坑位于陵园北侧。M1是此陵园的主要墓葬，南北两条墓道，平面呈"中"字形。墓壁设四层台阶。墓室开口南北长35.2

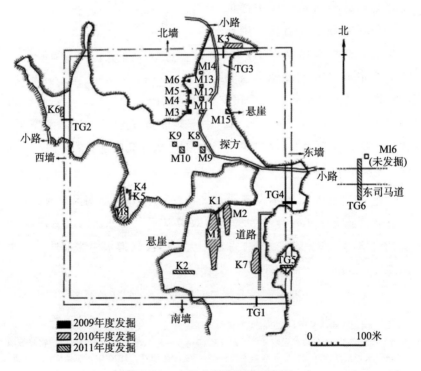

图2-29 大云山汉墓陵园平面图

米、东西宽 26 米、深 9 米。墓室内设大型黄肠题凑葬具，分为外回廊、题凑墙、内回廊、内藏室、前室、后室等部分（图 2-30）。外回廊分上下两层，上层放置模型车 20 余辆及大批兵器等。下层的随葬品按功能分区放置，有洗浴用品区、乐器区、车马明器区、钱库区、庖厨区等。乐器区出土编钟、编磬各一套及各类乐器饰件等；钱库区出土半两钱 10 万余枚；庖厨区出土釜、鼎、甑、钫、锺、盉、壶等大批铜器及各种陶器等，并出土"江都食长"封泥多块。题凑内各室被盗严重，但仍出土许多精美文物，有鎏金铜象与象奴、鎏金铜犀牛与犀奴、各种造型的错金银铜镇及金缕

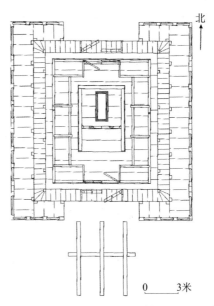

图 2-30　大云山 1 号墓题凑椁室平面复原图

玉衣片等。M2 的规模小于 M1，平面也呈"中"字形，墓室由一棺一椁与头厢、足厢构成。头厢发现有漆笥、漆盒等漆器，足厢主要随葬车马器。尽管此墓遭到严重盗掘，仍出土陶、漆、铜、金银、玉器等文物 200 余件。其中，嵌玉棺是 M2 最重要的发现之一。M1 的随葬品中，有多件含文字资料的器物，如"江都食长"封泥、"江都宦者沐盘十七年受邸"银盘、"廿一年南工官造容三升"漆器、"廿二年南工官"漆器、"廿七年二月南工官"明器耳杯等。发掘者根据这些出土文字资料并结合文献记载，推定 M1 的墓主人是西汉景帝刘启之子、江都易王刘非，大云山汉墓陵园是江都王刘非的陵园。大云山汉墓陵园的调查与发掘，对研究西汉时期的历史文化及诸侯王陵园制度、埋葬制度等提供了非常重要的资料。

2010 年发掘的山东定陶灵圣湖汉墓，是目前发现规模最大、结

构最复杂的诸侯王级墓葬。该墓有高大的封土，墓室为夯筑形成的地上墓室，呈"甲"字形。圹内构筑大型黄肠题凑墓室，墓室与墓圹之间形成一周2.2—2.8米的积沙槽。墓室由前、中、后三室和侧室、门道、回廊、外藏室、题凑墙组成（图2-31）。整个墓室由三层题凑木墙构成，内层题凑木墙构成中室，四面各有通往外围的四向门道。中层题凑木墙与内层题凑木墙之间形成前、后室及侧室，中室南北两侧各有两个侧室，前、后室南北两侧各有一侧室。中层题凑也有对称的四向门道。外层题凑木墙与中层题凑木墙之间形成一周回廊并隔成12个藏室。外层题凑也有对称的四向门道。整个题凑墓室之上用五层枋木垒砌封盖，中层题凑室最上层又突出一层枋木，形成墓室上方13米见方的砖台。墓室顶部铺盖青砖，中间砖台是两层，四周为一层，计用砖1.3万余块。多数砖上或朱书、墨书、刻写文字，文字内容绝大部分是人名，另有少量"山阳昌邑炀里""平昌里"等地名，地名基本上隶属于汉代山阳郡内。由于墓中严重被盗，随葬品几乎无存。发掘报告根据该墓形制并结合文献记载，推测该墓可能是西汉后期哀帝之母丁后之墓。

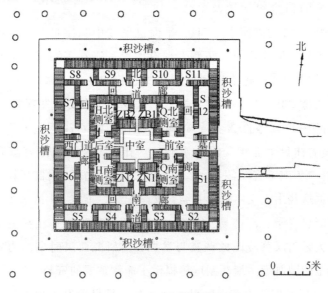

图2-31　定陶灵圣湖汉墓平面图

灵圣湖大墓规格明显高于以往发现的诸侯王黄肠题凑墓，如是丁后之墓，也可为探讨西汉帝陵墓室构造提供一些启示。《汉书·霍光传》记述了霍光死后，汉宣帝赐其"璧、珠玑、玉衣、梓宫、便房、黄肠题凑各一具，枞木外藏椁十五具"。赐予霍光的"黄肠题凑"为一具，以往发现诸侯王墓"黄肠题凑"也均是一具，是否还有更高级别的二具、三具之制，灵圣湖汉墓也可提供参考例证。考古发现的西安任家坡江村大墓被推测是汉文帝之墓[①]，经探查，墓室用枋木构成三周枋木墙，形成三周回廊，回廊高、宽约2米，墓室外围还砌有一周砖墙。此种构筑形式与灵圣湖墓室用枋木构筑三周题凑木墙近似。西汉帝陵、皇后陵均是四出墓道，正方形陵园也是四向辟门。灵圣湖汉墓虽是一条墓道，但题凑墓室为正方形，中室位居正中，三层题凑木墙也四向辟门。这些形制显示出与西汉帝陵、皇后陵具有某些类似的特点。报告推测该墓可能是丁后之墓有一定道理。

二、汉代列侯墓的发掘与研究

（一）20世纪50年代至60年代列侯墓的发掘和研究

这一时期对列侯墓的认识，是从出土的玉衣片开始的。1954年，江苏睢宁九女墩一座东汉晚期的前、中、后三室画像石墓出土200余枚玉片，但当时报道者并没有认定为玉衣，而推测为一般的服饰之物。直到1958年，李蔚然对九女墩玉片的用途进行考察，对照文献记载，认为这些四角有孔的方形玉片，即文献记载的汉代"玉匣"，"推测九女墩墓为诸侯王大贵人或长公主同等级的墓葬"[②]，从而首次以考古实物印证了汉代高级贵族丧葬所用的玉衣，但此墓究竟是哪一等级并没有确定。

20世纪50年代最早确定的列侯墓是邯郸郎村西汉墓。郎村汉墓是1946年发现的，1958年才报道[③]。墓葬形制已不清楚。所出玉片

---

① 杨武站、曹龙：《汉霸陵帝陵的墓葬形制探讨》，《考古》2015年第8期。
② 李蔚然：《江苏睢宁九女墩汉墓出土玉牌用途的推测》，《考古通讯》1958年第2期。
③ 黎晖：《玉衣片》，《文物参考资料》1958年第11期。

穿孔内残留铜绿，应是铜缕玉衣。同出有"刘安意印"铜印。《汉书·王子侯表》载，刘安意是赵敬肃王刘彭祖之孙，汉景帝之曾孙，嗣封为象氏侯，死于汉昭帝始元六年（前81）。又《汉书·地理志》载，钜鹿郡有象氏县，为侯国。刘安意为象氏侯嗣侯，用铜缕玉衣，与文献所记制度相符。

这一时期发现的相当于列侯等级、出土玉衣片的东汉墓除睢宁九女墩汉墓外，还有山东东平王陵汉墓、河北望都二号汉墓等[①]。睢宁九女墩汉墓、望都二号汉墓、东平王陵汉墓均出有铜缕玉衣片。从三墓的形制看，九女墩是前、中、后三室画像石墓；望都二号汉墓为前后五室，另有八个耳室，实际上是前、中、后三室中的前、后室一分为二，与中室一起为五室；东平王陵汉墓为前、后二室附左右耳室。这三座墓尤其是前二墓，在东汉时期是比较大的墓型。据望都二号墓所出买地券记载，墓主是太原太守刘公，可能是皇族。推测东平王陵汉墓是被封为列侯的东平王刘苍子孙的墓。睢宁九女墩汉墓出有铜缕玉衣及所用三室墓形，墓主身份不会低于另外两座墓，可能也属列侯或皇族。

总之，50年代至60年代对列侯墓的认识还是相当模糊的。

（二）20世纪70年代至90年代列侯墓的发掘和研究

这一时期，西汉列侯墓有非常重大的发现，有陕西咸阳杨家湾绛侯周勃（或周亚夫）夫妇并穴合葬墓、新安利成侯墓、河北邢台南曲炀侯刘迁墓、湖南长沙马王堆轪侯利仓家族墓、沅陵虎溪山一号汉墓、安徽阜阳双古堆汝阴侯夏侯灶夫妇并穴合葬墓等[②]。另外，

---

① 山东省博物馆：《山东东平王陵山汉墓清理简报》，《考古》1966年第4期。河北省文化局文物工作队编：《望都二号汉墓》，文物出版社，1959年。

② 陕西省文管会等：《咸阳杨家湾汉墓发掘简报》，《文物》1977年第10期。郑洪春：《陕西新安机砖厂汉初积炭墓发掘报告》，《考古与文物》1990年第4期。河北省文物管理处：《河北邢台南郊西汉墓》，《考古》1980年第5期。湖南省博物馆、中国科学院考古研究所编：《长沙马王堆一号汉墓》，文物出版社，1973年。湖南省博物馆、湖南省文物考古研究所编著：《长沙马王堆二、三号汉墓》，文物出版社，2004年。湖南省文物考古研究所等：《沅陵虎溪山一号汉墓发掘简报》，《文物》2003年第1期。安徽省文物工作队等：《阜阳双古堆西汉汝阴侯墓发掘简报》，《文物》1978年第8期。

广西贵港罗泊湾两座汉墓，据其规模及墓内文字材料，墓主的身份也相当于列侯①。对比这些列侯墓的形制，发现黄河流域、长江流域和岭南地区不尽相同，各有特点。

1970—1976 年发掘的咸阳杨家湾汉墓（编号为 4 号墓、5 号墓）可作为黄河流域列侯墓的代表。该墓位于汉高祖刘邦长陵的东部，应是长陵的陪葬墓。两座墓南北并列，形制相似，都有高大的封土，墓道呈曲尺形，墓坑与墓道的边壁设有多级台阶。4 号墓墓室平面近方形，长、宽各约 20 米，深 24.5 米，墓道长 80 余米。墓室和墓道内有复杂的木构建筑，连同棺、椁全部遭焚毁，原形制已不清。在墓道内和墓道外有用砖或木垒砌成的陪葬坑 18 个，计车马坑 5 个、陶器坑 3 个、兵马俑坑 10 个。研究者认为，这座墓也有"正藏"和"外藏"之分，墓室应是"正藏"，而 18 个陪葬坑应是"外藏椁"。两墓均出土银缕玉衣片。根据两墓的规模及葬制，墓主地位不会低于列侯。有人依北魏郦道元《水经注》所记方位，推测为汉初绛侯周勃（或周亚夫）夫妇墓。

1978 年发掘的邢台南曲炀侯刘迁墓的规模比较小。刘迁是清河纲王之子，始元六年（前 81）封为南曲侯，在位三十年，卒于甘露三年（前 51）。该墓为长方形竖穴土坑墓，只有一个墓室，东西长 7.05 米，南北宽 2.85 米。四壁平砖砌墙，木板盖顶。墓室前有长 8.2 米的墓道。在墓室南 1.5 米处有一随葬牛、猪的埋葬坑。刘迁虽为列侯，但其地位无法与开国元勋周勃或周亚夫相比。因此，该墓规模比杨家湾汉墓小得多，只是墓内出土金缕玉衣残片表明其特殊身份。

1972—1974 年发掘的长沙马王堆轪侯利仓家族墓，是长江流域最具代表性的列侯墓。2 号墓出土"长沙丞相""轪侯之印"和"利仓"3 颗印章，表明该墓墓主即轪侯利仓本人。据《汉书》记载，利仓是汉惠帝二年（前 193）以长沙王国丞相受封为轪侯，死于吕后二年（前 186）。1 号墓发现年龄 50 岁左右、保存完好的女性尸体，墓内又出"妾辛追"名章，墓主应是利仓的妻子。3 号墓墓主

---

① 广西壮族自治区博物馆：《广西贵县罗泊湾汉墓》，文物出版社，1988 年。

遗骸属30多岁的男性，可能是利仓的儿子。据所出木牍，3号墓下葬年代为汉文帝十二年（前168）。三座墓的形制基本相同，均是上有封土、下设墓道的竖穴土坑木椁墓。1号墓的规模最大，墓口长20米，宽17.9米。墓口下有四层台阶，再下是斗形墓坑，墓底长7.6米，宽6.7米，深16米。巨大的椁室构筑于墓坑底部正中。椁室平面呈井字形，中间是棺室，四周隔出头箱、足箱、左边箱、右边箱（图2-32）。椁底承托三条垫木。椁室上下四周填塞木炭和白膏泥。棺室内置四层漆绘套棺。内棺盖板上覆盖帛画一幅。棺内死者仰身直肢，全身裹殓各式衣着、衾被及丝麻织物共二十层。随葬器物集中放置于四个边箱中，有漆器、衣物、陶器、竹木器、木俑、乐器、铜镜、农畜产品、食品、瓜果、中草药、竹简和印章等，总数1000余件。2号墓和3号墓规模略小，2号墓只用了二层棺，3号墓用了三层棺。3号墓出土大批帛书和竹简，是空前的重大发现。

图 2-32　长沙马王堆1号墓椁室平面图

马王堆汉墓葬制与北方地区的汉墓有所不同，学者对其进行了深入研究。总的来看，马王堆汉墓比较多地继承了先秦礼制及楚国的葬俗。如椁四周填白膏泥、椁内分箱等均是楚国的传统。《礼记》等文献对先秦棺椁使用制度多有记载，但汉唐经学家对其注释并不十分清楚。由于马王堆汉墓保存完好棺椁的出土，才开始真正理解文献中的记述。俞伟超先生对马王堆汉墓所用棺椁制度作了考证[①]，认为1号墓用了先秦"诸公"

[①] 俞伟超：《马王堆一号汉墓棺制的推定》，《先秦两汉考古学论集》，文物出版社，1985年。

的一椁四棺之制，说明西汉前期长沙王国的贵族仍沿用先秦旧制。并指出，由外至内的四层棺正是《礼记》所载的"大棺""属棺""椑棺"和"革棺"之名。1号墓内棺上的帛画，研究者多认为即遣策中所记的"非衣"，实际上应是"三礼"所载用于表明死者名分的"铭旌"①，也是先秦旧制。据《仪礼·士丧礼》《礼记·丧大记》记载，先秦丧仪中有将死者用多层衣衾包裹后再加以捆扎的"绞衾"制。对于这一葬制，历代注释家都没有解释清楚，而马王堆汉墓则首次提供了例证。1号墓女尸身上，先着丝锦袍和麻布单衣，脚穿青丝履，面盖酱色锦帕，又用丝带将两臂及两脚捆扎起来。然后包裹18层衣衾，再用丝带横束九道。此正是"绞衾"之制。后来在江陵马山、九店战国楚墓中也发现了"绞衾"实例②。俞伟超先生还对马王堆汉墓用鼎制度进行了研究，据遣策所记，认为1号墓用了大牢九鼎一套、七鼎二套和陪鼎三套，用的是先秦上卿之礼③。总之，通过对马王堆汉墓的研究，大大促进了对"周制""楚制"和"汉制"的了解。

1978年发掘的阜阳双古堆汝阴侯夏侯灶夫妇墓，形制与马王堆汉墓有些类似，也是竖穴土坑木椁墓。1号墓墓主夏侯灶是汉初名将夏侯婴之子，死于汉文帝前元十五年（前165）。2号墓的墓主应是夏侯灶的妻子。两墓东西并列，墓道向南，上有高大封土，椁室四周及上下填有木炭和青膏泥。1号墓的椁室南北长6.2米，东西宽3.8米。椁室中部偏南处有一道横隔板，把椁室分成前后两部分，棺床置于后部中间，棺两侧则成为两侧室。前室、两侧室及棺后部放置随葬品。2号墓的椁室比1号墓略小，结构相似。两墓均被盗，棺木已朽，尸骨无存，葬式已不清楚，但并没有残留北方地区王侯墓

---

① 金景芳：《关于长沙马王堆1号汉墓帛画的名称问题》，《社会科学战线》1978年创刊号。
② 湖北省荆州地区博物馆：《江陵马山一号楚墓》，文物出版社，1985年。湖北省文物考古研究所编著：《江陵九店东周墓》，科学出版社，1995年。
③ 俞伟超：《马王堆一号汉墓用鼎制度考》，《先秦两汉考古学论集》，文物出版社，1985年。

所用的玉衣片。总的来看，双古堆汉墓与马王堆汉墓属同一类型，只是棺椁结构略有差异。

1999年，湖南省考古研究所发掘了湖南沅陵虎溪山一号汉墓①。该墓出有一枚"吴阳"玉印，墓主应是吴阳。吴阳为西汉长沙国第二代长沙成王吴臣之子，《史记·惠景间侯者年表》载："高后元年十一月壬申，顷侯吴阳元年。""孝文后二年，顷侯福元年。"由此可知，吴阳受封沅陵侯为吕后元年，即前187年，死于文帝后元二年，即前162年。该墓与马王堆汉墓的时代相当，但其墓葬形制则有所不同。该墓也是竖穴土坑墓，上有封土，设有超长墓道，墓道底与椁室底平齐。墓室构筑大型木椁，用一椁二棺，椁室内由头箱、左右边箱和棺室组成。头箱与左右边箱通过隔门相连。棺室前部设有门扉，与棺室门扉相对的椁室前壁做成门栅，在门栅的立板上有漆书"南扇""北扇"字样。整个椁室前部的左右两侧设外藏椁（图2-33）。此墓与马王堆汉墓不同之处则是采用的横向入棺形式。

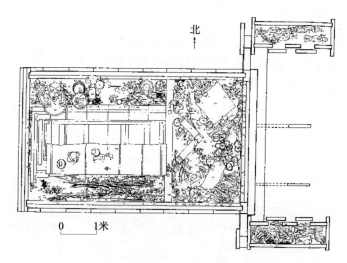

图2-33　沅陵虎溪山吴阳墓椁室平面图

---

① 湖南省文物考古研究所等：《沅陵虎溪山一号汉墓发掘简报》，《文物》2003年第1期。湖南省文物考古研究所编著：《沅陵虎溪山一号汉墓》，文物出版社，2020年。

1976年和1979年先后发掘的广西贵港罗泊湾两座汉墓，具有岭南地区的特点。2号墓出土"夫人"玉印和"家啬夫印"封泥。据《汉书》记载，汉代皇帝之妾、列侯之妻称夫人；侯王有家令，列侯有家丞。研究者认为，此墓墓主有可能是赵氏王国派驻本地的相当于王侯一级官吏的配偶。也有认为两墓是西瓯君夫妇墓。两座均属大型竖穴土坑木椁墓。尤其1号墓椁室结构复杂，椁室用木板隔成前、中、后三部分，前、中部各隔成三个椁箱，后部隔成六个椁箱（图2-34）。前部中室置一具殉葬棺，东西边箱出有漆器、竹筒、木尺、果核等。中部的中室已空，东边箱堆积大量木炭，西边箱出土大量木牍、漆器、果核种子等。后部中

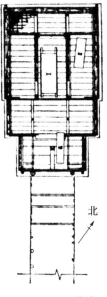

图2-34　罗泊湾1号墓平面图

间为棺室，内置双层套棺。东边箱有殉葬棺一具，随葬有木梳、木尺、玉璧等。西边箱出铜镜、木瑟等。后部三个箱，出有铜镞、木鼓、六博棋盘、耳杯、漆盘等。椁室底下有7个陪葬坑，殉葬7人，1男6女。在陪棺北端，还有两个器物坑，出有大量随葬品。2号墓的结构略简单些。从两墓的形制看，是受到了楚文化的影响，随葬品虽也有中原文化的因素，但更主要的是体现了当地越文化的独特风格。

20世纪70年代发现的东汉列侯墓不多，能确定的只有安徽亳州董园村曹侯墓[①]。1974—1977年，在元宝坑、董园村、马园村、袁牌坊等地发掘了5座曹氏墓。墓的形制基本相同，规模都很大，为砖石结构的多室墓，由前室、中室、后室以及数量不等的耳室组成。董园村2号墓全部用石块砌成，其余4座除墓门为石结构外，墓室都用砖砌筑而成。部分墓室残存彩绘壁画，有些墓门的门扉、门框、

---

① 安徽省亳县博物馆：《亳县曹操宗族墓葬》，《文物》1978年第8期。

门额为画像石。墓均被盗，只残留一些随葬品。马园村2号墓出土有"曹宪""曹宪印信"铜印。比较重要的是，在元宝坑1号墓和董园村1号墓发现300余块带字墓砖，内容有的是记录砖的数量、造砖的时间，有的是记曹氏宗族成员或地方官吏的姓名等。所见曹氏宗族成员姓名有曹腾、曹褒、曹炽、曹鼎、曹勋、曹鸾等。刻字中所见纪年，有延熹七年（164）和建宁三年（170），都属东汉晚期。董园村1号墓出土银缕玉衣和铜缕玉衣各一套，墓砖刻字有"曹侯"字样，有人认为可能是东汉桓帝时封为费亭侯的曹腾夫妇合葬墓。2号墓的规模更大，并葬以铜缕玉衣，墓主身份也应相当于列侯。通过对曹氏宗族墓的发掘，更进一步证实，列侯墓与诸侯王墓发展到东汉晚期，在埋葬制度方面已没有太大差别。

（二）21世纪的列侯墓发掘和研究

进入21世纪，发现的汉代列侯墓主要有西安凤栖原西汉卫将军张安世墓和南昌市西汉海昏侯墓。

凤栖原西汉家族墓地位于西安南郊凤栖原上，在2009年考古工作的基础上，2010年又有一系列重要发现，基本搞清了整个墓园的布局①。墓园形状近长方形，四面设有壕沟，南北长约159米，东西宽约195米。墓园内有两座大型墓，M8位于墓园的中部，是墓园中的主墓，主墓东西两侧置从葬坑6座；M8东侧偏南是M25，应是M8墓主的夫人墓葬。墓园东部有一座祠堂建筑基址，并发现连接祠堂与主墓的一条通道。在墓园的东、西、北三面有十余座均朝向墓园的祔葬墓（图2-35）。

主墓M8是一座甲字形大墓，斜坡墓道在墓室北部，墓道东侧有土圹式耳室两个，西侧有耳室一个。墓室深约15米，墓室内分为前椁室和主椁室，椁室已被焚毁，但还保留有棺椁结构痕迹。前椁室内发现两辆原大彩绘车辆，并出土较多鎏金、错金银的铜车马器等。主椁室内清理出不少玉衣残片、玉璧、管状玉器、金器、铜环、铜泡

---

① 张仲立、丁岩、朱艳玲：《凤栖原汉墓：西汉大将军的家族墓园》，《中国文化遗产》2011年第6期。

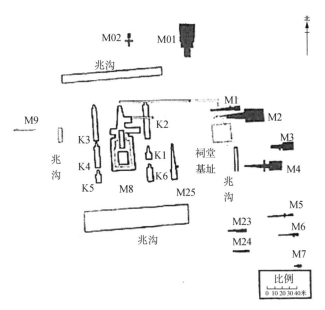

图 2-35　凤栖原卫将军富平侯张安世家族墓园平面图

钉、"五铢"钱币以及陶豆、陶罐等等。耳室内除出土陶器、小件铜器及动物骨骸外，还有 20 余枚"卫将长史"封泥。6 个从葬坑内出土两千多件陶质和木质的兵马俑以及多乘木质小型车马等，4 号从葬坑内出土一枚大型篆书"张"字铜印。从各从葬坑兵马俑的组合看，各从葬坑似为独立建制单位，具有完备的指挥系统，几乎都有与指挥系统有关的青铜钟、钺和其他配置，有不同等级的军吏俑和相应印章，有持兵佩甲装备齐全的甲士俑，有与军旅行动有关的武备等。

M25 也是甲字形墓，北向，砖券墓室，斜坡墓道，耳室为土洞内置木椁又用砖封门结构。墓中出土有玉衣残片、陶器、车马具等。

墓园外侧已发现 12 座袝葬墓，东侧有 9 座，呈南北一字形排列；西侧有 1 座；北侧有 2 座。袝葬墓均朝向陵园中的主墓。现已发掘 10 座，有积沙积石积炭土圹木椁墓、积沙土圹木椁墓、砖券墓、土洞墓等形制。根据墓葬形制和出土钱币等器物判断，该墓地从西汉中期一直延续到王莽新朝，且布局完整，有明确的向心特征，对汉代丧葬制度研究无疑具有重要意义。

发掘者根据出土的大型篆书"张"字铜印，"卫将长史"封泥、地理位置及历史文献记载,推测墓园主墓(即 M8)的主人为汉宣帝时的"卫将军富平侯张安世"。文献记载,张安世卒时,"天子赠印绶,送以轻车介士,谥曰敬侯,赐茔杜东,将作穿复土,起冢祠堂"(《汉书·张安世传》)。据此,此墓地应是汉宣帝"御赐"、由中央官府"将作"营建的茔园。此墓园等级高,延续时间长,墓园主人明确,是一处完整的汉代王侯级别的家族墓地,对于探讨汉代王侯陵园的建造程序、布局形式及丧葬礼制等均具有重要意义。

海昏侯墓园位于南昌市新建区大塘坪乡的墎墩山上。2011 年至 2016 年,对墓园、主墓、祔葬墓、车马坑等进行了勘察与发掘,M1 出有"刘贺"名字的玉印一枚,刘贺是武帝之孙,曾为昌邑王,又当过 27 天皇帝,后被废,改封海昏侯,由此确定此墓为海昏侯刘贺之墓①。

海昏侯墓园平面呈梯形,为夯筑墙垣,发现有东门和北门。墓园内发现海昏侯墓和夫人墓 2 座主墓(M1、M2)、7 座祔葬墓(M3—M9),均为一条墓道的"甲"字形。2 座主墓前有 4 处建筑基址,由东西厢房(F13、F14)、寝(F1)、祠堂(F2)组成。M4、M5、M6 墓道前有面南的"凹"字形建筑基址。(图 2-36)

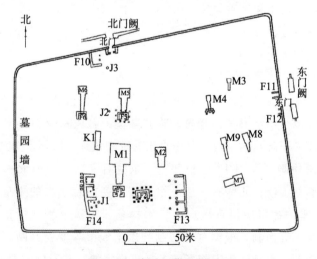

图 2-36 海昏侯墓园平面图

---

① 江西省文物考古研究所等:《南昌市西汉海昏侯墓》,《考古》2016 年第 7 期。

M1刘贺墓坐北向南，平面呈"甲"字形。椁室由主椁室、回廊、藏椁、甬道、车马库构成。椁室中央为主椁室，用两层椁板构筑。主椁室中间由南北向木板隔成东、西室，中间有门相通。东、西室南墙设有窗和门。两层套棺位于东室东北部，置于四轮棺床之上。内、外棺之间南部有大量金器、玉器和漆器。棺内遗骸头南足北，头部被镶玉璧的漆面罩覆盖，遗骸上排列数件大小不等的玉璧，遗骸之下有包金丝缕琉璃席，琉璃席之下放置20组金饼，每组5枚。遗骸腰部有玉具剑、书刀一把以及带钩、佩玉等，"刘贺"玉印也发现于此。主椁室外围是回廊，回廊之外与外椁之间分隔成数个藏室，分门别类地放置随藏品。（图2-37、2-38）

车马坑（K1）位于刘贺墓的西北部，坑内构筑木椁。内有木质彩绘车5辆，经拆卸置于彩绘髹漆木箱内。坑内有马约20匹。

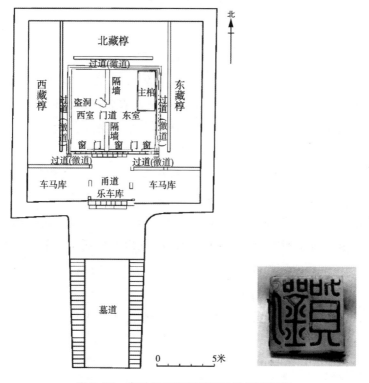

图2-37　海昏侯刘贺墓平面图及刘贺玉印

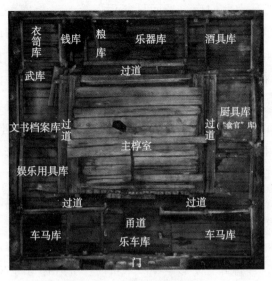

图 2-38　海昏侯刘贺墓椁室

刘贺墓及其墓园的考古发现，为研究西汉列侯葬制提供了丰富资料。湖北云梦睡虎地一座西汉文景时期的墓中发现一批简牍[①]，其中法律类简中有五枚《葬律》简，是传统文献缺载的重要资料。《葬律》简全文为："彻侯衣衾毋过盈棺，衣衾敛束。荒所用次也。其杀：小敛用一特牛，棺、开各一大牢，祖一特牛，遣一大牢。棺中之广毋过三尺二寸，深三尺一寸，袤丈一尺，厚七寸。椁二，其一厚尺一八寸；藏椁一，厚五寸，得用炭。堲、斗、羡深渊上六丈，坟大方十三丈，高三丈。茔东西四十五丈，北南四十二丈，重园垣之，高丈。祠舍盖，盖地方六丈。中垣为门，外为阙，垣四陬为罘罳。"[②]其内容是对西汉彻侯埋葬制度的规定，包括衣衾制度、祭奠制度、棺椁制度、墓坑制度、墓地制度、墓园制度等。

从刘贺墓的埋葬情况看，虽然随葬有其他列侯墓甚至是诸侯王墓无法相比的大量黄金、钱币、玉器、珠宝等，表现出丰厚的经济

[①] 湖北省文物考古研究所、云梦县博物馆：《湖北云梦睡虎地 M77 发掘简报》，《江汉考古》2008 年第 4 期。

[②] 彭浩：《读云梦睡虎地 M77 汉简〈葬律〉》，《江汉考古》2009 年第 4 期。

实力，但还是要遵守列侯的葬制，没有埋葬过制。目前发现的西汉诸侯王墓，凡是大型木椁墓者，多用黄肠题凑葬制。如死于宣帝五凤四年（前54）的武帝之子广陵王刘胥墓用黄肠题凑葬制[1]，死于元帝初元四年（前45）的武帝之孙广阳王刘建墓也用黄肠题凑葬制[2]，此两墓的黄肠题凑均是设置在外藏椁与正藏室之间[3]。刘贺亦是武帝之孙，又曾为昌邑王和27天皇帝，但没有敢用黄肠题凑葬制。刘贺墓的外藏椁与正藏室之间是宽约0.7米的空置回廊型通道，其宽度与已发现的诸侯王墓所用黄肠题凑木长度相当，对照刘胥、刘建等墓葬的葬制，此回廊型通道位置正是可设置黄肠题凑之处，但刘贺墓没敢越制，还是采用了列侯葬制。西汉时期的诸侯王、列侯死后也多用玉衣为殓服[4]，但刘贺没有用玉衣，可能是用《葬律》所规定"衣衾敛束"的绞衾之制，绞衾之下铺以包金的丝缕琉璃席。可以看出，刘贺虽财富众多，经济实力雄厚，但还是要小心翼翼地不敢"逾制"。

汉简《葬律》规定列侯葬用"椁二，其一厚尺一八寸；藏椁一，厚五寸"。此应是指正藏椁二，外藏椁一。海昏侯刘贺墓正是用了正藏之椁二，外藏之椁一，总共为三层椁。最外一层椁内，按随葬器物种类又分隔成数个藏室，紧接墓道的南部为车马库、乐车库；东部为炊厨库；北部为酒具库、乐器库、粮库、钱库；西部为衣笥库、武库、文书档案库、娱乐用具库。《汉书·霍光传》颜师古注"外藏椁"引服虔曰："在正藏外，婢妾藏也。或曰厨厩之属也。"依据服虔的解释，外藏椁主要放置伺候墓主的婢妾（以俑代替）、供墓

---

[1] 广陵王刘胥墓葬资料见黄展岳：《汉代诸侯王墓论述》，《考古学报》1998年第1期。

[2] 大葆台汉墓发掘组：《北京大葆台汉墓》，文物出版社，1989年。

[3] 安徽六安双墩六安王刘庆墓、江苏盱眙大云山江都王刘非墓所用黄肠题凑均是设置在外藏椁与正藏室之间。资料见汪景辉、杨立新：《安徽六安双墩一号汉墓》，载《2006中国重要考古发现》，文物出版社，2007年；南京博物院等：《江苏盱眙县大云山汉墓》，《考古》2012年第7期。

[4] 卢兆荫：《试论两汉的玉衣》，《考古》1981年第1期；《再论两汉的玉衣》，《文物》1989年第10期。

主饮食生活的炊厨用具及墓主出行用的车马器具等。刘贺墓最外层椁室内正是随葬有偶车马、炊厨器具、宴饮器具、乐器及各类木俑等，此应是外藏椁。刘贺墓椁室中部的棺室格局与以往发现的西汉王侯墓略有差别，以往发现的一般是分为前堂后室，而刘贺墓则是左右分为西堂和东室，棺柩放置在东室内，并随葬大量日常起居用具及黄金、玉器和漆器等；西堂放置床榻、屏风、几案、饮宴之具等。虽分室方向与以往所发现的王侯墓有别，但均是模仿生前之前堂后寝之居。按礼制，人死时，必须死于正寝，即所谓"寿终正寝"。古代的"正寝"是前堂后寝之建制，并且，人死后葬前的殡殓、祭奠等仪式均是在正寝中举行。那么，死后将棺柩安置于仿生前的"正寝"之中，此也就是正藏了，而护围正藏之椁即为正藏椁。刘贺墓最外层椁即为外藏椁，内二层椁即正藏椁，正符合汉简《葬律》所规定的列侯葬用正藏椁二、外藏椁一之制。

汉简《葬律》规定，列侯陵园内可建祠舍。《史记·外戚世家》记载，薄太后之父灵文侯陵园建有寝和庙，并强调"寝庙上食祠如法"，灵文侯夫人陵园、窦后父安成侯陵园、安成夫人陵园均"比灵文园法"。宣成侯霍光陵园也是"起冢祠堂"，"长丞奉守如旧法"（《汉书·霍光传》）。可见，列侯陵园依据汉法可以建陵寝和陵庙，实际上，祠堂即是祭祀神主的陵庙。海昏侯刘贺墓前方发现陵寝和祠堂，此既是遵守西汉列侯陵园之建制，也是仿照西汉帝陵陵园之格局。从此祭祀制度看，刘贺墓前的寝殿也是放置魂衣之处，守陵食官要像刘贺生前一样"日四上食"；刘贺墓前的祠堂即相当于帝陵的陵庙，祠堂中置神主，要"岁时祭祀"①。

既然陵寝中要"日四上食"，祠堂中要"岁时祭祀"，那么就要有筹备奉祀物之处，这有可能就是刘贺墓祠堂两侧的建筑。东侧建筑前面（西部）发现三个圆形坑，直径约 1 米，其中南、北两个坑

---

① 《汉书·循吏传》载：景帝时，蜀郡守"文翁终于蜀，吏民为立祠堂，岁时祭祀不绝"。

内发现有红烧土块、木炭、灰烬等，西侧建筑前面（东部）发现一水井。这些迹象有可能就是用作筹备祭品的遗迹。《汉书·百官公卿表》载，景帝时将职掌宗庙礼仪的秦官"奉常"更名为"太常"，其属官有"诸庙寝园食官令长丞"。此食官令、长、丞职掌诸庙寝园祭祀。《汉书·冯奉世传》记载："竟宁中，（冯参）以王舅出补渭陵食官令，以数病徙为（渭陵）寝中郎。"如淳注"食官令"曰："给陵上祭祀之事"。寝园中的"食官令长丞"应是职掌"日祭于寝""月祭于庙"等"陵上祭祀之事"。汉代列侯陵园也置有此类奉祀之官，如薄太后父灵文侯、窦后父安成侯、宣成侯霍光的陵园都是由食官"长丞奉守"，"寝庙上食祠如法"。刘贺墓内出土带有"食官"铭文的漆耳杯和铜锅等，说明海昏侯国设有职掌饮食的"食官"，其陵园内也应设有执掌陵寝、祠堂祭祀的"食官"。由此推测，海昏侯刘贺墓前祠堂两侧的建筑有可能是进行陵寝、祠堂祭祀供膳的食官遗址。

海昏侯刘贺陵园中陵寝和祠堂的发现，结合汉简《葬律》记载，印证了列侯丧祭中实行殡宫祭、祖庙祭、陵寝祭和陵庙祭一系列西汉祭奠制度。汉简《葬律》所载列侯的祭奠之礼为："小敛用一特牛，棺、开各一大牢，祖一特牛，遣一大牢。""小敛用一特牛""棺一大牢"是指小敛奠和大敛奠，此两次祭奠均是在殡宫中举行。"开一大牢"是指迁祖奠，即将棺柩迁往祖庙后所设之奠。"祖一特牛"和"遣一大牢"是指在祖庙中举行的祖奠和葬前的大遣奠。这些均是承袭先秦的祭奠之礼①。而陵寝祭和陵庙祭则是秦汉时期的新制度。海昏侯陵园建有祠堂（即陵庙），是祭祀刘贺神主之处。汉简《葬律》所记祖庙祭祀，则是祭祀祖先，此祖庙应设在都城之内②。

---

① 高崇文：《论汉简〈葬律〉中的祭奠之礼》，《文物》2011年第5期。
② 《史记·高祖本纪》：惠帝时，"令郡国诸侯各立高祖庙，以岁时祠"。《汉书·景帝纪》：景帝时，"郡国诸侯宜各为孝文皇帝立太宗之庙"。《汉书·宣帝纪》："尊孝武庙为世宗庙……武帝巡狩所幸之郡国皆立庙"。这些记载说明，昌邑国都城内应立有刘氏皇祖宗庙。

可见，刘贺死后的丧祭制度也应遵守《葬律》规定的列侯之制，殡时祭奠于殡宫，将葬时祭奠于祖庙以告祖，埋葬后按时祭祀于陵寝和祠堂。

总之，刘贺墓及其墓园的考古发现，为研究文献缺载的西汉列侯葬制具有非常重要的意义。

三、"正藏"与"外藏"研究

"外藏椁"之名始见于《汉书·霍光传》，霍光死后，汉宣帝赐其"梓宫、便房、黄肠题凑各一具，枞木外藏椁十五具"。颜师古注引服虔曰："（外藏椁）在正藏外，婢妾藏也。或曰厨厩之属也。"服虔明确地将"黄肠题凑"葬制分为"正藏"和"外藏"。学术界对此葬制中的这两部分究竟如何区分，存在众多分歧。俞伟超先生最早研究"正藏"问题，将"梓宫"、"明堂"（指椁室内的前室部分）、"后寝"（指棺室部分）、"便房"（指棺室两侧的内回廊）、"黄肠题凑"定为"正藏"，"黄肠题凑"之外为"外藏"[1]。黄展岳先生在描述长沙象鼻嘴1号墓的形制时指出："内椁房正中筑棺房。因天子棺房用楩木构筑，故称'便（楩）房'或'便（楩）椁'。棺房前隔出前室，为祭奠之所。在前室和棺房的底板上加铺一层木板，高出周边椁房底板20—30厘米，表示这是'正藏'部分，与周边椁房有别。"[2] 黄先生认为，诸侯王墓中的前室和棺房是"正藏"。

"正藏"究竟是指墓中的哪几部分，我们可从先秦的丧葬礼仪制度来分析。墓室的形制实际上是模仿了墓主生前的寝室。按礼制，人死时，必须死于正寝，即所谓"寿终正寝"。《仪礼·士丧礼》记载："死于适室，幠用敛衾。"郑玄注："适室，正寝之室也。"《礼记·丧大记》曰："君、夫人卒于路寝；大夫、世妇卒于适寝；内子未命，则死于下室，迁尸于寝；士、士之妻皆死于寝。"郑玄注：

---

[1] 俞伟超：《汉代诸侯王与列侯墓葬的形制分析》，载《先秦两汉考古学论集》，文物出版社，1985年。

[2] 黄展岳：《汉代诸侯王墓论述》，《考古学报》1998年第1期。

"言死者必皆于正处也。寝、室通耳，其尊者所不燕焉。君谓之路寝，大夫谓之适寝，士或谓之适室。"孔颖达疏云："此一经明贵贱死寝不同也。君，谓诸侯也，诸侯三寝，一正者，曰路寝，余二曰小寝，卒归于正，故在路寝也。夫人亦有三寝，一正二小，亦卒正者也。""大夫死适寝，其妻亦死适寝也。""内子未命，则死于下室，迁尸于寝者，内子，卿妻也。若未为夫人所命，则初死在下室，至小敛后迁尸，乃复还其正寝也。""士之妻皆死于寝者，亦各死其正室也，夫妻俱然，故云皆也。"孔氏还征引了《春秋》经传中讥讽了不能"寿终正寝"的诸侯："僖公薨于小寝，讥即安，谓夫人寝也。隐公薨，不书地，失其所。文公薨于台下，襄公薨于楚宫，定公薨于高寝，皆非礼也。"鲁国的这几位国君均没有死于路寝（正寝），失其所，故非礼也。人死于适室，对死者的沐浴、饭含、小敛及小敛奠等仪式均是在适室中进行。小敛之后，奉尸移于前堂进行大敛，将尸体敛入棺后置于堂之西序。尸体敛入棺之后到葬日，要在寝中举行十余种不同名目的祭奠，次数约百次以上（《仪礼·士丧礼、既夕礼》）。之后迁柩朝庙毕赴圹埋葬。可见，适室（即后寝）与前堂是举行各种礼仪活动的最为重要之处。实际上，郑玄在注释《士丧礼》："适室"时，是将此整座建筑统称为"正寝"："适室，正寝之室也。"即"适室"是正寝后部的室。胡培翚《仪礼正义·士丧礼疏》："经言适室，不言适寝者，以寝是大名，统堂室与房言之。"①

古代贵族房屋建筑的格局是：前为堂，后为室，室之左右为房，前堂、后室（又称"后寝"）和左右房统言之为"正寝"。视死如生，两周时期的大型木椁墓，其椁室实际上是模仿墓主生前的寝室，特别是椁内分室的战国楚墓更为明显，中部的棺室放置棺柩，象征后寝；头箱放置代表墓主身份等级的礼乐器，象征前堂；左右边箱放置衣物、生活用器等，象征左右房；足箱放置盥洗等生活用器，象征后堂。以此观之，整个椁室肯定是仿照生前居住的"正寝"而

---

① 胡培翚：《仪礼正义·士丧礼疏》下册，1993年，第1641页。

筑。生前所居曰"正寝",死后仿"正寝"筑椁则曰"正藏"。西汉"黄肠题凑"墓的内部格局基本上承袭战国时期的木椁墓,放置棺柩的棺房象征后寝;前室多放置墓主所用的漆床,床前多放置礼器、祭器及宴饮器具等,象征前堂;"题凑"之内的内回廊往往分隔成房间,放置各类生活用品,象征左右房。由此便可确定,"题凑"之内的棺房、前室、回廊整个椁室即为"正藏",也是仿自生前之"正寝"。

将"题凑"内的内回廊也认定为"正藏"的一部分,还有"黄肠题凑"墓中出土的文字资料为佐证。长沙望城坡长沙王后渔阳墓"题凑"之内的回廊隔成数个隔间,隔间门柱上刻有"荆户一""荆户二"字样。《集韵·青韵》:"荆,通作刑","刑"又可作"正"解。《广雅·释诂一》:"刑,正也。"《诗·大雅·思齐》:"刑于寡妻,至于兄弟,以御于家邦。"陆德明释文:"《韩诗》云'刑,正也'。"如此,则"刑户"即"正户",即"正藏之户"①。这说明棺房侧的回廊也属正藏。江苏高邮神居山广陵王刘胥墓也有类似的文字资料,该墓题凑与中椁形成的回廊分隔成15个隔间,这些隔间的双扇木门上有漆书文字,在东五间为"食官第×内户",在西五间为"中府第×内户"②。"内户"即"内藏之户",也即"正藏"之户。由此可证,"题凑"内的回廊也属"正藏"的一部分,俞先生认为"黄肠题凑"内的前堂、后寝及回廊为"正藏"是正确的。此与"寿终正寝"之"正寝"有前堂、后寝及左右房的格局也完全一致。

"正藏"得以确认,"外藏"也就好认定了。依服虔解释,外藏椁放置三方面的物品:一是伺候墓主的婢妾(以俑代替),二是供墓主饮食生活的炊厨用具,三是墓主出行用的车马器具等。这些都是供墓主役使之用,不能放在"正藏"之内。因此,凡在"题凑"墙

---

① 宋少华:《长沙西汉渔阳墓相关问题刍议》,《文物》2010年第4期。
② 尤振尧:《"黄肠题凑"葬制的探讨》,《南京博物院集刊》1982年第4期。又见黄展岳:《汉代诸侯王墓论述》中"高邮广陵王刘胥夫妇墓"部分,《考古学报》1998年第1期。

之外放置这类物品的，或外回廊、或椁、或室、或坑，无论是在墓穴内或者外，均可定为"外藏"。"黄肠题凑"式诸侯王墓是如此，崖洞式诸侯王墓也是如此。崖洞式诸侯王墓中的棺房与前室即为"正藏"。如河北满城中山靖王刘胜及夫人窦绾墓①，其后室用石板构筑成石屋，内置棺椁，象征后寝。后室周围还模仿"题凑"墓凿出回廊。前室筑瓦顶木构房屋，放置床帐，床帐前放置礼器、宴饮器具等，象征前堂。此前后两部分即为"正藏"。甬道两侧的耳室，一放置车马，一放置炊厨等生活用具，此属"外藏"。河南永城保安山梁王刘武及王后墓②，在放置棺柩的主室周围凿成回廊，回廊也分成隔间，在此回廊中部开凿的主室及侧室应为"正藏"，在甬道及墓道侧放置人俑、生活用具、车马等的侧室或耳室为"外藏"。在江苏徐州狮子山、龟山等地发现的楚王崖洞墓③，在山东曲阜九龙山发现的鲁王崖洞墓④，其主室周围没有凿出回廊，这类墓中的前室与后室即为"正藏"，而甬道、墓道两侧的侧室或耳室为"外藏"。

---

① 中国社会科学院考古研究所等：《满城汉墓发掘报告》，文物出版社，1980年。
② 河南省商丘市文物管理委员会等：《芒砀山西汉梁王墓地》，文物出版社，2001年。
③ 南京博物院、铜山县文化馆：《铜山龟山二号西汉崖洞墓》，《考古学报》1985年第1期。狮子山楚王陵考古发掘队：《徐州狮子山西汉楚王陵发掘简报》，《文物》1998年第8期。
④ 山东省博物馆：《曲阜九龙山汉墓发掘简报》，《文物》1972年第5期。

第三章
秦汉丧葬礼俗研究

先秦的丧葬制度发展到秦汉时期发生了大的变化,传统的丧葬制度及习俗逐渐为新形成的制度及习俗所代替。这一大的变化在考古资料中有着充分的反映。结合文献记载,分析有关考古资料,可以揭示出这一发展演变的轨迹。

古代丧葬仪程可分为三大环节,即对死者的装敛仪节、埋葬仪节及葬后祭祀仪节,在这三大连续的仪程中,要举行许许多多的丧葬礼仪。

第一节 装敛礼俗研究

一、周代的装敛礼俗

《仪礼·士丧礼》详细记载了周代对死者从初死到敛入棺的各项仪节。古人在临死时,要"属纩以俟绝气",证实已死之后,再进行"招魂"之礼,又称"招复"或"复礼"。复而不生,则迁尸于室内床上,进行"楔齿""缀足"之礼。然后进行沐浴、饭含之仪节。沐浴后要进行小敛、大敛之礼仪。小敛即给死者穿衣,大敛即奉尸入棺,此也有许多仪节。首先要设掩、瑱、幎目及握等。掩,即用帛巾将头裹起来,以代替帽子。《仪礼·士丧礼》云:"掩,练帛,广终幅,长五尺,析其末。"郑玄注:"掩,裹首也。析其末,为将结于颐下,又还结于项中。"瑱,用以塞耳之物。《仪礼·士丧礼》

云："瑱用白纩。"郑玄注："瑱，充耳。纩，新绵。"古代人死后用新绵将其耳塞住。幎目，即覆盖在死者面部的巾。《仪礼·士丧礼》云："幎目用缁，方尺二寸，䞓里，著，组系。"郑玄注："幎目，覆面者也。"䞓，赤也。著，充之以絮也。组系，为可结也。"握，即握在死者手中之物，也称握手。《释名·释丧制》云："握，以物著尸手中，使握之也。"《仪礼·士丧礼》对"握"有详细记载："握手用玄，纁里，长尺二寸，广五寸，牢中旁寸，著，组系。"这就是说，握是用表黑色、里浅红色的织物做成，长一尺二寸，宽五寸，内填以丝绵，织物上有组带可以系缚。《仪礼·士丧礼》还记载，在设掩、瑱、幎目、握等之后，"乃屦，綦结于跗，连絇。"郑玄注："跗，足上也。絇，屦饰，如刀衣鼻，在屦头上，以余组连之，止足坼也。"綦即系于鞋后部的组带，絇即鞋前部的有穿孔的鼻饰，给死者穿鞋后，将綦向前结于足背，余组带穿连两屦之絇，防止两足外坼分离。这些仪节进行完之后，则对尸体进行绞衾之仪节。

绞衾，即给尸体包裹衣服。对于绞衾之制，文献记载得比较多，《仪礼·士丧礼》云："绞，横三，缩一。"郑玄注："绞，所以收束衣服为坚急也，以布为之。"《礼记·丧大记》记载，小敛、大敛时进行两次绞衾，即小敛绞和大敛绞。小敛绞是在室内进行。先在席子上布绞带，"小敛布绞，缩者一，横者三"。再在绞带上布衾被与衣服，按照礼制，贵族无论地位高低，小敛时均布19套衣服。《礼记·丧大记》云："君锦衾，大夫缟衾，士缁衾，皆一；衣十有九称。"最后将尸体置于绞衾之上，再包裹捆扎起来。至此小敛仪节完毕。大敛绞是在前堂进行。首先置席于阼阶上，进行第二次绞衾。《礼记·丧大记》云："大敛布绞，缩者三，横者五。"大敛绞所用衣服比较多，《礼记·丧大记》云："君陈衣于庭，百称……大夫陈衣于序东，五十称……士陈衣于序东，三十称。"大敛绞毕便奉尸入棺。

文献记载的这些先秦装敛礼俗，在考古中已经得到证实。1982年在湖北江陵马山一号战国楚墓中已经发现了这种装敛的实例，死者包裹 11 层衣衾，用丝带横向捆扎九道，这就是用的绞衾之制①。在江陵九店楚墓中，还发现了横向捆扎九道、纵向捆扎三道的绞衾形式②。马山一号墓的死者用 11 层衣衾包裹及横向捆扎九道绞带的方式，与文献记载的略有不同。文献虽讲小敛绞用 19 套衣服，但又讲"不必尽用"（《仪礼·士丧礼》）。所以马山一号楚墓死者只包裹了 11 层衣衾，大概是"不必尽用"的原因吧。《礼记·丧大记》记载，小敛包裹衣服时，"祭服不倒，皆左衽，结绞不纽"。这是说，祭服为助祭之服，不能倒置。人生之时皆右衽，左手系纽。人死后则左衽，并且结绞，即以带子系紧，不再扣纽，以示人死不复解也。江陵马山一号楚墓死者的衣服有五件正置，三件倒置，且均左衽，与文献记载相同③（图 3-1）。

图 3-1　马山一号墓棺内绞衾

在江陵马山一号楚墓中，出土有类似"掩"的织物。出土时，在死者所穿的绵袍之上，从头至腹部盖一件深褐色地、暗黄色图案的长方形锦巾，一端与双手平齐，另一端则从面部绕过头顶压于头下，并用组带把锦巾系于头上。此织物上部的裹首情况类似于《士丧礼》所说的"掩"。但此锦巾的下部与手齐，与这件锦巾相接的还有一件从腹部至脚套着的锦缘黄绢裙，长过双脚并回折一部分。从上下两件织物连起来看，或许又可称为"冒"。《士丧礼》云：

---

① 湖北省荆州地区博物馆：《江陵马山一号楚墓》，文物出版社，1985 年。
② 湖北省文物考古研究所编著：《江陵九店东周墓》，科学出版社，1995 年。
③ 彭浩：《江陵马砖一号墓所见葬俗略述》，《文物》1982 年第 10 期。

"冒,韬尸者,制如直囊,上曰质,下曰杀。"对照此一记载,马山楚墓出土的这两件织物,又可称为"冒",上部曰质,下部曰杀,用以韬尸①。

江陵马山一号楚墓死者的面部覆盖一件梯形的绢巾,绢巾为黄色,上部有一条窄缝露出眼部,下部正中有一个三角形孔,露出嘴部,这应是文献中所说的"幎目"。只是形状和颜色与文献记载略异。西周至东周时期,中原地区多流行将玉片缝缀在布巾上的幎目。此种幎目,是将玉片组成眉、眼、鼻、口、耳等人面形缀于布巾上,成为玉覆面。如陕西张家坡西周墓虽大多数被盗,但从所出的一些玉饰形状及分布看,应是缀玉幎目②。山西曲村晋侯墓③、河南三门峡上村岭虢君墓④等均出有缀玉幎目。东周时期,缀玉幎目大量流行,从出土地点看,主要集中在三晋、虢以及东周王畿周围,另外在江苏苏州真山吴墓⑤、山东淄博齐墓⑥、河北平山中山王墓⑦也有出土。墓主多为高级贵族。由此看来,幎目应是覆在死者面部的巾,只有高级贵族才在巾上缀玉饰,成为缀玉幎目(图3-2)。

江陵马山一号墓死者的手中也设有握手。此握手是用双层绢缝成,表层为褐色,里层为黄色,卷成筒状,两端用一根组带系住。握的方法是,握手放入掌中,中指套入与两端相连的组带中(图3-3)。这应是《仪礼·既夕礼》所记:"设握,里亲肤,系钩中指,结于腕"的设握方法⑧。其他地区商周时期的墓葬中多握玉或握贝,目前只有

---

① 彭浩:《江陵马砖一号墓所见葬俗略述》,《文物》1982年第10期。
② 中国社会科学院考古研究所编著:《张家坡西周墓地》,中国大百科全书出版社,1999年。
③ 北京大学考古学系、山西省考古研究所:《天马——曲村遗址北赵晋侯墓地第二次发掘》,《文物》1994年第1期。
④ 河南省文物考古研究所、三门峡市文物工作队编著:《三门峡虢国墓》,文物出版社,1999年。
⑤ 钱公麟等编著:《真山东周墓地》,文物出版社,1999年。
⑥ 于嘉芳:《淄博市南韩村发现战国墓》,《考古》1988年第5期。
⑦ 河北省文物研究所:《𤯔墓——战国中山国国王之墓》,文物出版社,1996年。
⑧ 彭浩:《江陵马砖一号墓所见葬俗略述》,《文物》1982年第10期。

图 3-2　幎目

1. 江陵马山 1 号战国楚墓出土幎目　2. 曲村 92 号西周晋侯墓出土缀玉幎目

图 3-3　江陵马山 1 号战国楚墓出土握手

楚墓中发现的握手与文献记载的相同。

过去发现的楚墓，只知葬式是仰身直肢葬，后又发现是仰身直肢、两手交于腹部。何以采用如此葬式，过去不明白。后来发现江陵马山一号楚墓，才明白了这一葬式也是由装敛的礼俗所造成的。江陵马山一号墓墓主双手设握后，又用红色组带将双手的拇指系于腹部，为防止双臂外移，再用组带系住双臂。死者的双脚拇趾亦分别用黄色组带系住，然后穿上鞋子，组带的上端与系双手的组带相接。彭浩先生认为，这种手脚连系的做法，即《仪礼·士丧礼》所讲的，在设掩、瑱、幎目、握等之后，"乃屦，綦结于跗，连絇"的仪式[①]（图 3-4）。

以上是考古证实的小敛绞的丧葬仪节，至于大敛绞葬俗在已发掘的墓葬中还没有得到验证。

---

① 彭浩：《江陵马砖一号墓所见葬俗略述》，《文物》1982 年第 10 期。

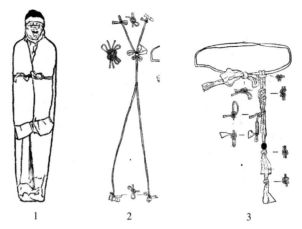

图 3-4 江陵马山 1 号战国楚墓墓主手、足、腰系带扣接图
1. 墓主臂、手、足捆系图 2. 手足系带 3. 腰部系带及配饰

二、汉代的绞衾葬制

西汉时期，先秦的装殓习俗还继续流行。湖北云梦睡虎地一座西汉文景时期的墓中发现一批简牍①，其中法律类简中有五枚《葬律》简，是规定的彻侯（列侯）葬制。全文为："彻侯衣衾毋过盈棺，衣衾敛束。荒所用次也。其杀：小敛用一特牛，棺、开各一大牢，祖一特牛，遣一大牢。棺中之广毋过三尺二寸，深三尺一寸，袤丈一尺，厚七寸。椁二，其一厚尺一八寸；藏椁一，厚五寸，得用炭。窆、斗、羡深渊上六丈，坟大方十三丈，高三丈。茔东西四十五丈，北南四十二丈，重园垣之，高丈。祠舍盖，盖地方六丈。中垣为门，外为阙，垣四陬为罘罳。"②其内容是对西汉彻侯埋葬制度的规定，包括衣衾制度、祭奠制度、棺椁制度、墓坑制度、墓地制度、墓园制度等。《葬律》规定彻侯用"衣衾敛束"，即用绞衾之制。这种实例也已发现，湖南长沙马王堆一号汉墓是吴姓长沙王国

---

① 湖北省文物考古研究所、云梦县博物馆：《湖北云梦睡虎地 M77 发掘简报》，《江汉考古》2008 年第 4 期。
② 彭浩：《读云梦睡虎地 M77 汉简〈葬律〉》，《江汉考古》2009 年第 4 期。

丞相利仓之妻的墓，出土女尸就是采用先秦装殓习俗[①]。尸体的脸部覆盖着两件丝织物：一件绛色织锦，用双层缝成，盖在前额及两眼上；另一件是素绢，内絮丝绵，作束腰形盖在鼻梁上。这两件覆盖在脸部的织物，即是幎目。女尸两手握有绢质绣花香囊，内盛香草，两足着青丝履。尸体贴身着衣两件：内为信期绣罗绮丝绵袍，外为细麻布单衣。两臂肱部缚以绛色丝带结系于腹部，再将丝带引向足端，连同青丝履系缚于足背。女尸贴身衣之外又包裹各式衣着、衾被及丝麻织物共18层，连同贴身衣，共20层。从头至脚层层包裹，然后横向捆扎丝带九道。这一装殓形式与江陵马山一号战国楚墓大同小异（图3-5）。

图3-5　长沙马王堆一号汉墓绞衾

推测西汉时期的吴姓长沙王或王后死后也应采用先秦的绞衾之制。汉代的诸侯王及一些列侯等高级贵族死后所用殓服多是玉衣。但目前发现的长沙象鼻嘴[②]、陡壁山[③]、望城坡[④]三座吴姓长沙王或王后墓均没有发现使用玉衣，虽然这三座墓均被盗过，如用玉衣为殓服，总会留下一些蛛丝马迹，没有这种痕迹，说明其不是用玉衣，而可能是用的绞衾之制。这种推测是有依据的，前述长沙马王堆一号墓就是用的绞衾之制，既然吴姓长沙王国丞相、轪侯之妻都用绞衾之制，长沙王或王后不用玉衣，必然用绞衾。《水经注·湘水》引《世语》云：魏黄初末，吴人发长沙王吴芮冢，取

[①] 湖南省博物馆、中国科学院考古研究所编：《长沙马王堆一号汉墓》，文物出版社，1973年。
[②] 湖南省博物馆：《长沙象鼻嘴一号西汉墓》，《考古学报》1981年第1期。
[③] 长沙市文化局文物组：《长沙咸家湖西汉曹𤩽墓》，《文物》1979年第3期。
[④] 长沙市文物考古研究所、长沙简牍博物馆：《湖南长沙望城坡西汉渔阳墓发掘简报》，《文物》2010年第4期。

木为孙坚立庙，见芮容貌如生，衣服不朽。此没讲玉衣，而是见到衣服保存完好，应与马王堆一号墓一样，是绞衾保存完好。从三座吴姓长沙王墓的葬具看，都是用西汉诸侯王一级的"黄肠题凑"葬制，那为什么不用诸侯王一级的殓服玉衣？对玉衣的使用等级，卢兆荫先生指出，玉衣是汉代皇帝以及诸侯王、列侯、贵人、公主等皇室成员专用的殓服①。也就是说，是刘姓诸侯王或列侯等皇族所专用，而异姓的贵族只有特赐才能用。如咸阳杨家湾周勃或周亚夫墓用玉衣②，即属特赐。长沙东郊杨家山一带，属于刘姓长沙王墓地，1958年曾在此地出土有玉衣残片，说明刘姓长沙王族使用玉衣③。而吴姓长沙王族及所属的列侯（如轪侯家族墓、沅陵侯吴阳墓）不能用玉衣，而是用传统的绞衾制。

在其他地区的汉墓中，也发现有继续用先秦葬俗的。如甘肃武威磨嘴子48号西汉末年的夫妇合葬墓④，男女尸的面部均覆盖有内絮丝绵的黄绢"面罩"，即幎目。男女尸在衣敛后，男尸用麻绳捆扎四道，女尸用丝带捆扎三道。其他几座墓也有类似的发现。此装敛形式虽与先秦有些差异，但毕竟是先秦装敛习俗的沿用。从考古发现及《葬律》简记载证实，在汉代，除了刘姓皇室高级贵族外，绝大部分人死后仍然是沿用先秦装敛习俗。

由于装敛的衣衾不易保存，汉墓中发现的绞衾实例比较少。既然西汉吴姓长沙国高级贵族及甘肃武威的汉代一般官吏都用先秦的衣敛礼俗，据此推测，汉代绝大部分人死后仍然是沿用先秦装敛习俗。文献对此也有记载，《汉书·杨王孙传》记载，杨王孙临终前遗令其子，不要实行"裹以布帛，鬲以棺椁，支体络束，口含玉石"葬俗，而要行"裸葬"，即不裹衣衾、不用棺椁。此"裹以布帛""支体络束"的做法，应当是先秦的绞衾葬俗。《汉书·朱云传》载，

---

① 卢兆荫：《试论两汉的玉衣》，《考古》1981年第1期。
② 杨家湾汉墓发掘小组：《咸阳杨家湾汉墓发掘简报》，《文物》1977年第10期。
③ 湖南省博物馆：《长沙市东北郊古墓葬发掘简报》，《考古》1959年第12期。
④ 甘肃省博物馆：《武威磨咀子三座汉墓发掘简报》，《文物》1972年第12期。

朱云"遗言，以身服敛"。《后汉书·邓骘传》："遗言悉以常服。"《后汉纪·朱宠传》载宠遗令云："素棺殡殓，疏布单衣，无设绂冕。"《东观汉记·梁商传》："敛以时服，皆以故衣，无更裁制。"从考古发现及文献记载证实，在汉代除了王侯以上的高级贵族外，绝大部分人死后仍然是沿用先秦装敛习俗。

三、汉代的玉衣葬制

汉代装敛礼俗变化比较大的是诸侯王等高级贵族墓，这些汉代高级贵族墓，除吴姓长沙王及所属列侯墓外，多用玉衣作为殓服。关于用玉衣的制度，《后汉书·礼仪志》有记载：皇帝用"金缕玉柙"，"诸侯王、列侯、始封贵人、公主薨，皆令赠印玺、玉柙银缕；大贵人、长公主铜缕"。这是东汉的制度，西汉玉衣的等级制度没有明确记载，《汉书》中仅见"玉衣""玉匣""玉柙"的记载，并无金缕、银缕、铜缕等严格的等级之分。卫宏《汉旧仪》也记载，不仅皇帝的"玉襦""玉柙"缝以黄金缕，而且王侯的"玉柙"也是"缀以黄金缕为之"。从考古发现看，西汉时期的玉衣等级制度也确实不那么严格。如河北满城中山靖王刘胜墓、刘胜妻窦绾墓①、定州中山怀王刘修墓②、河南永城芒砀山僖山梁王墓③、江苏徐州狮子山楚王墓④、江苏盱眙大云山江都王刘非墓⑤均出有金缕玉衣（图3-6）。属于列侯的也有用金缕玉衣者，如河北邢台南曲阳侯刘迁墓⑥、山东临沂刘疵墓⑦出有金缕玉衣。另外，有些诸侯王墓或列侯墓也用银缕

---

① 中国社会科学院考古研究所、河北省文物管理处：《满城汉墓发掘报告》，文物出版社，1980年。

② 河北省文物研究所：《河北定县40号汉墓发掘简报》，《文物》1981年第8期。

③ 河南省文物考古研究所：《永城西汉梁国王陵与寝园》，中州古籍出版社，1996年。

④ 狮子山楚王陵考古发掘队：《徐州狮子山西汉楚王陵发掘简报》，《文物》1998年第8期。

⑤ 南京博物院等：《江苏盱眙县大云山汉墓》，《考古》2012年第7期。

⑥ 河北省文物管理处：《河北邢台南郊西汉墓》，《考古》1980年第5期。

⑦ 临沂地区文物组：《山东临沂西汉刘疵墓》，《考古》1980年第6期。

玉衣，如山东曲阜九龙山鲁孝王刘庆忌墓[1]、咸阳杨家湾周勃或周亚夫墓用的是银缕玉衣。河北邯郸郎村象氏侯刘安意墓[2]、江苏扬州甘泉山刘氏家族墓[3]各出土一套铜缕玉衣。徐州拖龙山[4]、韩山[5]两座楚王近属墓、广州南越王墓[6]则出土丝缕玉衣。由此看来，西汉时期严格的玉衣等级制度还没有完全形成[7]。

图 3-6　河南永城芒砀山僖山梁王墓出土金缕玉衣

东汉时期，玉衣制度比较严格了。目前还没有发现东汉的金缕玉衣，因文献记载只有皇帝才能用金缕玉衣，由于东汉帝陵没有发掘，皇帝用金缕玉衣还难以验证。目前发现的东汉玉衣可分鎏金铜缕、银缕和铜缕。河北定州中山简王刘焉墓出鎏金铜缕玉衣[8]。刘焉是刘秀的儿子，东汉时期始封中山王，其用鎏金铜缕玉衣的级别可能与银缕相当。出银缕玉衣的诸侯王墓有河北定州中山穆王刘畅墓[9]、河南淮阳北关陈顷王刘崇墓[10]、山东临淄金岭镇齐王刘石墓[11]、

---

[1]　山东省博物馆：《曲阜九龙山汉墓发掘简报》，《文物》1972年第5期。
[2]　史为：《关于"金缕玉衣"的资料简介》，《考古》1972年第2期。
[3]　扬州市博物馆：《扬州西汉"妾莫书"木椁墓》，《文物》1980年第12期。
[4]　龚良等：《徐州地区的汉代玉衣及相关问题》，《东南文化》1996年第1期。
[5]　徐州博物馆：《徐州韩山西汉墓》，《文物》1997年第2期。
[6]　广州市文物管理委员会、中国社会科学院考古研究所、广东省博物馆：《西汉南越王墓》，文物出版社，1991年。
[7]　卢兆荫：《试论两汉的玉衣》，《考古》1981年第1期。
[8]　河北省文化局文物工作队：《河北定县北庄汉墓发掘报告》，《考古学报》1964年第2期。
[9]　定县博物馆：《河北定县43号汉墓发掘简报》，《文物》1973年第11期。
[10]　周口地区文物工作队、淮阳县博物馆：《河南淮阳北关一号汉墓发掘简报》，《文物》1991年第4期。
[11]　山东省文物考古研究所：《山东临淄金岭镇一号东汉墓》，《考古学报》1999年第1期。

徐州彭城王刘恭墓①、江苏睢宁刘楼下邳王墓②等。安徽亳州费亭侯曹腾墓③也出银缕玉衣，曹腾为列侯始封，故可以用银缕。发现的东汉铜缕玉衣比较多，一般是王后、嗣位列侯及级别相当的王侯近属等。如河北定州中山穆王刘畅用银缕，王后用铜缕。江苏睢宁刘楼下邳王用银缕，王后用铜缕。安徽亳州费亭侯曹腾用银缕，其妻用铜缕。由此看来，考古发现的东汉玉衣等级制度与《后汉书·礼仪志》的记载基本一致。

汉代王侯以玉衣为殓服，也使先秦以来的装殓礼俗发生较大变化。《汉旧仪》记载了汉代殓尸也进行小敛和大敛："高帝崩三日，小敛室中牖下"，"七日大敛棺"。《后汉书·礼仪志》也记载了皇帝大丧时所进行的仪节："沐浴如礼""饭含珠玉如礼""小敛如礼""大敛于两楹之间"等。这些记载看起来与《仪礼》所记周代的丧葬礼俗相同，但据前述汉代王侯墓的发现情况看，其具体装殓仪节则有较大变化。周时期对尸体的小敛也是在室内牖下进行，为尸体沐浴后，先穿明衣，即贴身衣服，然后进行饭含，再进行设掩、瑱、幎目、握手、"屦綦结跗"等仪节，最后进行小敛绞。汉代的皇帝、王侯死后也要在室内牖下进行沐浴饭含，沐浴饭含后并不会进行设掩、瑱、幎目、握手、屦綦结于跗等仪节，而应当是先设九窍塞。九窍塞即用玉填塞或遮盖死者身体的九窍孔部位，有眼盖、耳塞、鼻塞、口塞、肛门塞及阴部塞或盖。河北满城中山靖王刘胜墓出土青玉眼盖、耳塞、鼻塞各一副，灰白色玉口塞、肛门塞以及用玉琮改制成的生殖器罩各一件。刘胜之妻窦绾墓、定州中山怀王刘修墓均出土玉制九窍塞。当时用九窍塞的目的，可能是为了防止精气逸出，保护尸体不腐，如晋葛洪《抱朴子》云："金玉在九窍，则死人

---

① 耿建军：《凿山为藏古崖墓——狮子山楚王墓与徐州汉代王陵发掘记》，《中国文物报》1999年1月27日。
② 睢文、南波：《江苏睢宁县刘楼东汉墓清理简报》，《文物资料丛刊》第4辑，文物出版社，1981年。
③ 安徽省亳县博物馆：《亳县曹操宗族墓葬》，《文物》1978年第8期。

为之不朽。"汉代九窍塞的使用，一部分应取代了瑱、幎目的作用，周代的缀玉幎目就是做成五官形状盖于面部，汉代则直接做成了玉五官塞、盖。由是，传统的沐浴饭含后的设掩、瑱、幎目仪节就不用进行了。另外，"屦綦结于跗"仪节以及如江陵马山一号墓、长沙马王堆一号墓所采用的手、足束缚且连系的仪节均不能进行，包裹十几套衣衾再进行捆扎的小敛绞仪节也不能进行。如果进行这些仪节，就无法再穿玉衣了。汉代王侯装敛中的设握仪节还存在，在这类墓中多出土玉璜或玉豚形的握，但设握的仪节已不是在沐浴饭含之后、小敛绞之前，而是在敛完玉衣之后，因这些玉握均设在玉衣之外。由于不是先秦的丝织品的握，又设在玉衣之外，所以先秦那种"设握，里亲肤，系钩中指，结于腕"的仪节也就不存在了。汉代帝王的大敛也是在前堂的两楹间进行，但不会进行先秦的大敛绞，而是将着玉衣的尸体直接殓入棺中。

《后汉书·礼仪志》记载，皇帝大丧，"守宫令兼东园匠将女执事，黄绵、缇缯、金缕玉柙如故事"。《汉旧仪》载："帝崩，含以珠，缠以缇缯十二重。以玉为襦，如铠状，连缝之，以黄金为缕。腰以下以玉为札，长一尺，广二寸半为柙，下至足，亦缝以黄金缕。请诸衣衾敛之。凡乘舆衣服，已御，辄藏之，崩皆以敛。"此讲皇帝大丧时，备有丝帛、缇缯、金缕玉柙、衣衾等物。《汉旧仪》所记也是装敛尸体的先后顺序：先含以珠，再缠以缇缯十二重，后着金缕玉衣，最后衣衾敛之。文献既然称黄绵、缇缯而不称衣衾，此黄绵、缇缯应是布而不是做成的衣服，"缠以缇缯十二重"应是以黄绵、缇缯缠尸体，而不是穿着衣服。此缠尸又不会是先秦传统的绞衾。汉代人着一种贴身的"裈"，仅以布缠于腰股之间，又名犊鼻裈①。《史记·司马相如列传》集解引韦昭《汉书注》："（犊鼻裈）今三尺布作形如犊鼻矣。"故此种裈亦名襣。《方言》卷四："无筒之袴谓之襣。"郭璞注："袴无踦者，即今犊鼻裈也。"着此种裈的动作叫缠。

---

① 孙机：《汉代物质文化资料图说》，文物出版社，1991年，第237页。

《三国志·魏志·裴潜传》裴注称韩宣于受罚前，"豫脱袴缠裈"，说明此种裈只是一块布，需要缠在腰股之间。由此推测，皇帝大丧"缠以缇缯十二重"，是用缇缯缠尸体的某些具体部位，但不会将臂、手、腿、足缠在一起，因接下来是穿着玉衣之仪节。准备好的诸衣衾及乘舆衣服只能最后盖于玉衣之上或敛于棺椁之中。

由上述分析可以看出，对死者的装敛由用绞衾改为用玉衣，反映了汉代丧葬礼俗及仪节发生了较大变化。

四、玉敛葬产生的本源

学者研究认为，玉衣的源起最早可追溯到史前时期的"玉敛葬"[1]，而其直接的来源可能是由周代死者脸部覆盖的缀玉幎目和缀玉衣服演化而来[2]。江苏苏州真山春秋吴墓除了出土缀玉幎目外，还出土了一件保护下腹的玉甲饰。研究者根据这件玉甲饰片的形状及制作工艺认为，东周墓中也多出此类玉饰片，也可能是这种玉甲饰[3]。从目前发现的几件西汉前期的缀玉幎目看，有的很明显是沿用先秦形式，如徐州子房山3号墓出的缀玉幎目就是将各种玉饰拼成五官形缝缀在丝织物上[4]，与先秦的形式基本相同。但有的已经发展成完整的玉面罩，如徐州后楼山汉墓出土一件用长方形、圭形等较规整的玉片连缀而成的完整玉面罩[5]。另外，在西汉前期的墓中还发现只有头套、手套和足套的玉衣套，从头套的制作形式看，应是由玉面罩发展而来。如徐州拖龙山1号汉墓出土有玉头套和足套，头套由前后两片组成，头顶为一玉璧，前片由各种形状的玉片用丝线

---

[1] 卢兆荫：《略论汉代丧葬用玉的发展与演变》，载邓聪编《东亚玉器》第2册，香港中文大学中国考古艺术研究中心，1998年。汪遵国：《良渚文化"玉敛葬"述略》，《文物》1984年第2期。

[2] 杨泓：《谈中国汉唐之间葬俗的演变》，《文物》1999年第10期。

[3] 钱公麟等编著：《真山东周墓地》，文物出版社，1999年。

[4] 徐州博物馆：《江苏徐州子房山西汉墓清理简报》，《文物资料丛刊》第4辑，文物出版社，1981年。

[5] 徐州博物馆：《徐州后楼山西汉墓发掘报告》，《文物》1993年第4期。

编连而成，五官部位特征明显；后片由 150 余片玉片用丝线编连而成。从其痕迹看，是用丝线穿系于织物上再套于头部。从其结构及形式来看，仍然保留有玉面罩的特征，应是由玉面罩发展而来。山东临沂洪家店西汉前期的刘疵墓出土用金缕编成的玉头套、手套和足套，这应是汉代完整玉衣的过渡形态①。

上述是从玉衣的形态方面来探讨其形成的过程，但要深究史前到汉代为什么用玉敛葬，如从思想信仰方面来分析，应本源于玉的神圣性及精美的永恒性。

《周礼·春官·大宗伯》载："以玉作六器，以礼天地四方，以苍璧礼天，以黄琮礼地。"《周礼》是东周时期成书的，所记载用玉器进行祭祀已颇为专门化、制度化，这种礼俗的产生应有更早的来源。良渚文化的祭坛墓地中，多出大量的璧、琮等玉器。邓淑苹指出，"中国的古代人相信天圆地方，天苍地黄，所以用'苍'璧来礼拜天神，用'黄'琮来礼拜地祇。但是这种宗教仪式究竟始于何时，却始终未有田野考古的现象可以加以证实，而今良渚文化中，璧、琮的伴随出土，大量且集中地出土于特殊墓葬中，尚遗留特殊仪式如火烧等的痕迹，使吾等不免考虑，这个深植于后世民心的宇宙观，或创始于良渚的居民。"②张光直认为，"把琮的圆方相套的形状用'天圆地方'的观念来解释，由来已久"，"内圆象天外方象地这种解释在琮的形象上说是很合理的"，"琮的实物的实际形象是兼含圆方的，而且琮的形状最显著也是最重要的特征，是把方和圆相贯串起来，也就是把地和天相贯通起来。专从形状上看，我们可以说琮是天地贯通的象征，也便是贯通天地的一项手段或法器"③。从大宗的璧、琮等玉器多集中在祭坛顶部的大墓之中，祭坛上又多有燎祭

---

① 杨泓：《谈中国汉唐之间葬俗的演变》，《文物》1999 年第 10 期。
② 邓淑苹：《新石器时代的玉璧》，（台北）《故宫文物月刊》总第 33 期，1985 年，第 80—89 页。
③ 张光直：《谈"琮"及其在中国古史上的意义》，文物出版社编辑部编《文物与考古论集》，文物出版社，1986 年，第 244—253 页。

的痕迹来看，学者们推断这些璧、琮等是祭天礼地的法器不无道理。可以看出，早在史前的原始社会玉就是人们所崇拜的神圣之物。研究者认为，史前时期祭坛墓地中用玉敛葬的墓主人，已经不是部落的首领，也不是酋邦的酋长，而是阶级社会里早期国家的最高统治者①。"此类墓墓主似乎同时拥有了军权、神权和族权，这类墓的墓主当为'王者'。"②可以看出，璧、琮等玉礼器已成为权力的象征。

东周秦汉时期仍然用玉祭天礼地。山西侯马晋国都城新田发现多处祭祀遗址，出土有大量祭祀用玉，有璧、璜、瑗、玦、珑、璋、圭等，其祭祀的对象有天神、地神、祖神等③。在陕西凤翔雍山发现的血池遗址，初步确认是秦汉时期祭天场所——畤。出土器物二千余件（组），主要有玉器，如玉人、玉璜、玉琮、玉璋、玉璧残片等④。在甘肃礼县县城西的山顶上发现一处西汉时期的祭祀遗址，祭坛上分布有许多祭祀坑，出土有玉璧、玉圭等祭玉及牛、犬等祭牲骨骼。此遗址被推测为西汉时期的西畤遗址⑤。在西安联志村一祭祀坑内出土璧、琮、圭、璋、琥、璜等85件西汉玉器⑥，该遗址正位于汉长安城南郊"泰一坛"处，看来这些玉器是西汉皇帝用以祭天的。汉代皇帝也自认为是受命于天的，"高皇帝为天下诛暴除乱，受命而帝，功莫大焉"（《汉书·卫贤传》）。所以汉代皇帝要用玉祭天，将玉视为无与伦比的神圣之物，以此借助神权来维护皇权。汉代皇帝及皇族之所以用玉衣葬，也应体现了其为"上天之子"的权威。

玉又有精美永恒的特质，不像丝织品容易腐烂，也不像金属等

---

① 李学勤主编：《中国古代文明与国家形成研究》，云南人民出版社，1998年，第49页。

② 高江涛：《陶寺遗址聚落形态的初步考察》，《中原文物》2007年第3期。

③ 高崇文：《东周列国都城的礼制文化》，《古礼足征——礼制文化的考古学研究》，上海古籍出版社，2015年。

④ 陕西省考古研究院等：《陕西凤翔雍山血池秦汉祭祀遗址考古调查与发掘简报》，《考古与文物》2020年第6期。

⑤ 早期秦文化联合考古队：《2004年甘肃礼县鸾亭山遗址发掘主要收获》，《中国历史文物》2005年第5期。

⑥ 西安市文物保护考古所：《西安文物精华——玉器》，世界图书出版公司，2004年。西安市文物管理委员会编：《玉器》，陕西旅游出版社，1992年。

易于氧化,其精美是永恒不变的。正因为玉的精美,周代便将它人格化。《管子·水地篇》载:"夫玉温润以泽,仁也。邻以理者,知也。坚而不蹙,义也。廉而不刿,行也。鲜而不垢,洁也。折而不挠,勇也。瑕适皆见,精也。茂华光泽,并通而不相陵,容也。叩之,其音清搏彻远,纯而不杀,辞也。是以人主贵之,藏以为宝,剖以为符瑞,九德出焉。"许慎《说文解字·玉部》载:"玉,石之美,有五德。"根据先秦和汉代的文献记载,儒家学派赋予玉的美德有十一德、九德、七德、六德、五德诸说①。所以,"古之君子必佩玉"(《礼记·玉藻》),以表现其高贵的德行。两周时期的贵族墓墓主多佩戴精美玉佩饰,原为丝织品的瞑目也缀以玉饰,形成人的五官形玉覆面,此正是将玉人格化的德行体现。

玉还被赋予了对尸体的保护作用。葛洪《抱朴子》云:"金玉在九窍,则死人为之不朽。"黄金和美玉均是永恒不朽之物,汉代皇帝用作玉衣,也是奢望保护其尸体永恒不朽。玉衣除对内部尸体进行保护外,大概对外来的邪恶势力也能起到防御作用。这可从玉衣的实际形制来分析。江苏苏州真山春秋吴墓出土保护下腹的玉甲饰,就是用玉甲来保护身体不受外部势力的侵犯。秦始皇陵出土的兵俑身上多饰铠甲形,真实的石质铠甲在陵丘东南的铠甲坑中已发现②,汉代的玉衣与其酷似。汉卫宏《汉旧仪》就说玉衣如铠甲:"帝崩,含以珠,缠以缇缯十二重。以玉为襦,如铠状,连缝之,以黄金为缕。"因此,汉代帝王用玉衣,除对内保护其尸体不朽外,大概也是奢望借用玉铠甲的作用防御外来势力的侵袭。

综上所述,汉代玉衣的出现,从思想信仰方面来看,应本源于玉的神圣性及精美的永恒性。

---

① 卢兆荫:《玉德学说初探》,《玉振金声——玉器·金银器考古学研究》,科学出版社,2007年。
② 陕西省考古研究所、秦始皇兵马俑博物馆:《秦始皇帝陵园考古报告》,科学出版社,2000年。

第二节 启殡埋葬礼俗研究

一、周代启殡埋葬礼俗

(一) 棺椁使用制度

文献对周代的棺椁使用制度多有记载，《礼记·檀弓上》载："天子之棺四重"。郑玄注："诸公三重，诸侯再重，大夫一重，士不重。"《荀子·礼论》云："天子棺椁七重，诸侯五重，大夫三重，士再重。"根据这些记载可知，天子用二椁五棺，诸侯用一椁四棺或三棺，大夫用一椁二棺，士用一椁一棺。棺的名称由内至外分别称为革棺、杝棺或椑棺、属棺、大棺[①]，以身份等级高低而差之，也是由内至外递减。两周时期的墓葬资料反映出这套制度是逐渐规范化的。西周至春秋早期为滥觞期，这时期的周天子墓还没发现，已发掘的诸侯级的墓如宝鸡茹家庄渔伯墓、山西曲村晋侯墓、河南三门峡上村岭虢公墓等多用一椁二棺。一般贵族也有使用一椁二棺者。说明这一时期棺椁等级制度还不十分严格。春秋中期至战国早期为形成期，考古发现的各国国君墓或卿墓，基本上是用二椁二棺或一椁三棺；大夫一级的墓用一椁二棺者居多；士墓一般是一椁一棺。说明这一时期棺椁的等级制度基本形成，但越制或不规范的现象也是会有的。战国中晚期是棺椁制度的僭越与破坏期，楚墓中已发现多例大夫级的墓用二椁三棺和二椁二棺者；一些士一级的小墓也多见用一椁二棺者。这说明棺椁等级制度到此时已僭越非常严重了[②]。

从目前考古发现的战国楚墓使用棺椁制度看，其棺椁结构是独特的，椁内根据级别分为数个室，如江陵天星观 1 号墓是楚国封君

[①] 俞伟超：《马王堆一号汉墓棺制的推定》，载《先秦两汉考古学论集》，文物出版社，1985 年。

[②] 赵化成：《周代棺椁多重制度研究》，《国学研究》第五卷，北京大学出版社，1998 年。

墓，分为七室①；荆门包山 2 号墓是楚国左尹墓，其身份相当于大夫，分为五室②；江陵望山 1 号墓是楚王室贵族邵固墓，也相当于大夫，分为三室③；分为一棺室一头箱的二室墓就比较多见了（图 3-7）。学者推测，寿县楚幽王墓椁内分为九室④。这样，战国时期楚墓椁内分室分别反映了王、封君、上大夫、下大夫、士的身份等级。椁内分室的特点，对楚墓中椁与棺的认定造成了困惑，出现一些不同的见解。因此，有必要对楚墓中的棺椁再作明确的辨识。

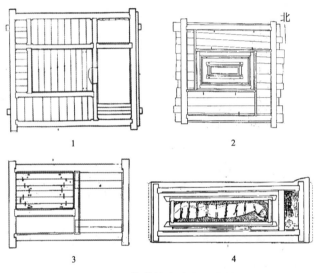

图 3-7　楚墓椁内分室平面图
1. 江陵天星观 M1 椁分 7 室　2. 荆门包山 M2 椁分 5 室
3. 江陵望山 M1 椁分 3 室　4. 江陵九店 M711 椁分 2 室

1957 年、1958 年，在河南信阳长台关首次发掘了两座大型楚式木椁墓，木椁内分成中部棺室、前室、左右边室和后三室，共七室。关于这两座墓使用的棺椁制度，最初对一号墓的报道把棺室内用厚

---

① 湖北省荆州地区博物馆：《江陵天星观 1 号楚墓》，《考古学报》1982 年第 1 期。
② 湖北省荆沙铁路考古队：《包山楚墓》，文物出版社，1991 年。
③ 湖北省文物考古研究所：《江陵望山沙冢楚墓》，文物出版社，1996 年。
④ 郭德维：《楚系墓葬研究》，湖北教育出版社，1995 年。

木板垒砌的最外两层当作内椁，内椁内又置两层棺①。对二号墓的报道则称"主室用三层椁木"，中置两层棺②。后来学者引用此墓资料时，又往往忽略了这三层而多称之用"一椁二棺"③。至 1986 年正式考古报告发表，仍认为此二墓是用的两层棺，将构成主室的外三层称为"主室椁壁板可分为外、中、内三层"④。既然称"椁壁板"，肯定将其认定为"椁"了，这样，加上最外围的椁，则成了"四椁二棺"。由于棺室内这种用厚木板垒砌的葬具不似常见的整体棺，故后来的一些考古报告也习惯将棺室内用厚木垒砌的葬具称之为"内椁"。如信阳长台关 7 号墓椁内分为七室，则称主室内用"二椁二棺"，加上最外层椁，则成了"三椁二棺"⑤。椁内分为五室的荆门包山 2 号墓将棺室内最外层称为"内椁"或谓"里椁"，认为此墓用"二椁三棺"。同是椁内分为五室的枣阳九连墩 M1、荆州天星观 M2、荆州望山桥 M1 均称棺室内置有"内椁"，是用"二椁二棺"制⑥。显然，这种"四椁二棺""三椁二棺""二椁三棺""二椁二棺"的等级制度与文献记载是不相符的⑦。现在的问题是，在棺室内用厚木板砌筑的葬具是否称"内椁"或曰"里椁"，这是需要进行探讨的。

楚墓中的棺室之内是否置"内椁"或曰"里椁"，可从楚墓椁

---

① 河南省文化局文物工作队第一队：《我国考古史上的空前发现——信阳长台关发掘一座战国大墓》，《文物参考资料》1957 年第 9 期。

② 河南省文化局文物工作队：《信阳长台关第 2 号楚墓的发掘》，《考古通讯》1958 年第 11 期。

③ 顾铁符：《信阳一号楚墓的地望与人物》，《故宫博物院院刊》1979 年第 2 期。

④ 河南省文物研究所：《信阳楚墓》，文物出版社，1986 年。

⑤ 河南省文物考古研究所等：《河南信阳长台关七号楚墓发掘简报》，《文物》2004 年第 3 期。

⑥ 湖北省文物考古研究所等：《湖北枣阳九连墩 M1 发掘简报》，《江汉考古》2019 年第 3 期。湖北省荆州博物馆：《荆州天星观二号楚墓》，文物出版社，2003 年。荆州博物馆：《湖北荆州望山桥一号楚墓发掘简报》，《文物》2017 年第 2 期。

⑦ 《礼记·檀弓上》载："天子之棺四重。"郑玄注："诸公三重，诸侯再重，大夫一重，士不重。"《荀子·礼论》云："天子棺椁七重，诸侯五重，大夫三重，士再重。"以此观之，由诸公至士各级贵族的棺椁等级制度应是：一椁四棺、一椁三棺、一椁二棺、一椁一棺。至于周天子是用三椁四棺还是二椁五棺，还有待今后考古发现来证实。

内分室用途来分析。椁内分室的目的，就是要分门别类地放置随葬品和葬具。如包山2号墓所出遣策记录，将头箱称之"食室"，放置"食室之金器""食室之食"；将足箱称之"箱尾"，放置"箱尾之器所以行"，即放置"行器"；边箱放置"大兆之金器""大兆之木器"等①。长台关1号墓所出遣策2-09简也记有"□室之器"②，即放置随葬品的"□室"，根据该简所记随葬品多盥洗梳妆用品，推测"□室"可能是指侧室或后室。又如江陵谢家桥发现一座保存比较完好的西汉初期木椁墓，其木椁形制与楚墓一样，椁内分隔为中间棺室、前室、后室及左右边室五部分③。所出遣策记为"便椁具室一，厚尺一寸，宽丈一尺，袤丈八尺"④。《说文》云："具，共置也。""便椁具室"即椁内分隔成放置随葬品和殓具的"具室"。既然椁内单独构筑成放置棺的棺室，那么在棺室内的木构殓具均应属于棺。又如长沙马王堆三座汉墓的棺椁也是用的楚制，椁内也分为中间棺室、前室、后室及左右边室五部分。一号墓出土遣策对前室称"椁首"，后室称"椁足"，边室称"椁左""椁右"⑤。三号墓出土遣策则记不同类别的随葬品或"藏首"，或"藏左方"，或"在棺中"⑥。这说明椁内各室是分类藏器的，中间棺室是专门置棺的。一号墓中间棺室放置四层完整的套棺，为一椁四棺制，三号墓用了一椁三棺制。由此可证，楚墓棺室内也是专用于置棺的，而不会再构筑内椁。这样，信阳长台关三墓（M1、M2、M7）也应是一椁四棺之制，其

---

① 湖北省荆沙铁路考古队：《包山楚墓》，"附录一九　包山二号楚墓遣策初步研究"，文物出版社，1991年。
② 陈伟等：《楚地出土战国简册［十四种］》，经济科学出版社，2009年，第383页。
③ 荆州博物馆：《湖北荆州谢家桥一号汉墓发掘简报》，《文物》2009年第4期。
④ 杨开勇：《谢家桥1号汉墓》，载荆州博物馆编著《荆州重要考古发现》，文物出版社，2009年，第192页竹简照片。
⑤ 湖南省博物馆、中国科学院考古研究所编：《长沙马王堆一号汉墓》，文物出版社，1973年。
⑥ 湖南省博物馆、湖南省文物考古研究所编著：《长沙马王堆二、三号汉墓》，文物出版社，2004年，第60、68、72页。

第三章　秦汉丧葬礼俗研究

构成主室的外层壁板应是椁内分隔为棺室的隔板，再往内的两层虽都是用厚木板砌筑，既然是在棺室内的殓具，也应属于棺，再加上里边的两层套棺，此三墓正是"一椁四棺"之制。依此来判断，包山 M2 也应是用"一椁四棺"（图3-8），九连墩 M1、天星观 M2、望山桥 M1 应是用的"一椁三棺"。这样认定才符合楚墓将椁分隔出棺室而专门放置棺的用途，也符合"三礼"记载的棺椁使用等级制度，即诸公至士各级贵族的棺椁等级制度应是：一椁四棺、一椁三棺、一椁二棺、一椁一棺。

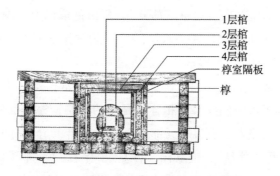

图 3-8　荆门包山 M2 "一椁四棺" 剖面图

依据丧葬用棺制度，用四棺葬是当时的最高等级。《礼记·檀弓上》载："天子之棺四重，水兕革棺被之，其厚三寸，杝棺一，梓棺二，四者皆周。"孔颖达疏："四重者，水牛、兕牛皮二物为一重也；又杝棺为第二重也；又属为第三重也；又大棺为第四重也；四重凡五物也。以次而差之，上公三重，则去水牛，余兕、杝、属、大棺也；侯、伯、子、男再重，又去兕，余杝、属、大棺；大夫一重，又去杝，余属、大棺也；士不重，又去属，唯单用大棺也。"① 由此可以看出，周制用棺的等级是依级别的高低由内而外递减。对照楚墓的情况，基本上是按此种制度埋葬的，只是死者的身份地位有所

---

① 孙希旦《礼记集解》云："天子之棺四重者，一物为一重，四物则四重也。" 认为天子用四层棺，即大棺、属棺、椑棺、革棺。《礼记集解》上册，中华书局，1989 年，第 235 页。

僭越。如长台关三墓应相当于楚国封君墓，用了一椁四棺；湖北荆门包山2号墓是楚国的左尹墓，也用了一椁四棺；江陵天星观1号墓也是楚国的封君墓，用了一椁三棺；江陵望山1、2号墓均属大夫级的墓，则分别用了一椁二棺和一椁三棺。其他用一椁二棺或一椁一棺的墓就比较多了。这种棺椁等差基本符合文献记载的棺椁等级制度。

《礼记·丧大记》载："君里椁虞筐，大夫不里椁，士不虞筐。"郑玄注："里椁之物，虞筐之文未闻也。"郑玄对"里椁""虞筐"之物已不清楚了。但我们还可以根据《丧大记》另一段对棺的描述加以理解，"君里棺用朱绿，用杂金鐕。大夫里棺用玄绿，用牛骨鐕。士不绿。"郑玄注："鐕，所以琢著里。"孔颖达疏："里棺，谓以缯贴棺里也。朱缯贴四方，以绿缯贴四角。"可以看出，所谓"里棺"，是对棺内进行装饰之义，依据墓主的不同级别用不同颜色的缯对棺内进行装饰。以此文义就可以解释"里椁虞筐"之制了。其实，清孙希旦对"里椁虞筐"也是按"里棺"文义进行解释的，其引吴澄云："言君之椁有物里之，而又有虞筐。大夫虽不里椁，而犹有虞筐也。士则并虞筐亦无。"①精通"三礼"的王文锦先生也是如此解释："国君的椁裨上衬里，安上框子；大夫的椁安上框子，不加衬里；士的椁既不裨衬里，也不安框子。"②由此可见，"里椁"之义，应是用丝绸或缯之类物品对椁内进行装饰；"虞筐"，即在椁内安装框架。就战国楚墓的发现来看，江陵天星观1号墓的椁内装饰多幅壁画，此也可视为《丧大记》所说的"里椁"；"虞筐"应是椁内分室的框架与隔板，因为君、大夫之椁规格庞大，随葬物种类多且数量大，要用框架分隔椁室以分类藏器，士的椁规格小，随葬品少，则不必安装框架分隔椁室了。所以，《丧大记》所说的"里椁"并非"内椁"，而是对椁内进行装饰之意。这些问题的厘清，对进一步

---

① 孙希旦：《礼记集解》下册，中华书局，1989年，第1191页。
② 王文锦：《礼记译解》，中华书局，2001年，下册第668页。

了解"三礼"记载的丧葬仪式会有所启发。

在丧葬过程中,棺与椁又是按一定的丧葬仪程使用的。在整个丧葬仪程中,开始用棺是在大敛之时,大敛即将死者再次绞衾后奉尸入棺。小敛绞是在室内进行,小敛绞后奉尸移于堂,大敛绞是在前堂进行,棺放在殡宫前堂的西序处,奉尸敛之曰殡。按周制,从始死之日起,天子七日而殡,诸侯五日而殡,大夫、士三日而殡。尸体敛入棺之后到葬日,又依死者的身份等级规定了不同的时间:"天子七月而葬","诸侯五月而葬","大夫士三月而葬"(《礼记·王制》)。在这期间,要在殡宫中举行10余种不同名目的祭奠,次数达百次以上(《仪礼·士丧礼、既夕礼》)。葬前还要迁柩至宗庙,象生前将出门必辞告尊者。由宗庙赴圹前,要进行饰棺,这些棺饰有褚、帷、荒、池、齐、采、贝、鱼等,这套棺饰束缚在棺束上。以前人们对文献记载的这些棺饰读不懂,饰棺仪程也不十分清楚,由于考古资料的不断发现,才逐渐明白了这些丧葬仪节。

(二)饰棺之仪

棺束,即捆扎棺的带子。按礼制,棺束的使用是有等级的,《礼记·丧大记》云:"君盖用漆,三衽三束;大夫盖用漆,二衽二束;士盖不用漆,二衽二束。"即国君的棺横向捆扎三束,大夫、士棺捆扎二束。目前发现的周时期墓葬中,只有东周楚墓的棺束保存得比较清楚,其制度似乎与周制不尽相同,并且由春秋至战国也有变化。

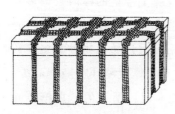

图3-9 当阳赵家湖楚墓五横二竖棺束结构示意图

春秋早、中期有横向用麻绳捆扎九束、七束、五束、三束者,这种九、七、五、三的数字,实际上是体现了贵族的身份等级,只是不那么严格罢了(图3-9)。战国时期的楚墓又有变化,不论哪一级贵族墓均是横向捆扎三束。但也有捆扎两层者,如江陵望山1、2号墓,内层捆扎三横二竖，外层则分别是七横四竖、七横三竖①；江陵九店楚墓还有外层二横一竖，内层三横二竖者②（图3-10）。

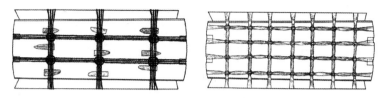

图3-10　望山1号墓内棺三横二竖和七横四竖棺束图

对于棺束的作用，历来学者都认为是封棺的，细考"三礼"记载，可以看出，除了封棺之外，还有连柳、设披、窆棺下葬等作用③。

连柳，即由宗庙即将赴圹时，将棺载之柩车，并进行装饰，这些装饰之具总称为柳，并将其束着于棺束上。《礼记·丧大记》云："饰棺，君龙帷，三池……素锦褚，加帷荒……；大夫画帷，二池……素锦褚……；士布帷，布荒，一池……"这段文献里记述了许多棺饰，最主要的有三种：褚、帷荒、池。直接衬覆棺的应是褚，郑玄注云："大夫以上有褚，以衬覆棺，乃加帷荒于其上。"孔颖达疏："素锦，白锦也。褚，屋也。于荒下又用白锦以为屋也。"（《礼记正义·丧大记疏》）贾公彦疏云："云素锦褚，谓幄帐。诸侯以素锦为幄帐，以覆棺上……既覆棺以褚，乃加帷加荒于其上。"（《周礼注疏·缝人疏》）由此可知，褚是直接衬覆棺的素锦。褚之外是帷荒，郑玄注云："荒，蒙也。在旁曰帷，在上曰荒。"池是用竹编织的棺罩，郑玄注云："池以竹为之，如小车笭，衣以青布，柳象宫室，县池于荒之爪端，若承霤然。"孔颖达疏云："三池者，诸侯礼也。池谓织竹为笼，衣以青布，挂著于柳上荒边爪端，象平生宫室有承霤也。天子生有四注屋，四面承霤，柳亦四池象之。诸侯屋

---

① 湖北省文物考古研究所：《江陵望山沙冢楚墓》，文物出版社，1996年。
② 湖北省文物考古研究所编著：《江陵九店东周墓》，科学出版社，1995年。
③ 高崇文：《浅谈楚墓中的棺束》，《中原文物》1990年第1期。

亦四注，而柳降一池，阙于后一，故三池也。"（《礼记正义·丧大记疏》）贾公彦疏云："君三池，三面而有；大夫二池，县于两相；士一池，县于柳前面而已。"（《仪礼注疏·既夕礼疏》）由此观之，池是用竹编织的笼罩，挂垂于荒的边缘端，象征宫室的屋檐。池之下悬铜鱼，柩车动，则"鱼跃拂池"（《礼记·丧大记》）。

这套棺饰在考古发掘的墓葬中有发现。经学者研究认为，沣西张家坡西周墓中就保留有帷荒等棺饰的遗迹或遗物①。在山西绛县横水发掘的一座西周中期的墓中，发现了保存比较清楚的帷荒、棺束等棺饰痕迹②。湖北江陵马山一号楚墓棺外，罩一件深棕色绢制成的棺罩，周边有大菱形纹的锦缘，此棺罩即是帷荒。由于此墓属于士一级，所以没有褚。湖北荆门包山二号楚墓的棺上覆盖有九层织物，此棺饰更复杂③。另外，楚墓棺盖上多铺有竹帘，应当是文献中讲的池。两周时期的墓中，棺的两侧经常发现有散落的铜鱼，也正好是"鱼跃拂池"之证。

棺束除连柳之外，还要设披。披即送葬之时人居柩车两旁所执系于棺束上的带子，以防在赴圹途中棺柩倾倒。据《丧大记》记载，设披的数量也分等级，其等级正好和棺束的等级相对应，君棺三束，每束二披，共六披；大夫、士棺二束，设四披。如以春秋楚墓的棺束情况看，其棺束九应设 18 披，七束设 14 披，五束设 10 披，三束设 6 披。至战国时期均三束设六披。

柩车至墓圹后，先将棺饰脱下。《周礼·丧祝》云："及圹，说载除饰。"郑玄注："郑司农云：'圹，谓穿中也；说载，下棺也；除饰，谓去棺饰也。……'玄谓，除饰便其窆尔。"贾公彦疏云："至圹脱载，谓下棺于地；除饰，谓除去帷荒，下棺于坎。讫，其帷荒还入圹，张之于棺。"这就是说，柩车至圹后，为了便于下棺，要先

---

① 张长寿：《墙柳与荒帷》，《文物》1992 年第 4 期。
② 山西省考古研究所等：《山西绛县横水西周墓发掘简报》，《文物》2006 年第 8 期。
③ 湖北省荆沙铁路考古队：《包山楚墓》，文物出版社，1991 年。

除掉束着于棺的棺饰，然后利用棺束悬棺下葬。《礼记·丧大记》云："凡封，用绋去碑负引，君封以衡，大夫士以咸。君命毋哗，以鼓封，大夫命毋哭，士哭者相止也。"孔颖达疏云："君封以衡者，诸侯礼大物多棺重，恐棺不正，下棺之时，别以大木为衡，贯穿棺束之缄，平持而下，备倾顿也。大夫士以咸者，大夫士无衡，使人以绋直系棺束之缄。"由此观之，君、大夫、士葬，均以绋系在贯穿棺束的衡木上或直接系在棺束的纽上悬棺下葬。窆棺毕，再将诸棺饰"张之于棺"。

既然两周时期的墓葬中有这些棺饰，也肯定有如文献所记的遣葬仪式，如载柩之仪、饰棺之仪、执披引柩赴圹之仪及引绋悬棺下葬之仪等。

（三）棺椁使用程序

多层棺椁的墓，还有使用棺椁的先后程序问题。这一问题，《仪礼·士丧礼》没有讲，因《士丧礼》是讲士一级的葬丧礼制，按礼制，士只用一棺，故多层棺的用法没讲。现在可从发掘所得墓葬资料来证实多层棺的用法。

前述丧葬仪节中，赴圹埋葬前要在宗庙中饰棺，将棺装饰后，再载至柩车运往墓地埋葬，这是一项非常重要的丧葬仪节。我们在东周楚墓中发现一个规律，即这些棺饰多是装饰在内棺上，楚墓中只发现荆门包山二号墓所用四棺是装饰的内二层棺。另外，一些保存较好的多层棺楚墓，除内层棺进行装饰外，外层棺的底板或盖板多是由数块木板平列铺成，或只是边缘搭接，没有榫卯和攀钉相连接，如包山二号墓、望山二号墓外棺的底板或盖板均是如此，这种外棺肯定不能载之柩车。通过这些现象，我们明白了周代多层棺的使用程序，即在殡时一般只用内棺（个别的用内二层棺，下同），在殡宫和宗庙进行各种祭奠仪式时也只有内棺，由宗庙赴圹时柩车也是只载内棺。外棺应与椁一样，先置于殡宫大门外进行视椁之礼，然后运往墓地预先进行构筑。《士丧礼》记载了构筑椁的仪节，在殡宫将尸体装敛于内棺进行祭奠后，再行"筮宅"之礼仪，即选择墓位，开始筑墓穴。然后将已做成的椁先在殡宫外举行视椁之礼。《士丧礼》："既井椁，主人西面拜工，左还椁，反位，哭，不踊。"郑玄注："既，已也。匠人为椁，刊治其材，以井构于殡门外也。反位，拜位也。既哭之，则往施之窆中矣。"胡培翚《仪礼正义》疏云："此云井椁，则是已成……井之则椁已成，将来施之窆中，象亦如是，此特先井构于殡门外，以视其完否耳。葬时必先施椁，乃下棺。"①此是讲，将已做成的椁先井构于殡门外西方，丧主于东方面西拜工匠，并围绕椁环视一周，回拜位哭之，视其已成，然后将椁运往墓穴构筑。此虽没有讲多层棺中外层棺的构筑，既然在殡宫和宗庙都是只用内棺，窆棺下葬的也是只有内棺，那么，外层棺只能是与椁一样，预先做成后，与椁一起构筑于殡门外，待视椁之礼后，与椁一起运至墓穴组装。

（四）丧葬用车之仪

丧葬仪式中，还有丧葬用车之仪。据"三礼"记载，与丧葬有关的车驾有丧车、贰车、柩车、遣车、乘车、道车和稾车等。

关于丧车，《周礼·春官·巾车》云："王之丧车五乘。"郑玄注云：木车，"始遭丧所乘"；素车，"此卒哭所乘"；藻车，"此既练所乘"；駹车，"此大祥所乘"；漆车，"此禫所乘"。贾公彦疏："此丧车五乘，贵贱皆同乘之"，"天子至士丧车五乘，尊卑等"。这五乘丧车是居丧主人为死者举行五次祭奠仪式时所乘之车。此外还有贰车（副车），根据居丧主人身份等级不同，配备的贰车数量也不同。胡培翚《仪礼正义》疏云："凡贰车之数，天子十二，上公九，侯伯七，子男五，孤卿大夫三，士二乘也。"② 丧车、贰车为居丧主人在举行祭奠时所乘之车。

---

① 胡培翚：《仪礼正义·士丧礼疏》下册，江苏古籍出版社，1993年，第1813页。
② 胡培翚：《仪礼正义·既夕礼疏》下册，江苏古籍出版社，1993年，第1943页。

柩车是载灵柩之车。《仪礼·既夕礼》记载，当灵柩由寝宫迁至祖庙进行朝祖奠时，"正柩于两楹间"，"既正柩，宾出，遂匠纳车于阶间"。郑玄注："车，载柩车，周礼谓之蜃车。"又云："其车之舆状如床，中央有辕，前后出，设前后辂，舆上有四周，下则前后有轴，以辁为轮。"所谓"辁"，《说文·车部》谓："有辐曰轮，无辐曰辁。"又《周礼·地官·遂师》郑注"蜃车"云："蜃车，柩路也，柩路载柳，四轮迫地而行，有似于蜃，因取名焉。"可见，此车为专门载柩的四轮车，送葬时以人力挽之①。

在遣葬之时，还备有遣车。《周礼·春官·巾车》云："大丧饰遣车，遂廞之，行之。"郑玄注云："廞，兴也，谓陈。驾之行之，使人以次举之以如墓也。"又《礼记·檀弓》孔颖达疏云："朝庙毕，将行，设遣奠，竟取遣奠牲体臂臑，折之为段，用此车载之，以遣送亡者，故谓之遣车，然遣车之形甚小。……遣车之数，贵贱不同，若生有爵命车马之赐，则死有遣车送之，诸侯七乘，大夫五乘……诸侯既七乘，降杀宜两，则国王宜九乘，士三乘也。"据此可知，丧葬时所配遣车，是据设奠牢数而配置的，分别载牲之肢体，"使人以次举之以如墓"的明器，并非实用真车马②。

"三礼"记载中，还有另外3种车，即乘车、道车和槀车，也就是汉代统名为魂车的车辆。

《仪礼·既夕礼》载：在祖庙设迁祖奠时，要进车，"荐车直东荣，北辀"。郑玄注云："荐，进也。进车者，象生时将行陈驾也，今时谓之魂车。辀，辕也。车当东荣，东陈，西上于中庭。"贾公彦疏："荐车者，以明旦将行，故豫陈车。云进车者，象生时将行陈驾

---

① 胡培翚：《仪礼正义·既夕礼疏》："柩车以人挽，无所谓驱，此不驱者，指乘、道、槀三车言也。往时三车在前，柩车在后，反时亦然。三车不驱，则柩车亦不得疾行矣。"载《仪礼正义》下册，江苏古籍出版社，1993年，第1961页。

② 胡培翚：《仪礼正义·既夕礼疏》："据郑云使人举之如墓，则非驾马之车明矣。廞马，遣车之马，人捧之，言人捧之，则非真马可知。"载《仪礼正义》下册，江苏古籍出版社，1993年，第1891页。

也……今死者将葬，亦陈车象之也。云今时谓之魂车者，郑举汉法况之，以其神灵在焉，故谓之魂车也。"关于所进之车的名称及数量，贾公彦疏云："即《下记》云荐乘车、道车、槀车。以次言之，则先陈乘车，次陈道车，次陈槀车。"又胡培翚《仪礼正义》疏云："车即《下记》乘车、道车、槀车也。以生时将行陈驾，故进此车于庭而陈之，象生时也。此车平日所乘，灵魂凭之，故谓之魂车，盖汉时有此名也。"①进车的位置在祖庙面对东荣的中庭，向北。迁祖奠之时，还要进马，如《仪礼·既夕礼》云："荐马，缨三就，入门北面。"郑玄注云："驾车之马，每车二匹。"贾公彦疏："驾车之马者，即上文荐车之马也。云每车二匹者，下经云，公赗两马，注云，两马，士制也，故知此车有三乘，马则六匹矣。"王礼也有此三乘车。《周礼·春官·巾车》贾公彦疏云："惟据乘车、道车、槀车三乘，此王礼亦有此三乘车。"但王所用车的驾马数则不同。《仪礼·既夕礼》载："公赗玄纁束，马两。"郑玄注："两马，士制也。"贾公彦疏："云两马士制也者，谓士在家常乘之法，如出使及征伐则乘驷马，其大夫以上则常驷马。"胡培翚《仪礼正义》疏云："士本乘两马车，今赠以马两，是如其制也……大夫以上备四也。"②可见，从天子到士，丧葬时均备有乘、道、槀三乘魂车，只是用来驾车的马匹数量多少不同。

"三礼"中对上述三乘车的形制及装载品物的种类也有记载。

关于乘车，《既夕礼》载："荐乘车，鹿浅幦，干，笮，革鞃，载旝，载皮弁服。"郑玄注："士乘栈车。"可见，此乘车是以死者的身份等级而有别。《周礼·春官·巾车》云："服车五乘，孤乘夏篆，卿乘夏缦，大夫乘墨车，士乘栈车，庶人乘役车。"郑玄注："服车，服事者之车。"贾公彦疏："其孤卿以下皆是辅佐之臣，服事于上，故以服事之车解之。"也就是说，孤卿以下都是天子的臣属，所乘之

---

① 胡培翚：《仪礼正义·既夕礼疏》下册，江苏古籍出版社，1993年，第1841—1842页。
② 胡培翚：《仪礼正义·既夕礼疏》下册，江苏古籍出版社，1993年，第1867页。

车按等级而有别，死后的魂车也以等级来区别。所谓乘车"载旃，载皮弁服"及"干，笮"，郑玄注云："旃，旌旗之属，通帛为旃"；"皮弁服者，视朝之服"；"干，盾也；笮，矢箙也"，"有干无兵，有箙无弓矢，明不用也"。乘车的用途是装载标志死者地位的旌旗、在宗庙视朝用的皮弁服以及象征护卫用的盾牌、矢箙等。

关于道车，《既夕礼》："道车载朝服。"郑玄注："道车，朝夕及燕出入之车；朝服，日视朝之服也，玄衣素裳。"又《周礼·春官·司常》云："道车载旞。"郑玄注："道车，象路也，王以朝夕燕出入。"按等级除天子外，卿、大夫、士无象路，不应有此车，但丧葬时既然从天子至士均有乘、道、槀三乘魂车，说明卿、大夫、士生时有朝夕之礼及燕出入之事，死时用车载视朝之服，而假借天子道车之名①。

关于槀车，《既夕礼》："槀车载蓑笠。"郑玄注："槀犹散也，散车，以田以鄙之车。蓑笠备雨服。"贾公彦疏："上乘车、道车皆据人之乘用为名，不取车上生称，则此散车亦据人乘为号。"胡培翚《仪礼正义》疏云："以田以鄙之车，用以行野，较为粗散，故云槀车也。"② 可知槀车即生时谓君所赐不在等的散车，制作较粗糙，如汉时的辎重之车。在举行死者送葬仪式时，用以载蓑笠以避雨，故名之为槀车。

以上三乘车并用于整个丧葬过程。据《既夕礼》，在祖庙设迁祖奠时，柩设于两楹间，柩车纳于阶间，明器（随葬用的礼乐等器及遣车）置于中庭，而乘车、道车、槀车以次陈于面对东荣的中庭，驾车之马进出祖庙三次，每次都停在庙门内庭之南部。葬日大遣奠之后，由祖庙至墓穴时，遣车载苞牲在前，乘、道、槀三魂车随后，再后是柩车，送葬主人则从柩而行。到墓地后，乘、道、槀三车以

---

① 胡培翚《仪礼正义·既夕礼疏》："是士亦有朝夕之礼，及游燕出入之事，当乘此车，而假行道德之义以名之也。"载《仪礼正义》下册，江苏古籍出版社，1993年，第1954页。

② 胡培翚：《仪礼正义》下册，江苏古籍出版社，1993年，第1955页。

次止于墓道左。待下葬后，将遣车、苞牲等随葬品藏于墓内。这时柩车已空，于是将乘、道、槀三车所载皮弁服、朝服、簚笠等载之柩车运回①。归途中，乘、道、槀三车在前，柩车在后，居丧主人跟随柩车返哭于祖庙。

二、汉代的启殡埋葬礼俗

（一）汉代饰棺之仪

至汉代，在许多地区还保留着先秦埋葬礼俗，特别是在长江中下游地区，先秦的棺椁使用礼俗一直盛行于整个西汉时期。长沙马王堆轪侯家族墓就沿用了典型的先秦棺椁葬俗，一号墓主是轪侯利仓之妻，用了一椁四棺；二号墓主是轪侯利仓本人，用了一椁二棺；三号墓主是利仓的儿子，用了一椁三棺②。其使用的身份等级制度已不严格，但这套埋葬礼制则是沿用的先秦旧制。保存比较好的一、三号墓内棺也均沿用先秦时的饰棺之制，饰二道帛束，都用起绒锦和羽毛装饰内棺。于省吾先生认为，这种棺饰即《左传》中所说的"翰桧"③。《左传·成公三年》记载："宋文公卒，始厚葬……棺有翰桧。"杜预注："翰旁饰，桧上饰。"孔颖达疏："棺有此物，明是其饰，故以为旁饰上饰也。"《说文》云："翰，天鸡赤羽也。""桧"与"绘"可以通借，也可以理解为绘饰、装饰之意。故而春秋时期宋文公所使用的"棺有翰桧"，就可能类似马王堆汉墓的锦饰内棺。又《礼记·丧大记》所记棺饰中，君、大夫都用"素锦褚"，并且褚是直接衬覆棺的锦饰。由此观之，马王堆汉墓内棺的锦饰也可以理解为"褚"（图 3-11）。

---

① 胡培翚：《仪礼正义·既夕礼疏》下册，江苏古籍出版社，1993 年，第 1961 页。
② 湖南省博物馆、中国科学院考古研究所编：《长沙马王堆一号汉墓》，文物出版社，1973 年。湖南省博物馆、湖南省文物考古研究所编著：《长沙马王堆二、三号汉墓》，文物出版社，2004 年。
③ 于省吾：《关于长沙马王堆一号汉墓内棺棺饰的解说》，《考古》1973 年第 2 期。

图 3-11　马王堆 M1 内棺外"帛束"与"锦褚"棺饰

马王堆一、三号墓的锦饰内棺盖上平置"T"字形的帛画,应是丧葬仪程中所置的铭旌①。《仪礼·士丧礼》云:"为铭各以其物……书铭于末,曰:'某氏某之柩'。"郑玄注:"铭,明旌也。杂帛为物,大夫士之所建也。以死者为不可别,故以其旗识识之。"唯马王堆一号墓和三号墓所出"T"字形铭旌不是写的墓主名字,而是画的墓主形象。根据《仪礼·士丧礼》记载,此种铭旌的用法是,始死时始建,并悬挂于殡宫西阶处的屋檐下。在庭院置"重"后,将铭旌置于"重"。大殓殡后,又将铭旌置于殡宫西序的棺柩前。起柩赴圹时,则张举以前导。下棺于圹后,将铭旌置于棺上。马王堆一、三号墓的"T"字形帛画正是置于内棺的棺盖之上,与文献记载的丧葬仪节是一致的。更为重要的是,发现铭旌置于内棺棺盖之上这一现象,也说明了马王堆汉墓多层棺的使用程序,即在殡宫和宗庙进行一系列丧葬仪式时,只用内棺,由宗庙载柩赴圹最后下葬的也只是内棺,外棺是与井椁一起先置于墓圹中的。只有这样的埋葬次序,铭旌才能置于内棺棺盖之上。

---

① 《文物》编辑部:《座谈长沙马王堆一号汉墓》,《文物》1972 年第 9 期。马雍:《论长沙马王堆一号汉墓出土帛画的名称和作用》,《考古》1973 年第 2 期。金景芳:《关于长沙马王堆一号汉墓帛画的名称问题》,载《古史论集》,齐鲁书社,1982 年,第 394 页。高崇文:《非衣乎?铭旌乎?》,《中原文化研究》2019 年第 3 期。

1975年，湖北江陵凤凰山167号汉墓出土了一套保存比较完整的棺饰，由里外两层细绢棺罩和中间一床竹编棺罩组成①。紧贴棺身的为绣花棺罩，由数块方棋纹和梅花纹绛红色绣绢做成，分罩顶和四垂面两部分，整个棺罩紧裹于棺上，此应是棺饰中的"褚"。再外是用竹篾编成的方孔竹罩，罩于棺顶，四面下折17厘米，此应是"池"。最外为黄绢做成比较宽松的棺罩，整个罩在"褚""池"之外，此应是"帷荒"（图3-12）。此套棺饰与"三礼"记载吻合。

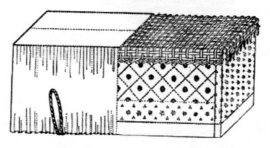

图3-12　凤凰山M167所用"褚""帷荒""池"等棺饰

　　凤凰山167号汉墓悬棺下葬的仪程也与先秦一致。先秦下棺至墓穴多采用"悬封"的方法，《礼记·丧大记》云："凡封，用绋去碑负引。"按周制，天子用六绋四碑，君四绋二碑，大夫二绋二碑，士二绋无碑。"绋"即引柩下葬入墓穴的绳索，"碑"即墓圹上负引绋悬棺下葬的木桩。《礼记·檀弓下》："公室视丰碑。"郑玄注："丰碑，斫大木为之，形如石碑，于椁前后四角树之，穿中于间为鹿卢，下棺以绋绕。"凤凰山167号汉墓基本是按此种程序悬棺下葬的。此墓为无墓道的竖穴土坑木椁墓，深6.05米，用一椁一棺，椁内分为棺室、头箱、边箱三部分。棺长2.20米，宽0.80米，高0.80米，木板厚0.12米，重量过千斤。棺如此重大，墓深且无墓道，其下葬的方法只能采用由上而下的"悬封"方式。该墓墓口的南北墓边各有两个槽沟，两两相对，此为下棺时放置横杠的痕迹，在棺的

---

　　① 纪烈敏、张柏忠、陈雍：《凤凰山一六七号墓所见汉初地主阶级丧葬礼俗》，《文物》1976年第10期。

下面还压有两条竹篾拧成的双股竹绳,前后各一条,并全部用朱绢缠裹,每根两头各结成环状,制成套圈,共四个套圈。下棺的绋一端系于套圈,另一端绕于墓圹上的辘轳上悬柩而下。不过,此墓的"碑"与郑玄注不同,不是树于椁的四角,而是用长约4.80米,直径约0.25米的两根大木横置于墓口之上,用四根大绳索通过双重辘轳悬棺而下。这种悬棺下葬的方式,在山西绛县横水西周墓中也有发现。该墓深15.28米,虽有墓道,但墓道下口处距离墓底还有9.23米深。在棺的下部有数条粗大的麻绳索,在墓圹的两壁还保留着垂直的悬棺绳索的痕迹①。这一发现,印证了"三礼"所载的"悬封"方式。

(二)汉代丧葬所用魂车之仪

目前发现西汉前期的诸侯王墓中,多同时殉葬三辆大型实用真车马,这应是沿袭了先秦周代的丧葬用车礼制。经考察,西汉诸侯王墓中所殉三车的数量、形制及装备情况都与"三礼"所载乘、道、槀三车相似。因此,我们有理由推测,西汉诸侯王墓中三辆大型实用真车马就是载死者衣冠至墓穴的魂车。与先秦乘、道、槀三车的性质是相同的。郑玄之所以用汉代魂车之名来称先秦的乘、道、槀三车为魂车,大概就是因为汉代葬仪与先秦葬仪有相承之处。《汉书·成帝纪》记载:"竟宁元年五月,元帝崩",六月"乙未,有司言:'乘舆车、牛马、禽兽皆非礼,不宜以葬。'奏可"。汉元帝末年废除殉葬乘舆车马之时,三魂车便不能入葬了,但用魂车载衣冠至陵墓,并将衣冠放置于陵寝中以享祭祀的制度还存在。终汉一代,各帝陵均建有放置衣冠的陵寝,这些衣冠肯定还是由魂车运送的。东汉时,魂车制度仍然沿用,只是把先秦与西汉时的三辆魂车改为一乘,名字也称为"容车",大行皇帝所用者则称"金根容车"。这就是由先秦至两汉一脉相承的魂车制度②。

---

① 山西省考古所等:《山西绛县横水西周墓发掘简报》,《文物》2006年第8期。
② 高崇文:《西汉诸侯王墓车马殉葬制度探讨》,《文物》1992年第2期;《再论西汉诸侯王墓车马殉葬制度》,《考古》2008年第11期。

（三）汉代墓葬埋葬形式的变化

汉代墓葬除了继续承袭许多先秦埋葬礼俗外，在某些方面也有较大变化，主要是由埋葬形式的变化所引起的。汉墓中有许多是将棺横向推进棺室的，这一类的墓一般设有墓道，棺室设门，以便将棺横向运入。这样就改变了先秦竖向窆棺下葬的方式。如"凿山为藏"的崖洞墓、砌为券顶的砖室墓以及石室墓等都是通过墓道、甬道、墓门将棺横向运进棺室的。汉代的木椁墓则存在两种葬棺形式。一种是用先秦的"悬封"形式，即前述江陵凤凰山167号汉墓所采用的形式。有的木椁墓虽也有墓道，但也是采用"悬封"形式。如马王堆三座轪侯家族墓，大型木椁内分隔成互不相通的五个室，棺室居中，墓道底口比椁室略高。这种木椁墓只能将棺由墓道送至椁室上部，再将棺窆入棺室。正如前引郑玄注：将大木"于椁前后四角树之，穿中于间为鹿卢，下棺以绋绕"的"悬封"方式。同时期的湖南沅陵虎溪山沅陵侯吴阳墓①，则是采用横向入棺形式。该墓也是大型木椁墓，用一椁二棺，椁室内由头箱、左右边箱和棺室组成。头箱与左右边箱通过隔门相连。棺室前部设有门扉，与棺室门扉相对的椁室前壁做成门栅，在门栅的立板上有漆书"南扇""北扇"字样，当为门板之意。门栅与底板之间用轴榫套接，说明此门栅是可以开闭的。斜坡形墓道下口至墓底。这种墓葬形制，便于将棺由墓道通过椁室门、棺室门横向送入棺室内，不必再用绋、碑、辘轳由上而下进行窆棺了（图3-13）。

在沅陵侯吴阳墓中，还发现了承托内棺的棺床，为木构长方形框架，内侧四周为单边槽，木棺正好放置于槽内。框架内有四根横木，中间的两根为方木，两侧的为圆木、圆榫，圆榫套入对应框架的圆榫孔中，圆榫孔中安装有铜套（图3-14）。此棺床形状与《仪礼·士丧礼》记载的搬运内棺的辁轴相似。《士丧礼》载，大敛前在殡宫准备殓棺时，"升棺用轴"；葬前，将棺柩从殡宫迁到宗庙进行

---

① 湖南省文物考古研究所编著：《沅陵虎溪山一号汉墓》，文物出版社，2020年。

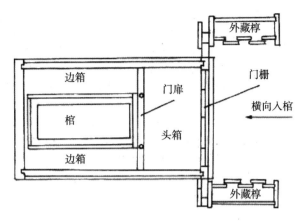

图 3-13　沅陵侯吴阳墓椁室复原示意图

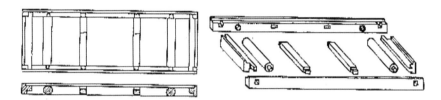

图 3-14　沅陵侯吴阳墓棺床结构图

朝祖奠时,"迁于祖用轴"。郑玄注:"轴,辁轴也,辁状如床,轴其轮,挽而行。"又云:"轴状如转辚,刻两头为轵。辁状如长床,穿桯前后,著金而关轴焉。"按郑玄的解释,辁轴就像一长方形的床框,在前后各安装一滚动的圆木轴,在丧葬过程中,用其移动棺枢。郑玄解释的辁轴形状,与吴阳墓出土的棺床非常相似。郑玄是东汉时人,对汉代的葬具应当清楚。清人张惠言绘制了辁轴图①（图3-15）,与吴阳墓发现的棺床几乎完全一样。这说明,吴阳墓中的棺床应当是辁轴。在殡宫中升棺时用辁轴,将棺迁到宗庙时用辁轴,将棺下葬时还是用辁轴。吴阳墓的外棺开口是在前面,棺室、椁室前也是做成门栅,正好用这一辁轴将内棺由墓道横向推入棺室（即外棺）内。

---

① 张惠言:《仪礼图》,载王先谦编《清经解续编》卷317,上海书店出版社,1988年。

这种横向葬棺的方式,在安徽阜阳汝阴侯夫妇墓中也有发现①。此两座大型木椁墓的椁室前壁、棺室前壁均辟门,棺下均有辁轴,其葬棺方式也应是用辁轴横向将内棺推入棺室的。这些例证也说明,西汉时期,有些多层棺的墓,在殡宫、宗庙进行各种丧葬仪式时,只用内棺,外棺与椁是在墓圹内构筑的。

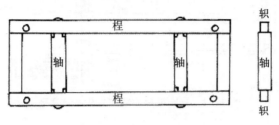

图 3-15　清张惠言绘制辁轴图

西汉时期"黄肠题凑"墓是一种新的埋葬形式,这种新的埋葬形式必然也导致传统葬俗的变化。黄肠题凑墓虽是由先秦的木椁墓发展而来,但却改变了先秦木椁墓"悬封"式的窆棺形式,而变成了横向推进式。长沙陡壁山曹𡛕墓可以说是一种过渡形式。该墓有斜坡形墓道,墓道下口距墓底约 0.6 米。椁室四周构筑黄肠题凑,东、南、北三边各垒三层黄肠木,高 1.2 米左右,通墓道的西边只垒二层,高 0.8 米左右。题凑内为椁室,椁板紧贴题凑墙垒砌,东、南、北三壁各垒木枋三根,残高 1.18 米,向墓道的西壁只垒木枋一根,枋上置木板一块,残高 0.41 米。椁内分隔成居中的棺室、前室和 4 个边室,棺室前边设门,与前室相通。棺室内置二层套棺。从此墓的结构看,对于面向墓道的西边的题凑椁室做了特殊的构筑,题凑木只垒二层,西椁壁只垒一根木枋,上置木板,这些都是为了便于将套棺沿墓道横向送入棺室。黄展岳先生对此墓的复原更为清楚,认为棺房前面的前室,"四边设双扇门,两侧门通椁房,后门(东)通棺房,前门(西)经题凑木墙通墓道。出土时,前门紧闭,

---

① 安徽省文物工作队、阜阳地区博物馆、阜阳县文化局:《阜阳双古堆西汉汝阴侯墓发掘简报》,《文物》1978 年第 8 期。

门前紧贴题凑木墙。从出土现象观察，这里的题凑木墙是在埋葬完毕后堆垒起来的（笔者注：更确切地讲，是通过西壁题凑木墙缺口将棺横向推入棺房后，再将此处的题凑木堆垒起来），同时封闭前室门，与墓道隔绝"①（图3-16）。另外，此墓的简报报道，该墓用了三重棺，"最外一重系用8厘米的木板制成的木框，无底无盖，套着第二重外棺"②。此并非是外棺，很像是棺床或辁轴。据报道，在此木框下，"南北放置五根残长约1.28米的垫木"。仔细观察所绘图，似乎第1、3、5根垫木为方木，第2、4根为圆木，如将此垫木与木框结合起来，则正是运棺之辁轴，该墓两层套棺是用辁轴横向送入棺室的。1993年长沙望城坡长沙王后渔阳墓形制与曹𡟰墓相同，面对墓道的题凑木留有缺口，椁室的前室通往棺室处设有门，前门两侧处刻有"户南""户北"字样，辁轴载两层套棺由墓道横向进入棺室③（图3-17）。这也说明吴姓长沙王侯都采用了此种葬棺形式。

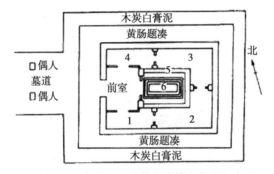

图3-16 陡壁山1号墓题凑椁室复原示意图

目前已发现的另外几座黄肠题凑墓，如长沙象鼻嘴吴姓长沙王墓、北京大葆台广阳王墓④、老山汉墓⑤、河北定州中山王刘修墓、

---

① 黄展岳：《汉代诸侯王墓论述》，《考古学报》1998年第1期。
② 长沙市文化局文物组：《长沙咸家湖西汉曹𡟰墓》，《文物》1979年第3期。
③ 长沙市文物考古研究所、长沙简牍博物馆：《湖南长沙望城坡西汉渔阳墓发掘简报》，《文物》2010年第4期。
④ 大葆台汉墓发掘组：《北京大葆台汉墓》，文物出版社，1989年。
⑤ 国家文物局主编：《2000年中国重要考古发现》，文物出版社，2001年。

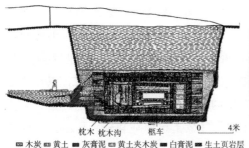

图 3-17　望城坡渔阳墓剖面图及题凑木缺口

江苏高邮广陵王墓①等,其题凑椁室均整体构筑成横向进入式。墓道下口直抵墓室底,面对墓道的题凑壁、回廊壁、内外椁壁均预先设置成过门式。很显然,这种构筑形式就是为了便于棺的横向进入,彻底放弃了传统的"悬封"方式。由于采用横向式入棺,有些多层套棺也是同时送入。这样就改变了先秦那种在殡宫、祖庙只用内棺并最后将内棺悬封入墓的制度,也省去了先秦先将椁井构于殡门外的视椁之礼。

第三节　西汉时期的祭奠之礼

一、商周时期的庙祭与墓祭

王充《论衡·四讳》云:"古礼庙祭,今俗墓祀。""古礼庙祭"是讲商周时代注重庙祭。学者通过对殷墟卜辞的研究发现,商代祭祀祖先是用周祭制度②。所谓周祭,是指殷商王室用五种祀典仪式轮流而又周而复始地祭祀成系列的先公先王先妣。除周祭外,还有一些对祖先的不成系统的祭祀典礼,被称为"特祭"或"选祭"。卜辞中还记载,商王祭祀祖先主要是在"宗"或"必"中进行。从字形上分析,"宗"上面的宝盖是屋宇之形,"示"则是神主的象征。

---

①　黄展岳:《汉代诸侯王墓论述》,《考古学报》1998 年第 1 期。
②　常玉芝:《商代周祭制度》,中国社会科学出版社,1987 年。

故《说文》云:"宗,尊祖庙也。"于省吾先生考证"宀"为"祀神之室"①。"宗"和"宀"正是商代祭祀祖先的宗庙。据研究,殷墟卜辞所见商先王宗庙有:大乙宗、大丁宗、大甲宗、大戊宗、大庚宗、中丁宗、祖乙宗、祖辛宗、祖丁宗、小乙宗、武丁宗、祖甲宗、康丁宗、武乙宗、文丁宗②。从 20 世纪 30 年代开始,对殷墟进行了大规模考古发掘,经研究将其自北向南分为甲、乙、丙三区,甲区为宫室遗址,乙区为宗庙遗址,丙区为祭坛遗址③。乙区建筑基址规模较大,在乙七、乙八建筑基址周围有成行密集排列的祭祀坑,坑内埋有大量的马、羊、狗及人等,此建筑基址似为商王祭祖的宗庙遗址。在乙区建筑基址以南,又发现了大型建筑基址,与乙区建筑基址是有密切关系的。其中 1 号房址是主要建筑,南边至少有 6 处门道,门道两侧有排列规则的祭祀坑,坑内多数埋人架 3 具,其中各有 1 具跪状人架。从房"内无隔墙、无居住痕迹、门外有祭祀坑等现象分析,这座基址大概是用于祭祀的宗庙性建筑"④。可见,殷墟内用于祭祖的宗庙性建筑是相当庞大的,这与殷墟卜辞大量记有祭祖的内容可以相互印证。不难看出,商王对祖先和先王的祭祀,主要的是在宗庙中进行。商王室宗庙便成为国家政治活动的中心,除了祭祖之外,凡举国之大事,商王均要事先奉告于祖先宗庙。但从考古发现看,商时期也不是绝对不进行墓祭,如安阳商代王陵区有规律地分布着大量人牲祭祀坑,说明商代王陵是进行墓祭的⑤。又安阳妇好墓等设有享堂⑥,也应是用以祭墓的。汉代人讲"古礼庙祭""古不墓祭",应是针对商周时期作为制度性的庙祭而言。

周代是靠宗法制度来维护统治的,为了强调宗法关系,特别重

---

① 于省吾:《甲骨文字释林·释宀》,中华书局,1979 年。
② 王贵民:《商周制度考信》附"商代宗庙宫室表",明文书局,1989 年。
③ 石璋如:《殷墟建筑遗存》,台北南港,1959 年。
④ 中国社会科学院考古研究所安阳工作队:《河南安阳殷墟大型建筑基址的发掘》,《考古》2001 年第 5 期。
⑤ 杨锡璋、杨宝成:《从商代祭祀坑看商代奴隶社会的人牲》,《考古》1977 年第 1 期。
⑥ 中国社会科学院考古研究所编著:《殷墟妇好墓》,文物出版社,1980 年。

视庙祭。作为国都的重要标志即是否设有宗庙,"凡邑有宗庙先君之主者曰都,无曰邑"(《左传·庄公十八年》)。在营建宫室时,"宗庙为先,厩库次之,居室为后"(《礼记·曲礼》)。周代的各级贵族均按礼制立庙。《礼记·王制》云:"天子七庙,三昭三穆,与太祖之庙而七;诸侯五庙,二昭二穆,与太祖之庙而五;大夫三庙,一昭一穆,与太祖之庙而三;士一庙。"各级贵族均按礼制到庙中祭祖。周代各级贵族立庙均在城内,为集中庙制,以此种形式来加强宗族的关系。

周天子的宗庙已在陕西岐山周原凤雏村发现①,这是一座坐北朝南的大型建筑遗址,整个建筑布局由南而北为影壁、门道、前堂、过廊、后室,南北构成一中轴线;东西两侧配置门塾、厢房,左右对称;由前至后又形成前院、中院和东西小院,中院和两小院四周有回廊,布局井然有序。在西厢房内发现一甲骨坑,学者称之为"龟室"②,其中一片刻有"祠,自蒿于周"。学者认为,所记内容为武王自镐京前往周原祭祀周宗庙之事,此遗址应是周先公先王的宗庙③。考察古代文献及铜器铭文可知,周代庙、寝建筑往往是相连的。如郑玄注《周礼·隶仆》云:"《诗》云寝庙绎绎,相连貌也,前曰庙,后曰寝。"西周铜器铭文中,也经常将宫、寝、庙、太室、中廷等连言之。如大克鼎铭文:"王在宗周,旦,王格穆庙,即位。緟季右善夫克入门,立中廷,北向。王呼尹氏册命善夫克。"又伊簋铭文:"王在周康宫,旦,王格穆大室,即位。緟季内入右伊,立中廷,北向,王呼命尹封册命伊。"此穆庙即穆太室,庙也称太室。此两件铜器铭文是讲,王即位于庙(即太室),面南而坐,受册命者入门立中廷,北面受册命。其他讲册命、赏赐的铜器铭文如望敦、颂

---

① 陕西周原考古队:《陕西岐山凤雏村西周建筑基址发掘简报》,《文物》1979年第10期;陈全方:《周原与周文化》,上海人民出版社,1988年。
② 《周礼·春官·龟人》载:"龟人掌六龟之属……凡取龟用秋时,攻龟用春时,各以其物入于龟室。"
③ 徐中舒:《周原甲骨初论》,《四川大学学报丛刊》第10辑《古文字研究论文集》,1982年。

鼎等，均如此叙述。因此，唐兰先生认为，金文里的"宫""寝""太室"大都是宗庙①。周初的小盂鼎铭文记述盂伐鬼方凯旋献俘并接受周天子的赏赐时，盂首先入南门"即大廷"以告，再入一门燎馘于"周庙"，最后入三门"即立中廷"，向北接受周天子的赏赐②。由此观之，周天子应即位于路寝面南而坐，盂入门燎馘的"周庙"应在路寝前面。因此可以推测，周天子的宫室应是"前庙后寝"的建筑格局。王国维考证周代铜器铭文后指出："古者寝、庙之分，盖不甚严，庙之四宫后，王亦寝处焉。"③ 杨宽也认为："周族的习惯，庙和寝造在一起，庙造在寝的前面。"④ 对照文献和铜器铭文的记载，是否可推定凤雏建筑遗址的前堂为庙，后室为寝，是庙、寝相连的复合建筑？在周原除发现周天子的寝庙外，还发现了贵族的家族庙。1999—2000 年，在周原遗址中心区的云塘、齐镇又发现了两组呈"品"字形布局的建筑遗址，基址四周有围墙，南有门塾，院内有三座建筑，一座大的建筑坐北朝南，另两座较小，东西相对。经学者研究认为，这两组建筑极有可能是西周晚期高级贵族的家族宗庙⑤。这些考古发现印证了周代各级贵族均按规定立庙，周天子是寝庙（或称宫庙）复合的建筑，反映了宗法与朝政相结合的体制；下面的各级贵族均立有自己的家族宗庙。因为周天子是靠宗法来治理国家，维护其统治秩序的，宗庙既是祭祖场所，又是处理军国大事的政治场所，所以对宗庙祭祀特别重视。

二、《仪礼》所载祭奠之礼

按礼制，周人死时，必须死于正寝，随后进行"招魂"之礼，又称"招复"或"复礼"。复而不生，便在正寝室中尸体之东侧

---

① 唐兰：《西周铜器断代中的"康宫"问题》，《考古学报》1962 年第 1 期。
② 陈梦家：《西周铜器断代》（四），《考古学报》1956 年第 2 期。
③ 王国维：《明堂庙寝通考》，《观堂集林》卷第三，河北教育出版社，2001 年，第 78 页。
④ 杨宽：《古史新探》，中华书局，1965 年，第 168 页。
⑤ 徐良高、王巍：《陕西扶风云塘西周建筑基址的初步认识》，《考古》2002 年第 9 期。

"奠脯醢、醴酒"以祭奠。此是首次对死者的祭奠,谓"始死奠"(图3-18)。

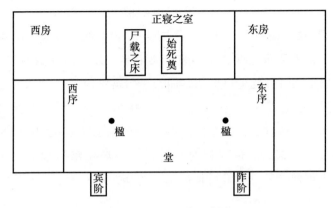

图3-18 始死奠示意图

死后的第二天在室内进行小敛①。小敛即用衣衾将尸体包裹,再用绞带束缚起来,称为小敛绞,然后迁尸于堂上两楹间的尸床上,并于尸东设奠,有两豆脯醢、两甒醴酒,还有一鼎所实的特豚而载之俎②,此乃小敛奠(图3-19)。

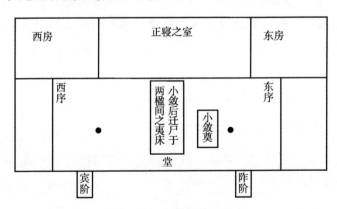

图3-19 小敛奠示意图

---

① 《公羊传·定公元年》何休注:"礼,天子五日小敛,七日大敛;诸侯三日小敛,五日大敛;卿大夫二日小敛,三日大敛。"
② 《仪礼·士丧礼》载:准备小敛奠时,"陈一鼎于寝门外……其实特豚"。

死后第三天进行大敛，奉尸入棺曰殡。先在堂之阼阶上再次对尸体包裹衣衾并用绞带束缚，称为大敛绞，然后奉尸敛于西阶上西序侧的棺中。因棺柩在西阶上，西阶是客位，喻死者如宾客，故谓之"殡"①。大敛殡后，在室中的西南隅即"奥"处设大敛奠，有两豆菹醢、两笾栗脯、两甒醴酒，还有三鼎之实载之三俎的豕、鱼、腊（即兔）。此奠盛于小敛奠（图3-20）。

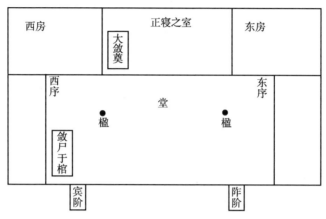

图3-20 大敛奠示意图

从第四天起，改为每天早上哭和晚上哭，即朝一哭、夕一哭，哭必设奠，每天朝、夕又撤去宿奠，再设新奠，直至葬前二日均如此进行祭奠，总称之"朝夕奠"。所奠只有醴酒、脯醢，并且均是设于室中之"奥"处。尸体敛入棺之后到葬日，依死者的身份等级规定了不同的时间②，在此期间，遇到"朔月"（初一），要在室中"奥"处设"朔月奠"，与大敛奠一样，有二甒醴酒，二豆脯醢，二敦黍稷，还有三鼎之实载之三俎的豕、鱼、腊。遇到新的谷物收获、瓜果成熟，还要以"朔月奠"的规模和形式设"荐新奠"。以上这些祭奠均是在殡宫（即寝）中进行。

至葬日前二天，要将棺柩迁至祖庙朝祖，如生时将出门必辞告

---

① 《礼记·檀弓上》："周人殡于西阶之上，则犹宾之也。"
② 《礼记·王制》："天子七日而殡，七月而葬；诸侯五日而殡，五月而葬；大夫、士、庶人三日而殡，三月而葬。"

尊者。《既夕礼》记载，由殡宫迁柩至祖庙的顺序是："重先，奠从，烛从，柩从，烛从，主人从。""重"是死者灵魂所凭之物，所以在最前面；"奠从"是前一日的夕奠跟在"重"之后也送至祖庙；因是晨时迁柩，比较暗，所以用烛照明；居丧主人从柩而行。至祖庙后，将棺柩放在庙之前堂的两楹之间，从奠（即前一日的夕奠）设于柩西。接下来进乘、道、槁三魂车于庭东，面北。接着撤去从奠，"乃奠如初，升降自西阶"，郑玄注云："为迁祖奠也。"胡培翚疏云："注云为迁祖奠也者，言此奠为迁柩朝祖而设，故谓为迁祖奠也。"①又称"朝祖奠"或"朝庙奠"。《周礼·丧祝》："及朝御柩乃奠。"郑玄注："奠，朝庙奠即此也。"迁祖奠设在庙堂上棺柩之西略北。所设之物如大敛奠，除有两甒醴酒、两豆脯醢外，还有三鼎之实而载之三俎的豕、鱼、腊（图3-21）。

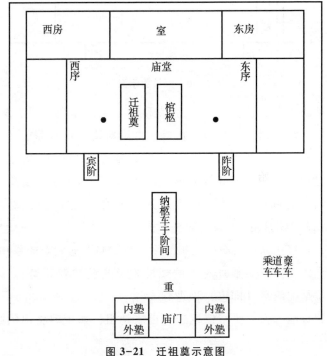

图3-21 迁祖奠示意图

---

① 胡培翚：《仪礼正义·既夕礼疏》下册，江苏古籍出版社，1993年，第1842页。

葬前一天，进行祖奠之礼仪。首先将棺柩移下堂载之两阶间的柩车上，并用帷荒、池等饰柩。在庭中部陈明器、葬具、盛牲肉粮食的苞筲、盛醯醢醴酒的瓮甒以及用器、乐器、役器、燕器等。此随葬之器物陈设完之后，"商祝御柩，乃祖。"郑玄注："还柩向外，为行始。"胡培翚疏云："注云还柩向外者，谓上载柩于车时，柩仍北首向内，今还柩车使向外也。云为行始者，郑解祖为始，谓还车向外，则易其故处，而有行之渐，故云为行始也。郝氏解此祖为设祖奠，误矣。下'布席乃奠如初'，是设祖奠之事。"①依郑玄、胡培翚的解释，此"乃祖"即将面向北的柩车还向南使朝外，准备"行始"。另外，将设于庭东部的乘、道、槀三魂车也进行"祖还车"，还向南以朝外。将原本面北的"重"，也还之面南，以示将出。在柩车、魂车、"重"都还向南以朝外后，便在柩车之东略前处设"祖奠"。于柩设奠，当在尸之右，此前设的从奠、迁祖奠及随柩降至堂下的降奠时，柩俱北首，则西乃尸右，故奠设于柩西略北。设此祖奠时，柩已还向南首，则东乃尸右，故祖奠设于柩东少南。此"祖奠"之"祖"并非祖庙之"祖"，亦"行始""将行"之意。《既夕礼》云："布席，乃奠如初，主人要节而踊。"郑玄注："车已祖，可以为之奠也，是之谓祖奠。"胡培翚疏云："车已祖，即上乃祖之祖，谓还柩向外为行始，非祖庙之祖也。"为"行始"而设的"祖奠"，即象征为生者举行的"饮饯之礼""饯行之礼"②。此奠之物与迁祖奠同，为两甒醴酒，两豆脯醢，三鼎之实载之三俎的豕、鱼、腊（图3-22）。

　　葬日当天，设大遣奠，此奠为将葬而设，故又称之为"葬奠"。此奠也设于柩车之东少南。所奠有少牢五鼎之实而载之五俎的羊、豕、

---

① 胡培翚：《仪礼正义·既夕礼疏》下册，江苏古籍出版社，1993年，第1863页。
② 《仪礼·既夕礼》："有司请祖期。"郑玄注："将行而饮酒曰祖，祖，始也。"胡培翚疏云："生时将行，有饮饯之礼，谓之祖，此死者将行，设奠，亦谓之祖。〈周礼·丧祝〉注：郑司农云：祖，谓将葬祖于庭，象生时出则祖也。"胡培翚：《仪礼正义·既夕礼疏》下册，江苏古籍出版社，1993年，第1845页。

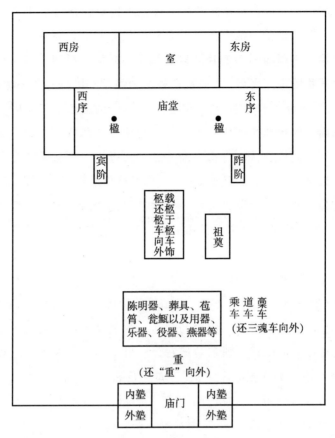

图 3-22 祖奠示意图

鱼、腊、鲜兽，四豆所盛的脾析、蜱醢、葵菹、蠃醢，四笾所盛的枣、糗、栗、脯，两甒醴酒。大遣奠是葬前的最后一次祭奠，礼加一等，故用少牢五鼎。《既夕礼》记载准备大遣奠时，"厥明，陈五鼎于门外"。郑玄注云："士礼，特牲三鼎，盛葬奠加一等，用少牢也。"贾公彦疏："云'盛葬奠加一等，用少牢'者，以其常祭用特牲，今大遣奠与大夫常祭用少牢同，是盛此葬奠，故加一等用少牢也。"敖继公《仪礼集说·既夕礼》云："少牢五鼎，大夫之礼，士奠乃用之者，丧大事也，而葬为尤重，故于此奠特许摄用之，明非常礼。"胡培翚《仪礼正义·既夕礼》疏云："遣奠于葬日设之，故又名葬奠。自大敛奠用三鼎，至祖奠皆如之，此独用五鼎，故云盛葬奠也，士有摄盛之礼。"① 正是因为盛其葬前的最后祭奠，故礼加一等，用少牢五鼎。举行大遣奠之后，则遣柩赴圹埋葬（图3-23）。

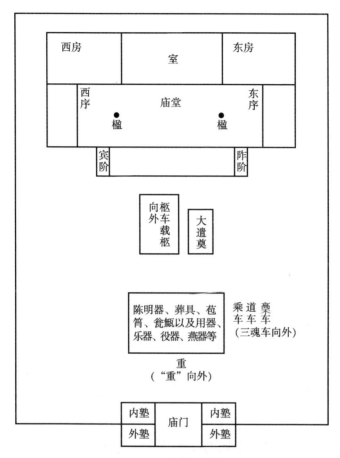

图 3-23 大遣奠示意图

将死者埋葬之后，"孝子恐魂灵无依，急迎神归"②，将送葬时魂车所载的死者衣冠载之柩车，"迎精而反，将以设于寝庙"③。这

---

① 胡培翚：《仪礼正义·既夕礼疏》下册，江苏古籍出版社，1993年，第1861页。
② 胡培翚：《仪礼正义·既夕礼疏》下册，江苏古籍出版社，1993年，第1905页。
③ 胡培翚：《仪礼正义·既夕礼疏》下册，江苏古籍出版社，1993年，第1954页。

就是《既夕礼》所载的葬后"反哭"宗庙、"遂适殡宫"之仪节。此"殡宫"即"寝宫",胡培翚《仪礼正义·既夕礼疏》云:"经云'遂适殡宫',则反哭于祖庙后,即至寝,明矣。"① 接下来在寝中进行虞祭之礼,"虞"即"安"的意思,父母死后,迎父母之神于寝中而祭之,以安其神,这就叫虞祭。虞祭之后,再进行卒哭祭,"卒哭而祔,祔而作主"(《左传·僖公三十三年》),即卒哭祭的第二天,要到宗庙中将死者神主按昭穆班辈排定位置进行"班祔"之礼(《仪礼·士虞礼》)。《礼记·丧服小记》云:"祔必以其昭穆"。昭穆制度是周代的重要宗庙祭祀制度,依此使宗庙祭祀井然有序,不失其伦。故《礼记·中庸》曰:"宗庙之礼,所以序昭穆也。"将神主在宗庙"班祔"之后,仍回寝中进行小祥祭、大祥祭、禫祭,至禫祭除服后,再将神主移至祖庙进行以后的庙祭。这是周代对死者的整个祭奠之礼。

以上是《士丧礼》《既夕礼》所记载的自始死至埋葬期间的整个祭奠仪程,此是士级的祭奠仪式,其他级别的贵族也有同样的祭奠仪式,只是所用礼的隆杀有异,尤其表现在所用牢鼎的等级上。

三、《葬律》所记西汉前期的祭奠之礼

西汉时期的祭奠制度,虽也偶见于文献记载,却皆只鳞片爪,难观全貌。近代学者杨树达撰有《汉代婚丧礼俗考》,主要从文献上全面系统地梳理了汉代的丧葬礼俗,但对于汉代祭奠制度却是阙如。2006年,湖北云梦睡虎地M77出土了一批汉代简牍②,内容丰富,其中《葬律》简为首次发现,其中记载彻侯(即列侯)死后进行祭奠的内容为:"小敛用一特牛,棺、开各一大牢,祖一特牛,遣一大牢。"③从此制度看,汉代彻侯祭奠仪式多来源于先秦周制。其中

---

① 胡培翚:《仪礼正义·既夕礼疏》下册,江苏古籍出版社,1993年,第1908页。
② 湖北省文物考古研究所、云梦县博物馆:《湖北云梦睡虎地M77发掘简报》,《江汉考古》2008年第4期。
③ 彭浩:《读云梦睡虎地M77汉简〈葬律〉》,《江汉考古》2009年第4期。

"小敛用一特牛""棺、开各一大牢"中的"特牛"和"棺一大牢",彭浩先生指出,此分别是指小敛祭奠和大敛祭奠的用牲。这两次祭奠正与《士丧礼》所载小敛奠、大敛奠对应。"开一大牢"中的"开",彭浩先生释为"启殡",甚确。对照《士丧礼》所记祭奠程序,启殡是将殡于殡宫的棺柩迁往祖庙以朝祖,与此仪式有关的祭奠有二,一是跟随棺柩迁庙的"从奠"(即前一日的夕奠),二是棺柩至祖庙升至堂后,要撤去"从奠"而正式设的"迁祖奠"。"从奠"只有醴酒、脯醢,而"迁祖奠"还要加三牢鼎之实,远盛于"从奠"。由此推测,《葬律》所记用大牢进行祭奠的"开一大牢",应是将棺柩迁至宗庙后所举行的"迁祖奠"。

《葬律》记"开一大牢"(即"迁祖奠")之后,举行"祖一特牛"的祭奠。根据《既夕礼》记载,"迁祖奠"之后举行"祖奠",此"祖一特牛"便是"祖奠"之祭奠。此"祖"是还柩车向外"行始""将行"之义,并非"祖庙""祖先"之"祖"。此前的大敛奠、迁祖奠及后面的遣奠均是用"一大牢",而此"祖一特牛",与"小敛用一特牛"相同,均低于"大牢"。如果是对祖庙、祖先的祭祀,绝不会低于"大牢"。所以,此"祖一特牛"是为死者举行的"行始""将行"之"祖奠"。

"遣一大牢",即相当于《既夕礼》所载的"大遣奠"。《礼记·檀弓下》:"始死,脯醢之奠;将行,遣而行之。"郑玄注:"将行,将葬也,葬有遣奠。"孔颖达疏云:"故始死设脯醢之奠,以至于葬,将行之,又设遣奠而行送之。""遣奠"乃取义于送奠遣柩入葬之意,故在举行遣奠仪式之后,将遣奠之牲载之车以送葬,此载遣奠之车亦以"遣"为名,谓之"遣车"。孔颖达疏《礼记·檀弓》云:"葬柩朝庙毕,将行,设遣奠竟,取遣奠牲体臂臑,折之为段,用此车载之,以遣送亡者,故谓之遣车。……遣车之数,贵贱不同,若生有爵命车马之赐,则死有遣车送之,诸侯七乘,大夫五乘……诸侯既七乘,降杀宜两,则国王宜九乘,士三乘也。"(孔颖达《礼记正义·檀弓疏》）据前文推测，《葬律》所记"开一大牢"为"迁祖奠"，"祖一特牲"为"祖奠"，均是在宗庙中进行的祭奠仪式，紧接着的"遣一大牢"，也是继续在宗庙中进行。按《葬律》所记祭奠顺序，"遣一大牢"列在最后，并且是用"大牢"以祭。对照《既夕礼》所载的祭奠顺序及隆杀情况，此"遣一大牢"即是在宗庙中进行的葬前最后祭奠"大遣奠"。

不难看出，汉简《葬律》所记汉初祭奠，多承袭先秦周制。《史记·礼书》也有类似记载："至秦有天下，悉内六国礼仪，采择其善，虽不合圣制，其尊君抑臣，朝廷济济，依古以来（典法行之）。至于高祖，光有四海，叔孙通颇有所增益减损，大抵皆袭秦故。"

四、西汉前期对先秦祭奠礼俗的承袭与演变

根据上文对《葬律》各祭奠的分析，在西汉前期，除祭奠名称及仪式承之于先秦外，与祭奠相关的许多丧葬礼仪也多承袭周制。如《葬律》有启殡迁祖奠，说明汉初对死者的祭奠也是在两处进行，即小敛奠、大敛奠是在殡宫（即寝）中进行，迁祖奠、祖奠、大遣奠是在宗庙中进行。既有小敛奠，也就有与此相关的小敛之仪。《汉旧仪》载："高帝崩三日，小敛室中牖下。"说明小敛之仪也与先秦一样，是在室内牖下进行。且此小敛也是用先秦的绞衾之制，《葬律》记有"衣衾敛束"便是其证。汉文帝时期的长沙马王堆汉墓便是用绞衾之制[①]。《汉旧仪》记，汉高祖崩"七日大敛棺，以黍饭羊舌祭之牖中"。此应是尸体敛棺后进行的大敛奠，也如先秦一样，于室之牖中即"奥"处设大敛奠。《既夕礼》记载，葬前一天进行祖奠时，要将棺柩从庙之前堂上移至堂下两阶之间的柩车上，并用帷

---

① 湖南省博物馆、中国科学院考古研究所编：《长沙马王堆一号汉墓》，文物出版社，1973年。湖南省博物馆、湖南省文物考古研究所编著：《长沙马王堆二、三号汉墓》，文物出版社，2004年。

荒等进行饰棺。《葬律》也记有"荒所用次也"的饰棺仪式,证明《葬律》所载的"祖一特牛"这一天,与先秦一样,也是要进行饰棺之仪的。

当然,承之先秦的祭奠制度,正如司马迁所言,也是"有所增益减损"的。《葬律》的五枚简的编次是相连的,也就是说其间所记内容没有缺失。所记祭奠从小敛奠至大遣奠共五次,与先秦祭奠相比较,省略了朝奠、夕奠、朔月奠、荐新奠等。并且这五次祭奠的隆杀与先秦祭奠也不完全相同,《士丧礼》《既夕礼》记:小敛奠用一鼎,大敛奠、迁祖奠、祖奠用三鼎,大遣奠用五鼎,此是士一级祭奠的用鼎制度,士以上等级不会用此数额的鼎制,但前后各奠的用鼎等差、隆杀应是一致的,尤其要突出大遣奠之隆重。而《葬律》所记:小敛奠、祖奠用一特牛,大敛奠、迁祖奠、大遣奠用大牢,有别于先秦各祭奠之隆杀。大敛奠是祭奠尸体入棺而不能复见,迁祖奠是祭奠迁柩朝庙告祖,大遣奠是祭奠死者由此赴圹埋葬,所以,《葬律》特别规定这三次祭奠尤为隆重,特用"大牢"以祭奠。

凡用牲一头为"特"。《尚书·舜典》:"归格于艺祖,用特。"伪孔传:"特,一牛。"《国语·晋语》:"子为我具特羊之飨。"韦昭注:"凡牲一为特。"《葬律》规定小敛奠、祖奠"用一特牛",即用一牛之牲以祭。凡用牲牛、羊、豕三牲全备称为"太牢"。何休注《公羊传·桓公八年》云:"礼,天子诸侯卿大夫,牛、羊、豕凡三牲曰大牢。"亦指以牛为首者。《大戴礼记·曾子天圆》:"序五牲之先后贵贱:诸侯之祭牛,曰太牢;大夫之祭牲羊,曰少牢;士之祭牲特豕,曰馈食。"之所以称"牢",是因为这些牲原在"牢"(即圈栏)中圈养。《周礼·天官·小宰》:"凡朝觐会同宾客,以牢礼之法。"盛牲之鼎谓之牢鼎,依鼎实之牲而言,九鼎、七鼎以牛为首,称为"太牢";五鼎以羊为首,称为"少牢";三鼎以豕为首,称为

"牲"；一鼎称为"特"。凡一套大牢可统称为一牢①。《葬律》规定大敛奠、迁祖奠、大遣奠用"一大牢"，即应当是以牛为首的大牢九鼎或七鼎一套。马王堆 M1、M3 属彻侯一级的墓葬，其出土遣策记录了用鼎情况。俞伟超先生认为，马王堆 M1 遣策所记"酐（即大）羹九鼎"牛、羊、豕俱全，当是大牢九鼎；"白羹七鼎"以牛羹为首，当是大牢七鼎；七漆鼎亦当是大牢七鼎。马王堆 M1 全部用鼎是大牢九鼎一套、七鼎二套②。M3 遣策也记有牛、羊、豕俱全的大羹九鼎一套，以牛为首的白羹八鼎一套，此也是用的大牢之制。M2 保存不好，记录随葬器物的遣策不存，但墓中有 7 件陶鼎，鼎内有酱状食物残渣，推测轪侯利苍本人也应用了大牢九鼎与七鼎。汉文帝时期的沅陵虎溪山沅陵侯吴阳墓，所出竹简中没见报道有遣策，但在头箱中随葬有 7 件陶鼎，则吴阳起码也使用了大牢七鼎③。这几座西汉文帝时期的彻侯一级墓所用鼎制，印证了《葬律》规定的彻侯大敛奠、迁祖奠、大遣奠时使用"大牢"的祭奠制度。文献中还记载了西汉前期有的彻侯因不按规定埋葬而国除，"（景帝）后二年，（武原侯）不害坐葬过律，国除"④。这说明，西汉前期的《葬律》还是有一定约束力的。

按周制，自始死到葬日，依死者的身份等级规定了不同的时间："天子七日而殡，七月而葬；诸侯五日而殡，五月而葬；大夫、士、庶人三日而殡，三月而葬。"（《礼记·王制》）在这期间，要先后在殡宫与宗庙中举行十余种不同名目的祭奠，次数达百次以上。由于汉简《葬律》规定的祭奠种类及次数比之先秦大为减少，因而葬期也就缩短。《汉书》各帝纪记载了各帝自崩至葬的时间：高祖是二十

---

① 俞伟超、高明：《周代用鼎制度研究》，载俞伟超《先秦两汉考古学论集》，文物出版社，1985 年。
② 俞伟超：《马王堆一号汉墓用鼎制度考》，载《先秦两汉考古学论集》，文物出版社，1985 年。
③ 湖南省文物考古研究所编著：《沅陵虎溪山一号汉墓》，文物出版社，2020 年。
④ 《史记·高祖功臣侯者年表》。王符：《潜夫论·忠贵》："景帝时，原侯卫不害坐葬过律夺国。"

三日，惠帝是二十四日，文帝是七日，景帝是十日，武帝是十八日，昭帝是四十九日，宣帝是二十八日，元帝是五十五日，成帝是五十四日，哀帝是一百零五日①。各帝葬期虽有长短，但远比先秦各级贵族短得多，尤其是武之前各帝均在一月之内埋葬，文帝、景帝只用了七日和十日。这与西汉初期经济还没恢复及文帝倡导薄葬有关。《史记·孝文本纪》载文帝曾遗诏："朕闻盖天下万物之萌生，靡不有死。死者天地之理，物之自然者，奚可甚哀。当今之时，世咸嘉生而恶死，厚葬以破业，重服以伤生，吾甚不取。……今乃幸以天年，得复供养于高庙，朕之不明与嘉之，其奚哀悲之有！其令天下吏民，令到出临三日，皆释服。毋禁取妇嫁女祠祀饮酒食肉者。自当给丧事服临者，皆无践。绖带无过三寸，毋布车及兵器，毋发民男女哭临宫殿。宫殿中当临者，皆以旦夕各十五举声，礼毕罢。非旦夕临时，禁毋得擅哭。已下，服大红十五日，小红十四日，纤七日，释服。他不在令中者，皆以此令比率从事。"汉简《葬律》应当是据汉初政治经济形势及倡导薄葬的思想而制定的，既要承之先秦传统礼制，又根据汉初时局而"有所增益减损"。

　　需要说明的是，此《葬律》只是西汉前期的礼仪制度，至西汉后期又有大的变化，文献中对此也有记载。《史记·礼书》记载，汉初叔孙通制定的礼仪，文景时期没有改变。至武帝即位，"招致儒术之士，令共定仪"。武帝还制诏曰："盖受命而王，各有所由兴，殊路而同归，谓因民而作，追俗为制也。议者咸称太古，百姓何望？汉亦一家之事，典法不传，谓子孙何？化隆者闳博，治浅者褊狭，可不勉欤！"汉武帝认为，太古之礼仪不适合当今百姓，要制定汉家法典传于后世子孙。于是，"乃以太初之元改正朔，易服色，封太山，定宗庙百官之仪，以为典常，垂之于后云"。汉武帝时期，对承之先秦的丧葬礼制肯定也有大的更改，变先秦古礼而为汉家之法典。

---

① 《汉书·高帝纪》："（十二年）夏四月甲辰，帝崩于长乐宫……五月丙寅，葬长陵。"臣瓒曰："自崩至葬凡二十三日。"《汉书》其他各帝纪及注中均注明了各帝的葬期。

从考古发现看,西汉前期的墓葬多沿用先秦的丧葬礼制,后期则发生了大的变化,表明新的汉代葬制已彻底代替先秦古制,进入到新的"汉制"阶段。

第四节 汉代"魂魄"观念研究

一、始死招魂、虞祭安魂丧葬礼俗

古时认为,魂魄合则生,离则死①。人死后魂魄离散,魂到处游窜,孝子要将游离之魂招回,希冀其亲人魂魄合而复生,便有了招魂之礼,或曰复礼。《仪礼·士丧礼》载,复者持死者生前所用爵弁服升至殡宫屋脊之上,"北面招以衣曰:皋某复,三,降衣于前……以衣尸。"郑玄注:"北面招,求诸幽之义也。……衣尸者覆之,若得魂反之。"贾公彦疏:"北面招求诸幽之义也者,以其死者必归幽暗之方,故北面招之,求诸幽之义。"《礼记·檀弓下》对复礼解释为:"复,尽爱之道也,有祷祠之心焉。望反诸幽,求诸鬼神之道也。北面,求诸幽之义也。"郑玄注:"鬼神处幽暗,望其从鬼神所来。"孔颖达疏:"始死招魂复魄者,尽此孝子爱亲之道也。非直招魂,又分祷五祀,冀精气之复反,故云有祷祠之心焉。……冀望魂神于幽处而来,所以望诸幽者,求诸鬼神之道也。言鬼神处在幽暗,故望幽以求之。又解望幽所在,北方是幽暗,复者北面,求鬼神之义。"《檀弓下》又云:"骨肉归复于土,命也。若魂气则无不之也。"孔颖达疏:"若神魂之气,则游于地上,故云则无不之适也。言无所不之适,上或适于天,旁适四方,不可更及。"《礼记·丧大记》也记有招复之礼:复者"升自东荣,中屋履危,面北三号"。孔颖达疏:"面北三号者,复者北面求阴之义也,鬼神所向也。三号,号呼之声三遍也。必三者,一号于上,冀神在天而来也。

---

① 《管子·内业》云:"人之生也,天出其精,地出其形,合此以为人。"《庄子·知北游》云:"人之生,气之聚也。聚则为生,散则为死。"

一号于下，冀神在地而来也。一号于中，冀神在天地之间而来也。"从上述记载可以看出，当时人认为人死后魂魄分离，灵魂游离于天地四方的幽暗之处，孝子要举行招魂之礼，用衣将灵魂招回覆于尸，冀其复生。

复而不生，乃行死事，开始进行一系列的丧葬之礼，最后是将死者灵魂安置于殡宫进行祭祀。《仪礼·既夕礼》载，在祖庙设迁祖奠、祖奠、大遣奠时，要进载有死者衣服的乘、道、槀三车，"荐车直东荣，北辀"。郑玄注云："荐，进也。进车者，象生时将行陈驾也，今时谓之魂车。"贾公彦疏："云今时谓之魂车者，郑举汉法况之，以其神灵在焉，故谓之魂车也。"关于所进车的名称，贾公彦疏："即《下记》云荐乘车、道车、槀车。"又胡培翚《仪礼正义》疏："以生时将行陈驾，故进此车于庭而陈之，象生时也。此车平日所乘，灵魂凭之，故谓之魂车，盖汉时有此名也。"①郑玄之所以称此三车谓之魂车，是因为车上载有附着死者灵魂的魂衣等物。《既夕礼》记载，乘车载有皮弁服，道车载朝服，槀车载蓑笠。此皆死者生时所服，附有死者灵魂，故郑玄以汉代的丧葬礼俗称之为魂车。由祖庙载柩赴墓穴时，三魂车载魂衣送至墓地，待下葬毕，柩车已空，于是将三魂车所载魂衣载之柩车上运回，即《既夕礼》所载："柩至于圹，敛服载之。"郑玄注："柩车至圹，祝说载除饰，乃敛乘车、道车、槀车之服载之，不空以归。送形而往，迎精而反，亦礼之宜。"胡培翚疏："云亦礼之宜者，以服是精气所凭，故载以归，于礼宜也。"②将运回的魂衣放置在殡宫中举行虞祭之礼。所谓虞祭，即于殡宫举行的安魂之礼。《仪礼·既夕礼》之后有专门一章《士虞礼》，郑玄《目录》云："虞，犹安也。士既葬其父母，迎精而反，日中而祭之于殡宫以安之。"又注"侧亨于庙门外"云："鬼神所在则曰庙，尊言之。"贾公彦疏："云'鬼神所在则曰庙，尊言之'者，

---

① 胡培翚：《仪礼正义·既夕礼疏》下册，江苏古籍出版社，1993年，第1841页。
② 同上书，第1961页。

对时庙与寝别，今虽葬，即以其迎魂而反，神还在寝，故以寝为庙，虞于中祭之也。"《礼记·问丧》载："辟踊哭泣，哀以送之，送形而往，迎精而返也。……祭之宗庙，以鬼飨之，徼幸复反也。"郑玄注："哀以送之，谓葬时也。迎其精神而反，谓反哭及日中而虞也。"孔颖达疏："祭之宗庙，以鬼飨之者，谓虞祭于殡宫神之所在，故称宗庙，以鬼飨之，尊而礼之，冀其魂神复反也。"以虞祭所表示的礼俗和信念，死者虽已葬入墓中，还是要把灵魂迎回殡宫进行虞祭安魂的礼仪，以尽孝子对亲人的孝敬之道。

招魂、安魂的礼俗也为汉代所继承。《论衡·明雩篇》载："既死气绝，不可如何，升屋之危，以衣招复，悲恨思慕，冀其悟也。"此正是沿用的先秦招魂之礼俗。上文引《仪礼·既夕礼》记载丧葬时有乘、道、槀三车载死者衣物等送葬，郑玄对送葬的这三辆车注释为"今时谓之魂车"。贾公彦疏："云今时谓之魂车者，郑举汉法况之，以其神灵在焉，故谓之魂车也。"郑玄是东汉著名的经学家，其用汉代的丧葬礼俗来解释此三车谓之魂车，正说明了在汉代也盛行魂车载魂衣送葬礼俗。汉代的皇帝死后，是将附有灵魂的衣物载之魂车送至陵寝中进行祭祀。西汉时，各帝陵陵旁均建有陵寝，放置已死皇帝之衣冠，即蔡邕《独断》载："古不墓祭，至秦始皇出寝，起之于墓侧，汉因而不改，故今陵上称寝殿，有起居衣冠象生之备，皆古寝之意也。"陵寝中备衣冠，"日祭于寝，月祭于庙，时祭于便殿。寝，日四上食；庙，岁二十五祠；便殿，岁四祠；又月一游衣冠"（《汉书·韦玄成传》）。这已成为西汉帝王祭祖之定制。文献也记载，西汉各帝陵的陵寝中安置附有皇帝灵魂的衣冠。《汉书·王莽传》载："杜陵便殿乘舆虎文衣废臧在室匣中者出，自树立外堂上，良久乃委地。"这肯定是有人为反对王莽篡汉而作伪，但由此可以得知，便殿是前堂后室（或谓前堂后寝）的格局，后寝于匣中藏魂衣，并"日上四食"，每一季度将魂衣置于前堂上进行"时祭"，"岁四祠"，即四季之祭。之所以汉代帝陵陵寝亦称之"便殿"，很可能是取义于葬后虞祭安魂之殿。"便，安也。"（《说文·人部》）在先秦两汉时期，"便"字更多地表示"平安""安逸""适宜""协和"等吉祥之义，虞祭安魂之殿正可称之为"便殿"以安神①。考古也已证实，西汉帝陵、诸侯王陵以及列侯墓园确有陵寝建筑，此即虞祭安魂之处②。

东汉时期继续沿用死后虞祭安魂的礼仪。东汉班固编《白虎通义》载："所以虞而立主何？孝子既葬，日中反虞，念亲已没，棺柩已去，怅然失望，彷徨哀痛，故设桑主以虞，所以慰孝子之心，虞安其神也。"③《白虎通义》是东汉章帝亲自临会主持讨论"五经"的会议记录，由班固整理编辑成书，是东汉王朝所遵循的礼仪④。此段记录说明东汉时期仍然沿用葬后"日中反虞""虞安其神"的丧葬礼仪。东汉时期仍然是由魂车载死者魂衣送至陵寝进行虞祭安魂的。《后汉书·礼仪志》载：东汉皇帝大丧，棺柩葬入墓中后，"容根车游载容衣，司徒至便殿，并罼骑皆从容车玉帐下。司徒跪曰：'请就腟'，导登。尚衣奉衣，以次奉器衣物，藏于便殿。太祝进醴献。"容车即魂车⑤，容车载着已死皇帝的魂衣，在司徒的导引下至便殿，便殿床榻上设有腟帐，中黄门尚衣将魂衣安置在便殿腟帐内，然后由太祝主持进行祭奠之礼。此祭祀大典在陵寝中的"便殿"举行，应是继续沿用先秦的"虞祭"安神之礼。《后汉书·礼仪志》还记载："皇帝、皇后以下皆去粗服，服大红，还宫反庐，立主如

---

① 高崇文：《释"便椁"、"便房"与"便殿"》，《考古与文物》2010年第3期。
② 中国社会科学院考古研究所编著：《汉杜陵陵园遗址》，科学出版社，1993年。河南省文物考古研究所：《永城西汉梁国王陵与寝园》，中州古籍出版社，1996年。徐长青、杨军：《西汉王侯的地下奢华——江西南昌西汉海昏侯墓考古取得重大收获》，《中国文物报》2016年3月11日第5版。
③ 陈立：《白虎通疏证》卷十二《宗庙》，载王先谦编《清经解续编》第五册，卷一二七六，上海书局，1988年。
④ 《后汉书·儒林列传》载："建初中，大会诸儒于白虎观，考详同异，连月乃罢。肃宗亲临称制，如石渠故事，顾命史臣，著为《通义》。"
⑤ 《后汉书·祭遵传》载：光武帝时期的祭遵死后，光武帝"赠以将军、侯印绶，朱轮容车，介士军陈送葬"。李贤注云："容车，容饰之车，象生时也。"王先谦《集解》云："容车载死者衣冠，所谓魂车也。"见王先谦：《后汉书集解》，第776页，《万有文库》本，商务印书馆，1933年。

礼。桑木主尺二寸，不书谥。虞礼毕，祔于庙如礼。"此"虞礼毕，祔于庙如礼"，正是依照丧礼的"班祔"之礼，即虞祭后，立神主祔于庙以祭的礼仪①。东汉时，不仅已死皇帝的虞祭安魂之礼在陵寝中举行，而且虞祭后的卒哭祭、小祥祭、大祥祭、禫祭也是在陵寝中举行。《后汉书·礼仪志》载："皇帝近臣丧服如礼，醳大红，服小红，十一升都布练冠。醳小红，服纤。醳纤，服留黄，冠常冠。……每变服，从哭诣陵会如仪。祭以特牲，不进毛血首。"此是讲虞祭后举行祥祭、禫祭时变换丧服的礼仪，这些祭祀都要"诣陵"举行，也就是到灵魂所在的陵寝中举行。东汉从明帝开始实行上陵之礼，就是要在刘秀原陵的陵寝中向刘秀神魂拜谒。《后汉书·礼仪志》："大鸿胪设九宾，随立寝殿前，钟鸣，谒者治礼引客，群臣就位如仪。……公卿群臣谒神坐，太官上食，太常乐奏食举，舞文始、五行之舞。……郡国上计吏以次前，当神轩占其郡国谷价，民所疾苦，欲神知其动静。"曾随汉灵帝参加光武帝原陵上陵礼的蔡邕对上陵礼解释曰："光武即世，始葬于此。明帝嗣位逾年，群臣朝正，感先帝不复闻见此礼，乃帅公卿百僚，就原陵而创焉。……王、侯、大夫、郡国计吏，各向神坐而言，庶几先帝神魂闻之。"②同属汉灵帝时代的应劭对上陵礼也有相同的解释："天子以正月上原陵，公卿百官及诸侯王、郡国计吏皆当轩下，占其郡国谷价四方改易，欲先帝魂魄闻之也。"③这是当朝人对上陵礼的解释，说明光武帝刘秀的灵魂是安置在陵寝中的，这才有了明帝时开始的上陵之礼，在陵寝中向刘秀的灵魂（即灵魂所凭依的神座）拜谒。

综上所述可以看出，汉代帝王是将死者的灵魂安置在陵寝、宗庙中进行祭祀的。

---

① 《仪礼·士虞礼》载："明日，以其班祔。"胡培翚疏："死者体魄，以葬为归，死者魂气，以庙为归。周制虞而作主，卒哭祔庙，奉新死者之主，祭于祖庙，并祭其祖，使魂气相连属……欲其神之早得所归也。"胡培翚：《仪礼正义·士虞礼疏》下册，江苏古籍出版社，1993年，第2065页。
② 《后汉书·礼仪志》及刘昭注引谢承书，中华书局，1982年，第3103—3104页。
③ 应劭：《汉官仪卷下》，载《汉官六种》，中华书局，1990年，第182页。

二、长沙马王堆汉墓所出"铭旌"的寓意

(一) 马王堆T形帛画的名称

以往学术界对马王堆T形帛画的名称有"非衣""飞衣""幠""画荒""魂幡""铭旌"等几种不同的见解。1973年出版的一号墓发掘报告对此T形帛画定名为"铭旌",2004年出版的三号墓发掘报告则对该墓所出T形帛画定名为"非衣",但最后还是将此帛画的性质归结为铭旌①。此后,"非衣"和"铭旌"成为此帛画的两种不同名称,至今仍存在较大分歧,且"非衣"说仍很盛行②。究竟应名"非衣"还是"铭旌",有必要从丧葬礼俗方面重新进行辨识(图3-24)。

图3-24 马王堆M1出土T形帛画

唐兰先生最早提出"非衣"说,其主要依据是墓中遣策中记有:"非衣一,长丈二尺。"认为"它在出土时是盖在棺上的,又裁成衣服的样子,可以证明确实是这件东西。所以称为非,就是菲,《荀子·礼论》叫做无帾,杨倞注解释为'所以覆棺。'《荀子》说这样的东西是象征'菲'的。注里说'菲谓编草为蔽,盖古人所用障蔽门户者。'门也叫扉,所以门帘也叫菲,非衣等于是扉衣,是挂在门扉上的衣。"③商志馥先生认为,非衣应读为"飞衣",遣策上记载的"非衣"显然就是这幅帛画。并认为,使用非衣可能有两种意思:一是招魂,另一种是祝愿死者的灵

---

① 湖南省博物馆、中国科学院考古研究所编:《长沙马王堆一号汉墓》,文物出版社,1973年。湖南省博物馆、湖南省文物考古研究所编著:《长沙马王堆二、三号汉墓》,文物出版社,2004年。
② 游振群:《T形帛画的名称和性质综述》,《湖南省博物馆馆刊》第4辑,2007年。毛娜:《汉墓帛画新释》,《华夏考古》2014年第2期。
③ 《文物》编辑部:《座谈长沙马王堆一号汉墓》,《文物》1972年第9期。

魂，穿了非衣就将会像鸟一样飞升上天①。既然以遣策所记"非衣"为此帛画命名，这就需要了解古代丧葬礼仪中遣策的功用问题。

《仪礼·既夕礼》记载，棺柩由殡宫迁入祖庙举行祖奠之后有"书遣于策"的礼仪，郑玄注："策，简也。遣，犹送也。谓所当藏物茵以下。"此是说，书于策的物品是要随葬到墓中的随葬品，这些物品就是在祖庙陈器仪节中陈于茵之后的物品，包括苞筲（盛食品）、瓮瓯（盛醯醢醴酒）、用器（弓矢、耒耜及盥洗用器）、燕乐器（与宾客燕饮用乐之器）、役器（甲胄兵器）、燕器（燕居安体之器）等。在迁柩赴墓地之前，还有国君派公史"读遣"的礼仪，郑玄注："公史，君之典礼书者。遣者，入圹之物。君使史来读之，成其得礼之正以终也。"胡培翚疏云："遣即书于策者也。此主人之物，故公史为读之。柩将行而读赗与遣者，若欲神一一知之然。"②遣策所记之物是为墓主人所配备的阴间饮食之物和生活用品等，所以在埋葬之前要由公史读之，让墓主神灵一一知晓。此T形帛画不论名之"非衣"或"铭旌"，其主人公是墓主本人，故此帛画应是墓主神灵所凭依之物，这是学术界所共识的。那么，这种神灵所凭依之物，能作为随葬物与生活用品一起记入遣策中吗？在丧葬礼仪中，对死者神灵的供奉祭奠礼仪是行礼之大节，以表孝子尊敬悼念之心，且葬前是由公史向死者神灵"读遣"，以示"成其得礼之正以终也"。由此观之，既然按丧葬礼仪是向死者神灵"读遣"，死者神灵是接受祭奠者，那么死者神灵所凭依的"神明之旌"就绝不会作为随葬品记入遣策中的，更没有必要由公史告知死者将其灵魂标志物与随葬品一起随葬墓中，二者是不能记录在一起而混为一谈的。因此，将象征神灵的T形帛画指认为遣策中所记的"非衣"，是不合情理的，更是不符合丧葬礼仪的。

从"非衣"在遣策中所在的位置看，也难以说明是指墓主神灵

---

① 商志𩉎：《马王堆一号汉墓"非衣"试释》，《文物》1972年第9期。
② 胡培翚：《仪礼正义·既夕礼疏》下册引敖氏云，江苏古籍出版社，1993年，第1894页。

所凭依的T形帛画。《既夕礼》所载将随葬品"书遣于策"的顺序是有规律的，凡相同用途的物品要归为一类记录在一起，这也为目前考古发现的所有"遣策"所印证①。马王堆三号墓发掘报告报道："'遣策'虽已散乱，但随葬物品前后次序大体清楚：其首为纪年木牍，然后依次为男、女明童、车马、各种食物、漆器、土器、其他杂器和丝织物，因此可以将其排列顺序。"这说明此遣策出土时的排列顺序没有太大混乱。其纪年木牍记为："十二年，二月乙巳朔戊辰，家丞奋，移主葬郎中，移葬物一编，书到先撰具奏主葬君。"此明确说此简牍一编（即遣策）所记的是"移葬物"，即随葬品，是轪侯家丞传送给冥府"主葬君"的随葬品清单。查阅遣策的内容发现，遣策在记录相同大类物品之后多有一枚小结木牍或竹简，分别总计前面同类物品的数量，有的还注明放置位置等。排列在遣策清单最后的简三二五至简四〇七均是记录丝织物，这些丝织物中大量的是各种衣物，还有巾、鞋、衣带、帷幔、丝织囊及盛在笥中的各种丝织品等，简三九〇"非衣一，长丈二尺"是排列在丝织物这一大类之中的。尤其是简三九三记："右方四牒，以关在棺中。"此"右方四牒"是对前面记录同类物品四枚简的小结简，这说明前面四简所记的同类物品是放置在棺（应为"椁"）中的。前四简依次是简三八九："椁中绣帷一，褚缋橡，素校，袤二丈二尺，广五尺，青绮纺，素裹一。"此是帷幔之属。简三九〇："非衣一，长丈二尺。"简三九一："丝履二两。"此是二双丝织鞋子。简三九二："接麤一两。"此是一双麻枲类草鞋②。如果此"非衣"是指象征墓主神灵所依凭的T形帛画，怎么会与鞋子一类的物品记录在一起、归为同类并放置在一起呢？因此，将T形帛画定名为遣策中所记的"非衣"

---

① 如荆门包山2号、信阳长台关1号墓所出遣策均是按类归纳记录的，并且注明了各类物品在椁内的放置位置。参见陈伟等著：《楚地出土战国简册[十四种]》，经济科学出版社，2009年。

② 湖南省博物馆、湖南省文物考古研究所编著：《长沙马王堆二、三号汉墓》，文物出版社，2004年，第72页。

是不合适的。

马雍、金景芳两位先生引经据典论证了此帛画应是丧葬礼仪中所建的"铭旌",是非常正确的①。

(二) 铭旌的功用

铭旌的用途是作为死者的标识用于整个丧葬礼仪之中。对《仪礼·士丧礼》《既夕礼》记载的铭旌使用程序梳理如下:

始死时建铭旌。"为铭各以其物……书铭于末,曰:'某氏某之柩'。"郑玄注:"铭,明旌也。杂帛为物,大夫士之所建也。以死者为不可别,故以其旗识识之。"铭旌是人死后为其所设的一面旗帜,上面书写死者之名,以此标识死者,并且是以生时所用之旗而建。《周礼·司常》记有生时所建旗的名称:"日月为常,交龙为旗,通帛为旜,杂帛为物,熊虎为旗,鸟隼为旟,龟蛇为旐。……王建大常,诸侯建旗,孤卿建旜,大夫士建物。……皆画其象焉。"这些旗帜均按级别而建,分别绘有日月、蛟龙、熊虎、鸟隼、龟蛇等图像。《司常》又云:"大丧,共铭旌。"郑玄注:"铭旌,王则大常也。"可以看出,铭旌确实是要按照死者生前级别所用旗帜而建。《礼记·檀弓下》还记载:"铭,明旌也。以死者为不可别已,故以其旗识之。"郑玄注"明旌"为"神明之旌"。所以铭旌表示死者的神灵所在,是死者神灵所凭依之物。

铭旌建成后先置之殡宫西阶之上。铭旌"竹杠长三尺,置于宇,西阶上"。为何置于殡宫西阶之上?是因棺柩将设在西阶堂上西序侧,在此处奉尸入棺,此殓而待葬曰殡。西阶是客位,喻死者如宾客,尊之,故将棺柩及铭旌置于此处而宾遇之②。

始死时还要建"重",建"重"后,铭旌又置于"重"。"重木,刊凿之。甸人置重于中庭,三分庭一在南。……祝取铭置于重"。贾

---

① 马雍:《论长沙马王堆一号汉墓出土帛画的名称和作用》,《考古》1973年第2期。金景芳:《关于长沙马王堆一号汉墓帛画的名称问题》,《社会科学战线》1978年创刊号。

② 《礼记·檀弓上》:"周人殡于西阶之上,则犹宾之也。"

公彦疏：“此始造铭讫，且置于宇下西阶上，待为重讫，以此铭置于重。”重是由木制作而成，置于殡宫庭院的南部。《礼记·檀弓下》载：“重，主道也。”郑玄注：“始死未作主，以重主其神也。”孔颖达疏：“言始死作重，犹若吉祭木主之道，主者吉祭所以依神，在丧重亦所以依神，故云'重，主道也'。”可见"重"也是依神之物。为何又将铭旌置于重？因为接下来要在堂上西序处安放棺柩准备奉尸入棺（士级的是在西序处掘肂放棺），所以暂且将铭旌置于重。

建铭和重之后，便开始对死者进行小敛和大敛，大敛后则奉尸入棺。"主人奉尸敛于棺，踊如初，乃盖。……卒涂，祝取铭置于肂。"郑玄注："棺在肂中，敛尸焉，所谓殡也。为铭设柎，树之肂东。"死者已敛入棺中，祝便将此前置于重的铭旌取回置于棺侧以表死者之柩，即贾公彦疏云："今殡讫，取置于肂上，铭所以表柩故也。"接下来是在殡宫进行各种祭奠之礼。

葬前将棺柩迁至祖庙朝祖，如生时将出门必辞告尊者。"商祝免、袒，执功布入，升自西阶，尽阶，不升堂。声三，启三，命哭。"郑玄注："声三，三有声，存神也。启三，三言启，告神也。"此即告诉死者将要启殡。启殡之前还要将铭旌置于重，"祝降，与夏祝交于阶下，取铭置于重"。郑玄注："夏祝取铭置于重，为启肂迁之。"贾公彦疏："降时夏祝自下升取铭，降置于重，为妨启殡故也。"因铭旌在肂有碍启殡迁柩，故再次取铭置于重。由殡宫迁庙的顺序是："重先，奠从，烛从，柩从，烛从，主人从。"胡培翚疏："重有铭以表柩，故在先。"①由殡宫迁庙时，因铭旌和重是标识死者的神灵之物，故要在最前面。迁柩至庙后，还将铭旌与重置于庙庭的"三分庭一在南"。

由祖庙准备赴墓地埋葬时，"祝取铭置于茵"，郑玄注："重不藏，故于此移铭加于茵上。"贾公彦疏："初死，为铭置于重，启殡，

---

① 胡培翚：《仪礼正义·既夕礼疏》下册引敖氏云，江苏古籍出版社，1993年，第1836页。

祝取铭置于重，祖庙又置于重，今将行置于茵者，重不藏，拟埋于庙门左，茵是入圹之物，铭亦入圹之物，故置于茵也。"茵是藉棺之物，棺入圹时茵先入并垫于棺下，铭旌亦是入圹之物，故此时先置于茵。赴圹次序仍然是铭旌为先导，"商祝执功布以御柩……主人祖，乃行"。郑玄注："祖，为行变也。乃行，为柩车行也。凡从柩者，先后左右如迁于祖之序。"贾公彦疏："此从柩向圹之序，一如迁于祖之序，故如之也。"迁祖之序，铭旌是在最前，此赴圹时，铭旌也是在前为先导。《周礼·巾车》载："及葬，执盖从车，执翣。"郑玄注："今蜃车无盖，执而随之，象生时也。所执者铭旌。"贾公彦疏："以铭旌表柩车，象殡时在柩前。是以《既夕礼》云'祝取铭置于茵'，注云：'以重不藏，故于此移铭加于茵上。'若然，茵既行时在柩车之前，明铭旌亦与茵同在柩车前可知也。"同理，柩至于圹后"茵先入"，铭旌亦与茵一起先入于圹中，待窆棺后置之棺盖上。

由以上梳理可以看出，"铭所以表柩"，作为标识死者的神明之旌，是用于整个丧葬礼仪的全过程，最后置于墓中棺上，此亦可谓"成其得礼之正以终也"。

（三）T形铭旌的寓意

自T形帛画发现以来，研究者多用"引魂升天"的观点来解释其含义，至今似乎成了主流认识。但是，周秦两汉时期的丧葬礼俗是盛行始死招魂、虞祭安魂的礼俗，并没有"引魂升天"的习俗和观念。

"引魂升天"说主要文献依据有两条：一条是《礼记·郊特牲》所记："魂气归于天，形魄归于地"；另一条是《淮南子·精神训》所记："是故精神，天之有也，而骨骸者，地之有也。精神入其门而骨骸反其根。"然而，细分析这两条文献的含义，也难以说明当时有"引魂升天"的观念。

《郊特牲》虽讲"魂气归于天"，然紧接该文之后所记内容，还是向天地各方招求神灵回来以享祭祀之意。该段全文为："魂气归于天，形魄归于地，故祭求诸阴阳之义也。殷人先求诸阳，周人先求诸阴。诏祝于室,坐尸于堂,用牲于庭,升首于室,直祭祝于主,索祭祝于祊。"郑玄注:"索,求神也。庙门曰祊,谓之祊者,以于绎祭名也。"孔颖达疏:"索祭祝于祊者,索,求也,广博求神,非但在庙,又为求祭,祝官行祭在于祊也。"此整段的意思是讲,人死魂气升于天,形体归于地,因此要向地下阴处和天上阳处招求鬼神归来以享祭祀。殷人先向天招求鬼神,周人先向地招求鬼神。将鬼神招回后,由祝主持祭祀仪式,先在室中诏告于神,并杀牲进献于室内神主前,由祝向神主致祈告辞。不仅在庙室内祭神主,还要在庙门求索神灵返回而祭。紧接下文又记,"不知神之所在,于彼乎?于此乎?或诸远人乎?祭于祊,尚曰求诸远者与"。当时不知神灵究竟游离在何处,于是向远处招求神灵返回。由此可知,《郊特牲》所载关于"魂气归于天,形魄归于地"整段的原意并非"引魂升天",而是招求神灵返回以享祭祀之意。《礼记·祭义》中还记有孔子对人死后魂魄归宿的解释:"众生必死,死必归土,此之谓鬼。骨肉毙于下,阴为野土,其气发扬于上,为昭明,焄蒿凄怆,此百物之精也,神之著也。因物之精,制为之极,明命鬼神。……圣人以是为未足也,筑为宫室,设为宗祧,以别亲疏远迩。"孔子认为,人死后骨肉归于土,谓之鬼,精气发扬于上,尊之谓神,只尊为神还不足,还要为其筑宫室、宗庙进行祭祀。此正是讲,要按礼制将死者灵魂招回,置之宗庙进行祭祀。查阅《礼记》中各篇对招魂之礼的解释,均认为要将游离于天地四方的死者灵魂招回进行祭祀,丝毫没有反映出"引魂升天"的礼俗和观念①。

考察《淮南子·精神训》所载内容,也没有"引魂升天"的意思,而是以道为本来阐述宇宙的产生及万事万物的变化。就"人"

---

① 《礼记·檀弓下》:"复,尽爱之道也,有祷祠之心焉。望反诸幽,求诸鬼神之道也。北面,求诸幽之义也。"郑玄注:"鬼神处幽暗,望其从鬼神所来。"《礼记·丧大记》:复者"升自东荣,中屋履危,面北三号"。孔颖达疏:"面北三号者,复者北面求阴之义也,鬼神所向也。三号,号呼之声三遍也。必三者,一号于上,冀神在天而来也。一号于下,冀神在地而来也。一号于中,冀神在天地之间而来也。"

来讲,是以道家学说对生与死、形体与精神关系的辩证论述。其首段云:"古未有天地之时,惟像无形,窈窈冥冥,芒芠漠闵,澒蒙鸿洞,莫知其门。有二神混生,经天营地,孔乎莫知其所终极,滔乎莫知其所止息。于是乃别为阴阳,离为八极,刚柔相成,万物乃形,烦气为虫,精气为人。是故精神,天之有也,而骨骸者,地之有也。精神入其门而骨骸反其根,我尚何存?是故圣人法天顺情,不拘于俗,不诱于人,以天为父,以地为母,阴阳为纲,四时为纪。天静以清,地定以宁,万物失之者死,法之者生。"此段的大意是,宇宙开始只是混沌无形的,后产生阴阳二气并相互作用,天地开始出现,随之产生有形的万物。其中,浊气派生为虫,精气派生为人。所以说,精神是天给的,骨骸是地给的,假如精神返回天而骨骸回归地,我还能存在吗?因此,要法天经地,以阴阳为纲,才能生存,否则便会死亡。其后文的内容还将人体比喻为天地,"故头之圆也象天,足之方也象地","天有风雨寒暑,人亦有取与喜怒",因此要顺时宜以养生,省嗜欲以名理,才能避免过早夭折,"则所以修得生"。并认为,生死是自然的规律,不能改变自己。其文曰:"吾生也有七尺之形,吾死也有一棺之土,吾生之比于有形之类,犹吾死之沦于无形之中也。然则吾生也物不以益众,吾死也土不以加厚,吾又安知所喜憎利害其间者乎?"故人之"性合于道","与道为际,与德为邻,不为福始,不为祸先;魂魄处其宅,而精神守其根,死生无变于己",这样便达到了"至神"之境界。可以看出,《精神训》整篇所述内容,完全没有"引魂升天"的意思,而是更强调"魂魄处其宅而精神守其根",要"性合于道",便可达到"至神",成为"真人"。如果只摘其"精神天之有""精神入其门"之词句,便一言以蔽之称之为"引魂升天",这是不合适的。

"引魂升天"说主要是根据对帛画所绘天上、人间、地下的内容的理解而提出来的,并没有任何社会思想背景及文献记载的依据。先秦所建铭旌是以生时所用之旗而建,这些旗帜绘有日月、蛟龙、熊虎、鸟隼、龟蛇等,以象征天界及各种神灵图像,这些生时所用的旗帜虽绘有天界和神灵，其寓意决不会是为死后"引魂升天"，而是当时人们宇宙观的一种体现。汉代的铭旌也绘有天界和神灵。《后汉书·礼仪志》载皇帝大丧时，"旐之制，长三仞，曳地，画日、月、升龙，书旐曰'天子之柩'"。汉代皇帝大丧时所建铭旌，虽也绘有日、月、升龙等图像，但此图像寓意也不会是"引魂升天"，因为已死皇帝的灵魂是安置在陵寝中进行虞祭安魂之礼的。这类铭旌除长沙马王堆汉墓出土外，山东临沂金雀山汉墓、甘肃武威磨咀子汉墓也有出土[①]。金雀山汉墓帛画构思与马王堆帛画略同，也绘有天上、人间、地下三部分，但中部所绘人间生活场景占了绝大部分，完全是墓主人间生活的如实描绘，为墓主起居、会友以及纺织、乐舞、角抵等场面，情节相互连贯，不带任何神异色彩，此种情景，没有任何"引魂升天"的意思。磨咀子汉墓所出铭旌，有的只是墨书死者的籍贯、姓名等字样，有的则在墨书之上或两侧绘有简单的日月、神怪等图像，这类铭旌更没有"引魂升天"的寓意了。可见，这些汉墓所出的铭旌，其用途与礼书所记一致，因死者殓入棺后而"不可别，故以其旗识识之"，用来标识死者，最后还是要随棺柩葬入墓内。

其实，铭旌绘天上、人间、地下三部分，实际上是反映了当时人的宇宙观：人是生活在天地之间，与上天、地下神灵居中而处，这是先秦两汉时期人们普遍的宇宙观念。《礼记·郊特牲》载："祭之日，王被衮以象天……旗十有二旒，龙章而设日月，以象天也。"郑玄注："谓有日月星辰之象……设日月，画于旗上。"孔颖达疏："所建之旗十有二旒，画龙为章，而设日月以象天也者，旗十有二旒，象天数十二也，龙为阳气变化，日月以光照下，皆是象天也。"此是讲，周王郊祭时所用之旗均画有日月星辰及升龙以象天。《仪礼·觐礼》载："天子乘龙，载大旂，象日月、升龙、降龙。"郑玄

---

① 临沂金雀山汉墓发掘组：《山东临沂金雀山九号汉墓发掘简报》，《文物》1977年第11期。甘肃省博物馆：《甘肃武威磨咀子汉墓发掘》，《考古》1960年第9期。

注:"此为会同以春者也。马八尺以上为龙。大旂,大常也。王建大常,縿首画日月,其下及旒交画升龙、降龙。"此为周天子以会同之礼见诸侯所用的旗帜,画日月、升龙、降龙,谓之大常。又郑玄注《周礼·司服》云:"至周而以日月星辰画于旌旗,所谓三辰旂旗,昭其明也。"由此可见,贵族们生时所用的旗帜就是绘有日月、星辰、升龙等以象天的,这是当时人们宇宙观的体现,绝不是为了"引魂升天"。孔子曰:"故人者,其天地之德,阴阳之交,鬼神之会,五行之秀气也";"故人者,天地之心也,五行之端也"(《礼记·礼运》)。孔子把人生同天地运行、阴阳交合、五行转化相比附。与马王堆三号墓T形帛画同出的帛书《老子》亦讲述了当时的宇宙观:"有物混成,先天地生,寂呵寥呵,独立而不改,可以为天地母。吾未知其名,字之曰道。吾强为之名曰大,大曰逝,逝曰远,远曰返。道大,天大,地大,王亦大。国中有四大,而王居其一焉。人法地,地法天,天法道,道法自然。"①此是讲,宇宙尚为混沌之时"道"已存在,经周而复始地不停运行,便形成了天、地、人三个宇宙实体,于是天、地、人皆法"道"而行。《庄子·齐物论》亦如是说:"天地与我并生,而万物与我为一";宇宙万物,"复通为一";"恢诡谲怪,道通为一"。认为天地与人并生,宇宙万物都依附于"道"生存,是一完整的宇宙整体。董仲舒《春秋繁露·王道通三》中把"王"字的三横解释为天、人、地三个宇宙空间:"三画者,天地与人也,而连其中者,通其道也,取天地与人之中以为贯。"当时这种宇宙观念渗透到社会的各个方面,汉甘泉宫、鲁恭王灵光殿壁画均有类似画法②,汉代的壁画墓、画像石墓也是这样的构图模式,是把天上神界、地下冥界与人间世界看成是一个完整的宇

---

① 高明:《帛书老子校注》,中华书局,1996年,第348—354页。郭店楚墓出土竹书《老子》中也有相同的内容,参见武汉大学简帛研究中心、荆门市博物馆编著:《楚地出土战国简册合集(一)郭店楚墓竹书》,文物出版社,2011年,第3页。

② 王延寿《鲁灵光殿赋》描绘西汉鲁恭王刘余所建灵光殿壁画:"图画天地,品类群生,杂物奇怪,山神海灵,写载其状,托之丹青,千变万化,事各缪形,随色象类,曲得其情。"载萧统编:《文选》,中华书局,1981年。

宙空间，人是生活在这样一个宇宙之中的。据上所述，马王堆T形铭旌乃是当时宇宙观、生死观、灵魂观和鬼神观相融会的综合体现，正可谓"大象其生以送其死也"（《荀子·礼论》)，冀望死者还如生前一样生活在这样一个永恒的宇宙空间之内，在各种神灵的庇佑之下，安逸地生活于冥府之中。由此观之，马王堆T形铭旌的寓意并非"引魂升天"。

第四章
汉代铜镜、漆器、货币研究

第一节 汉代铜镜研究

一、西汉时期铜镜的发展谱系

西汉铜镜基本上可分出五个大的镜系,另外还有其他的一些镜型。

(一)蟠螭纹镜、四乳四螭镜序列

西汉初期,流行云雷地纹蟠螭纹镜,特点与战国晚期相似,面比较平,内侧弧形凸棱形缘,三弦纹钮,大蟠螭纹分成三组或四组(图4-1:1)。大约西汉景帝之时,演化成简化蟠螭纹镜,一般简化成四个蟠螭纹,很突出,每个蟠螭纹上有一个乳钉。这时的边缘还是凸棱内弧缘,三弦纹钮(图4-1:2)。从武帝时开始,这种镜变成了四乳四螭纹镜,四个乳钉,中间各有四个简化的蟠螭纹,钮也变成了半球状,边缘变成了素面窄平沿(图4-1:3)。哀、平帝至王莽时,四乳四螭纹镜继续流行,只是边缘加宽,在四螭处多有虎首、鹿首、奔兔、朱雀等纹饰。到东汉时期,中原基本不见此种镜型了,而长江流域及其以南地区,东汉初年还在铸造。

(二)内向连弧草叶纹镜、星云纹镜序列

战国末的秦墓中多出内向连弧纹镜,一般在镜的外周有七八个内向连弧,主体花纹为蟠螭纹,三弦纹钮。汉初多见于关中地区。大约在文景时期,出现草叶纹镜,十六个内向连弧缘,中心部位是方形框，四边、四角饰草叶、花蕾纹。文景时期多为弦钮，武帝时期多为半圆钮，还有连峰钮者。草叶纹镜多见内方框式铭文带，多三字一句，常见的有"常贵富，乐未央，长相思，毋相忘"；"日有熹，宜酒食，长贵富，乐毋事"等（图4-1：4）。草叶纹镜至宣帝以后不见。武帝时期还出现了星云纹镜，镜周边沿也是十六个内向连弧，钮为半球状，有的则为连峰式，或叫博山炉式钮。为一层花纹，四分式，有四个大的乳钉，蟠螭纹身上又有许多小的乳钉（图4-1：5）。也是由前期的内向连弧蟠螭纹镜发展而来，又吸收了简化蟠螭纹镜的风格。《西清古鉴》称为"百乳纹镜"或"百乳鉴"。此种铜镜基本上流行于武、昭、宣时期，以后少见。草叶纹镜、星云纹镜主要流行于黄河中下游地区（陕西、河南、山东等地），长江以南地区较少见到。

（三）日光镜、昭明镜发展序列

这两种铜镜的背面装饰主要是以铭文带为主。日光镜铭文一般为八字："见日之光，天下大明。"昭明镜铭文为："内清质以昭明，光辉象夫日月，心忽扬而愿忠，然壅塞而不泄。"此两种镜形均边沿素平，半球状钮，内圈连弧纹，外圈铭文带（图4-1：6）。过去将这种铜镜的流行年代定为昭宣至王莽时期，但根据西安出土此类镜的墓葬看，大约在武帝初年就出现了。铭文的字体前后有变化，武昭宣时期，字体拙笨粗壮，笔体的首尾带有锋棱；元成时期，笔画略细瘦，字体为圆形；至王莽时期，字体变为方形。此种镜型至东汉时期基本不见。

（四）规矩纹镜发展序列

西汉前期出现有规矩蟠螭纹镜，象征天圆地方，又有称为博局镜者。武帝时期的河北满城中山靖王刘胜之妻窦绾墓出土一枚规矩蟠螭纹镜。至王莽时，出现了规矩四神镜，镜面凸起明显，边沿加宽，而且出现了边沿上的装饰纹饰，一般是锯齿纹、波折纹、蔓草纹。主体花纹是规矩四神，规矩象征天象，四神象征四方：玄武为北，朱雀为南，青龙为东，白虎为西。外圈铭文常为："青龙白虎掌

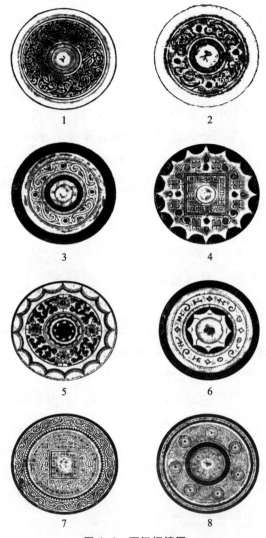

图 4-1　西汉铜镜图

1. 云雷地纹蟠螭纹镜　2. 简化蟠螭纹镜
3. 四乳四螭镜　4. 草叶纹镜
5. 星云纹镜　6. 日光镜
7. 规矩四神镜　8. 多乳禽兽纹镜

四方，朱雀玄武顺阴阳"，内方框多有"子丑寅卯辰巳午未申酉戌亥"十二地支铭（图4-1：7）。规矩四神镜盛行于王莽至东汉早期。一种云纹规矩镜在东汉早期多见。东汉中期开始，规矩纹镜逐渐退化，制作粗糙，纹饰简化，可称简化规矩镜。至西晋时期，规矩纹镜逐渐消失。

（五）多乳禽兽纹镜序列

王莽时期还出现了一种多乳禽兽纹镜，圆钮，钮座外围多有九个小乳钉，再外圈多饰七个较大的乳钉，每个乳钉形同小圆镜，故又俗称"七子镜"。七乳间饰龙、虎、朱雀、凤鸟、玄武、羊及仙人等，形成七乳禽兽纹带（图4-1：8）。此种铜镜在西安地区多出土于西汉末王莽时期的墓中，在长江流域及广州地区主要流行于东汉中晚期。

以上是大体能看出发展序列的铜镜，当然，各系也不一定是单线发展，彼此之间也有相互影响和渗透，只是大的发展谱系大概是这样。（表4-1）武昭宣时期，还流行"家常富贵"镜，为内向连弧缘，内有四个花蕾，花蕾之间有"家常富贵"四字。被称为三代之镜。

二、东汉时期铜镜的发展谱系

东汉前期的铜镜，地区性差别不明显，后期地区性的差别开始明显起来，主要是黄河流域和长江流域有区别，东汉末三国时期，则是以曹魏为主的中原地区和以孙吴为主的长江中下游地区明显不同。

从东汉铜镜发展序列看，主要的可分以下各系：

（一）云雷纹镜、柿蒂纹镜、兽首镜序列

东汉之初，原来昭明镜的铭文带变成了三角形云雷纹图案，宽平素沿，称为云雷纹镜，流行于东汉前期（图4-2：1）。到东汉中期，此云雷纹镜变成了柿蒂纹（图4-2：2）。实际上，前期的云雷纹镜的钮座旁就有小的柿蒂纹，但不是主体花纹，东汉中期变成了主体花纹，中期的柿蒂纹肥大，东汉中晚期变成了蝙蝠形柿蒂纹镜（图4-2：3）。东汉晚期，又出现了兽首镜，这是东汉晚期北方地区（中原）比较流行的一种镜型，是把柿蒂放大了，并在二蒂之间填兽

表4-1 西汉铜镜发展谱系示意表

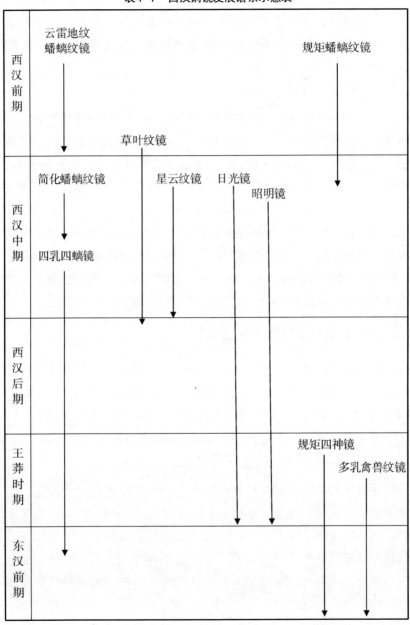

首或变形兽首，或怪云纹图案（图4-2：4）。其最早出现可追溯到桓帝时，一直流行到三国时期的曹魏。

（二）内向连弧八凤镜

当由柿蒂纹镜派生出来的又一支，在柿蒂之间填成对的鸟，为八凤，此种镜最早见于桓帝时，一直到西晋还有。以上几种镜，可以说是一个大的镜系中，又派生出来的几个支系。

（三）直行铭文镜序列

东汉中期出现了以铜镜的一条直径为中轴线的设计作风，称为"轴对称"。在中轴线上往往是直行铭文，所以叫直行铭文镜。从作风看，直行铭文镜可能是从云雷纹镜中分化出来的一支，与柿蒂纹镜并存，铭文有"君宜高官""长宜子孙""位至三公"等吉语。在直行铭文左右多是龙凤纹。中期的龙凤纹较粗，周有内向连弧纹（图4-2：5）。到东汉晚期，龙凤纹及周围装饰都变细，或叫细线龙凤纹镜，又叫细线双夔纹镜，或细线双兽纹镜（图4-2：6）。此种形态可晚到西晋时期，此种镜多流行于北方，南方也有直行铭文镜，但左右是神兽，不是龙凤纹。

（四）龙虎纹镜

此种铜镜的钮厚大突出，主题纹饰主要是圆雕的龙虎纹，或一龙一虎夹钮左右张口对峙，或一龙张口屈身盘绕，钮及钮座也成为龙身的一部分（图4-2：8）。这类铜镜出现于东汉晚期，至魏晋时期发展成多龙虎纹镜。

（五）规矩四神镜序列

王莽时出现的规矩四神镜，东汉时期还存在，有的增加一个麒麟，有的则加四乳钉。此种镜东汉前期还是比较多的，还有的是简化规矩四神镜，把四神去掉，只有四个"T"形的规矩和四乳钉（图4-2：12）。规矩四神镜虽一直存在到汉末三国时期，但总的趋势是越来越简化，并逐渐减少。

（六）多乳禽兽纹带镜、神兽镜、画像镜序列

多乳禽兽纹带镜是王莽时出现的，开始不如规矩四神镜多，在

东汉初则多于规矩四神镜，到东汉中晚期多流行于长江以南地域（图4-2：7）。

神兽镜大概是从多乳禽兽镜分化出来的一种新兴镜型，花纹的主要题材是神仙、人物、龙、虎等，纹饰的做法是浮雕式的。神兽镜一般外围有铭文，内圈也有铭文，在内区的外围往往又有一周"半圆方格带"，所以又称"半圆方格带神兽镜"或"方格环状乳神兽镜"（图4-2：10）。铜镜铭文中常有"天皇""玉皇""五帝"等名，有学者研究，此类铜镜的神像与道教有关。此种镜出现在东汉中期，流行于东汉晚期。直到三国、西晋、东晋都有，为时很长。流行的地区是长江流域，以下游的会稽郡（绍兴）、中游的江夏郡（鄂城）为主要的产地。

画像镜与神兽镜很相似，也属南方镜系，时代与神兽镜同时，东汉中期出现，一直流行到三国、西晋。画像镜的题材也有神像和瑞兽，还常有各种历史人物，如吴王、伍子胥，以及车骑、歌舞之类，形态比较生动，但纹样不如神兽镜凸出、有立体感，而是显得扁平（图4-2：9）。出土地点多是绍兴地区，鄂城也有，但比较少，另外，南京、扬州、长沙也有发现，都属孙吴地区。

（七）重列神兽镜序列

东汉时期从神兽镜中新分出一种轴对称神兽镜，是长江中下游流行的一种新式神兽镜，据年号，上限多是献帝建安元年，故又称建安式重列神兽镜，下限到西晋司马炎统治时期。镜的中轴线上也往往是铭文"君宜高官"等吉语，两边饰以神兽，神兽内容与中心对称的神兽镜相似（图4-2：11）。重列神兽镜与北方的直行铭文镜的构图方式相同，都是轴对称，但图的内容不同，一是神兽，一是龙凤。这反映了南北地域的区别。这种重列神兽镜多出于绍兴、鄂城，另外南京、芜湖、广州也有发现。

从整个东汉时期的铜镜看，主要流行的铜镜是神兽镜系（包括画像镜）和柿蒂纹兽首系，分别代表了南北两大地区流行的铜镜。神兽镜系主要见于长江流域，比较集中的地区是绍兴、鄂城，即当时的会稽郡和江夏郡。兽首镜系主要见于北方地区的中原、关中、华北等地。当然这个南北的地方镜系的差异是从东汉中期开始逐渐表现出来的，到三国时比较明显了（表4-2）。

表4-2 东汉铜镜发展谱系示意表

时期					
东汉初期	云雷纹镜↓	多乳禽兽纹镜		规矩四神镜	
东汉中期	柿蒂纹镜↓蝙蝠形柿蒂纹镜	直行铭文镜↓		画像镜 神兽镜	
东汉晚期	兽首镜	细线龙凤纹镜	龙虎纹镜		重列神兽镜
三国两晋	↓	↓	↓	↓	↓

图 4-2　东汉铜镜图

1. 云雷纹镜　　　2. 柿蒂纹镜　　　3. 蝙蝠形柿蒂纹镜
4. 兽首镜　　　　5. 直行铭文镜　　6. 细线龙凤纹镜
7. 多乳禽兽纹带镜　8. 龙虎纹镜　　　9. 画像镜
10. 环列神兽镜　　11. 重列神兽镜　　12. 规矩镜

三、魏晋南北朝铜镜的发展谱系

三国两晋南北朝时期,除了西晋短暂的统一外,整个社会形势是分裂割据的状态,造成了政治、经济、文化发展的不平衡。由此,这时期的铜镜明显地表现出区域性差异,即分化为黄河流域以曹魏、西晋铜镜为代表的北方镜系和长江流域以孙吴铜镜为代表的南方镜系。

北方镜系主要是曹魏继承的东汉镜系,以洛阳为中心,分布于华北、关中地区,东北、西北地区也有发现。主要可分以下几个系列:

(一) 简化规矩镜

规矩四神镜出现于西汉末,王莽至东汉前期最为盛行,东汉后期开始简化,曹魏时期,制作更加粗糙,纹饰已与规矩四神镜的图案相差甚远,四神图案已不见,T、L、V三种符号只剩一种或两种,有的T形符号变成一长方框,甚至将中部的方框变成圆圈(图4-3:1)。这种简化规矩镜至西晋时逐渐消失。

(二) 变形兽首镜

兽首镜是东汉后期北方地区流行的镜型,曹魏继承了这一镜系,但图案已趋于简化变形,将细密繁缛的兽首纹简化成几道卷云纹或简单的花叶纹(图4-3:2)。这种镜型西晋以后消失。

(三) 夔凤镜

东汉后期出现的直行铭文夔凤镜,在魏晋时期非常盛行,直行铭文两侧为对称的夔凤纹或双夔纹,但纹饰不如东汉时期的清晰精致,显得粗糙。直行铭文有"君宜高官""长宜子孙""生至君宜"等,尤其是"位至三公"铭文镜特别流行(图4-3:3)。

(四) 龙虎镜

东汉后期出现的龙虎镜在魏晋时期仍然铸造,相对来讲,北方地区不如南方地区出土得多,北方地区在河南、陕西、山东等地有出土。东汉时期的龙虎镜多是一龙一虎在钮左右对峙,或独龙盘绕。

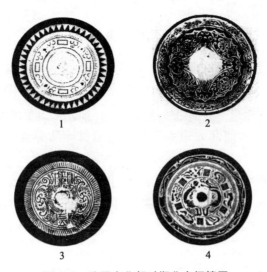

图 4-3 魏晋南北朝时期北方铜镜图
1. 简化规矩镜 2. 变形兽首镜 3. 位至三公夔凤镜 4. 龙虎镜

魏晋时期，流行多龙虎纹镜，在钮座周饰三龙，或三虎，或四虎，或二龙一虎等，外周多饰细线锯齿纹（图4-3：4）。

以上镜型主要在北方的曹魏至西晋时期流行。至西晋末年出现"八王之乱"，紧接着则是"五胡十六国"的战乱，社会经济遭受到严重破坏，手工业生产处于瘫痪状态，因此，几乎没有这一时期的北方地区铜镜出土。这种状况一直延续到北朝时期。北朝时期的墓中也出土少数铜镜，但均是汉魏旧镜，没有新的镜型出现，这说明北朝各国的铸镜业并没有恢复（表4-3）。

孙吴所在的长江中下游地区，汉末以后保持了相对稳定的局面，社会经济受战乱的影响较小，因此，孙吴的铸镜业有了较大的发展，形成了独具特点的南方镜系。南方镜系主要产地是会稽郡的山阴（今浙江省绍兴）和江夏郡的武昌（今湖北省鄂城）。考古发现显示，南方镜系也铸行旧式的简化规矩镜、夔凤镜、龙虎镜等镜型，有些镜型甚至延续到刘宋时期。当然，反映南方独特特点的主要是神兽镜、画像镜、四叶鸾凤镜、佛像镜等。

表4-3 魏晋南北朝时期北方铜镜发展谱系示意表

(一) 神兽镜

神兽镜类于东汉中晚期就在南方长江流域铸行,至孙吴时期发展到了鼎盛阶段。神兽镜就其图案的布置又分两大类:一种是以钮为中心作环绕式排列,可称环绕式神兽镜;另一种则是以铜镜的一条直径为中轴,神兽在左右皆头向上分层对称排列,称重列神兽镜。环绕式神兽镜又可分为半圆方枚环状乳神兽镜、对置式神兽镜等。

半圆方枚环状乳神兽镜内区环列神人神兽，兽之关节处饰环状乳，神兽外环以半圆方枚及锯齿纹圈；外区有铭文带、勾连云纹或蔓草纹缘（图4-4：1）。此种镜型在东汉中晚期就出现了，孙吴时期最盛行，西晋、东晋、刘宋时期还流行，只是半圆方枚图案少见，纹饰趋于简单，制作也粗糙。南朝后期不见此种镜型。

对置式神兽镜的图案设计是二个踞坐的神人挟钮头对头配置，神人两侧各配置一向着神人的神兽。一神二兽形成一构图单位，其间再配置其他的神、兽、禽、鸟等纹饰。此种镜型也于东汉中晚期出现，流行于孙吴、西晋、东晋及刘宋时期，以后不见。

神兽镜内区多是半圆方枚环状乳神兽图案，外区多饰"羲和御日"等神话故事为题材的画像纹带（图4-4：3）。此种铜镜主要流行于孙吴时期，分布于江南各地，尤以孙吴两大铜镜生产中心的会稽（今绍兴）和武昌（今鄂城）最为集中。

重列神兽镜于东汉末汉献帝建安年间出现，故又称建安式重列神兽镜。孙吴时期，镜面神兽的数量明显增多，并用横向界栏上下分隔成数段，有三段、五段、六段者（图4-4：2）。重列神兽镜是孙吴时期最为盛行的镜型，但到东晋时基本消失。

（二）画像镜

画像镜于东汉中晚期流行，孙吴时继续铸造，画像内容仍是神人、鸟兽、人物、车马、历史故事等，边缘不仅有平缘，还出现了斜缘或三角形缘，也可称"三角缘画像镜"（图4-4：4）。画像镜至刘宋时逐渐消失。

（三）四叶鸾凤镜

用四叶（或称柿蒂）作为铜镜的主体图案，在东汉中期就出现了，其后向两种镜系发展，一是发展成兽首镜系，一是发展成四叶夔凤镜系。孙吴时期，继承了四叶夔凤镜系的风格，制作更加精良，花纹显得纤细、繁复，呈现出一种剪纸样式。四叶也与北方的形状不同，变成宝珠形（图4-4：5）。这些都是吴系四叶鸾凤镜的特点。

此种镜型流行到东晋时期。

（四）四叶佛像镜

孙吴时期还出现了佛像镜，此种铜镜是从四叶鸾凤镜中分化出来的，其独特之处在于宝珠形四叶内饰以佛像。佛像在莲台上作结跏趺坐，或一足下垂，另一足上盘，作半结跏状。并饰有华盖、背光及弟子等（图4-4：6）。佛像镜的出现是吴镜非常重要的特点之一。

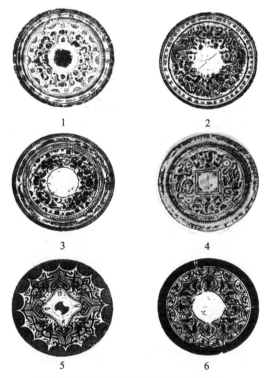

图4-4 魏晋南北朝时期南方铜镜图

1. 半圆方枚神兽镜 2. 重列神兽镜 3. 画像纹缘神兽镜
4. 画像镜　　　　5. 四叶鸾凤镜 6. 四叶佛像镜

南方铜镜发展到南朝后期已经衰落，目前发掘的南齐、梁、陈时期的墓中，偶有铜镜出土也是前朝旧镜，鲜有新的镜型出现。这说明，南方铸镜业至南朝后期已完全衰退，直到隋唐时期才重新复兴（表4-4）。

第四章　汉代铜镜、漆器、货币研究　245

表4-4 魏晋南北朝时期南方铜镜发展谱系示意表

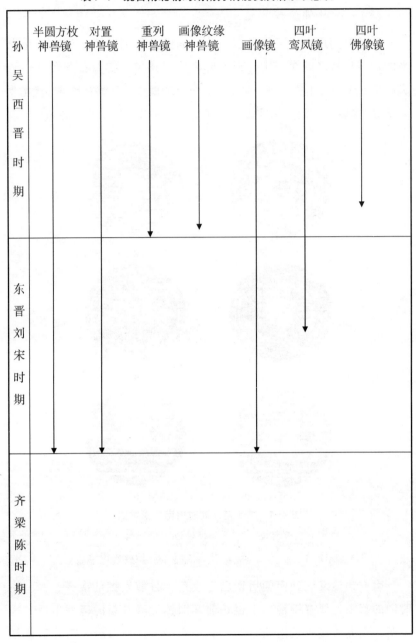

第二节 秦汉漆器研究

中国是世界上最早制造漆器的国家。距今六千多年前的浙江省余姚河姆渡新石器时代遗址中，出土了木胎漆碗等漆器，浙江余姚瑶山良渚文化（前3300—前2200）的墓葬中，出土了嵌玉漆碗、漆杯等。说明在新石器时代晚期，漆器工艺已经达到一定的水平。漆器工艺经商周时期的进一步发展，到战国秦汉时期，已经达到了鼎盛时期，其应用之广、品类之多、造型之优美、工艺之精湛，都是空前的，已逐渐代替了青铜器而成为日常生活中的精品①。

一、秦代漆器的发现与研究

秦代漆器的考古发现主要是进入20世纪70年代后开始的，在湖北、湖南、河南、四川、陕西、甘肃等地均有发现，出土比较多的是湖北省，主要出土地点有云梦睡虎地、木匠坟、龙岗、江陵扬家山等地②。尤其是云梦睡虎地秦墓出土漆器数量最多，并有两座纪年墓，为研究秦代漆器提供了丰富资料。陈振裕对秦代漆器的制作工艺、器物造型、装饰纹样等进行了较详细研究③。洪石著《战国秦汉漆器研究》，对漆器的类型、组合、分期、髹漆工艺、文字内容、生产管理及流通等进行了研究④。

---

① 中国漆器全集编辑委员会编：《中国漆器全集》第1—3卷，福建美术出版社，1997年、1998年。
② 湖北孝感地区第二期亦工亦农文物考古训练班：《湖北云梦睡虎地十一座秦墓发掘简报》，《文物》1976年第9期。云梦县文物工作组：《湖北云梦睡虎地秦汉墓发掘简报》，《考古》1981年第1期。湖北省博物馆：《1978年云梦秦汉墓发掘报告》，《考古学报》1986年第4期。云梦县博物馆：《湖北云梦木匠坟秦墓发掘简报》，《江汉考古》1987年第4期。湖北省文物考古研究所等：《云梦龙岗六号秦墓及出土简牍》，《考古学集刊》第8辑，科学出版社，1994年。湖北省荆州地区博物馆：《江陵扬家山135号秦墓发掘简报》，《文物》1993年第8期。
③ 陈振裕：《楚文化与漆器研究·秦代漆器综论》，科学出版社，2003年。
④ 洪石：《战国秦汉漆器研究》，文物出版社，2006年。

秦代的漆器主要是生活用器，有奁、盒、盂、樽、壶、扁壶、耳杯、盘、匜、提筒、梳篦等。由于秦代的漆器目前多发现于湖北，其漆器的总体特征比较多地继承了战国时期楚国漆器的特征，当然也有秦的特点。从器类来讲，秦代漆器中不见楚国常见的乐器类、丧葬器类等，而是单一的生活器类。有些器型则是仿制于秦的典型铜器，如漆扁壶显然是仿制于秦的铜扁壶。

秦代漆器的胎骨有厚木胎、薄木胎、竹胎等，但厚木胎相对减少，薄木胎增多。竹胎器多是竹提筒、竹筒或兵器的柄等。夹纻胎漆器还比较少。制作方法主要采用斫制、挖制，并且还出现了薄木胎卷制技术。如扁壶和圆壶一类则是两半分别挖制，然后再粘合成器。长方盒一类则是先斫制，然后再粘合。有些圆形器如漆樽、卮、奁等，器壁则是用薄木卷制而成，然后再分别与厚木胎的器盖和底粘合。用金属装饰和加固漆器的做法在战国时期就出现了，到秦代比较多见，一般是在木胎髹漆后，再安装铜的钮、环耳、铺首衔环与足等。还有些漆器则用铜箍或银箍进行加固，如云梦睡虎地 11 号墓出的一件漆樽，外壁就是用三道银箍进行加固的。秦代漆器上还往往有与制造漆器有关的烙印文字，如云梦睡虎地秦墓出土的许多漆器上有"素""上""包""告"等烙印文字。据研究，这些烙印文字应是表示制造漆器的工序或工艺技术。

秦代漆器的装饰纹饰主要有几何形纹、云纹、花卉纹及鸟兽纹等，也偶见人物故事图案者。几何形纹种类比较多，有圆圈纹、圆卷纹、点纹、菱形纹、方格纹、点格纹、三角纹、波折纹等。这个时期的几何纹图案，单独绘于漆器上的数量相对减少，而与鸟兽纹等其他纹样相互结合增多，鸟兽纹作为主体，几何纹作为衬托，使整个漆器的图案显得和谐优美。秦代漆器的花纹用色有红、黑、褐、金、银等五种，其中红黑二色最多，一般是黑漆地上用红、褐漆绘花纹，也有在红漆地上用黑漆绘花纹的。这一时期还出现了用银箔装饰花纹及用金粉或银粉填涂花纹的工艺技术。如云梦睡虎地发现的一件漆卮，用银箔镂刻成花纹图案贴在器壁上，再用红漆压边描绘，使漆器更加华丽。

秦代漆器上往往有"某市""某亭"烙印文字。如云梦睡虎地秦墓出土的漆器上，有"咸市""咸亭""许市""市""亭"等烙印文字 140 余处之多。根据研究，这些"市"或"亭"是设在手工业和商业活动区中进行管理的官署，"咸市""咸亭"烙印文字的漆器，即咸阳市亭管理的漆器手工业作坊制作的产品。"许市"烙印文字的漆器，即秦攻占许昌后，许昌市亭所管辖的手工业作坊制作的漆器。在云梦睡虎地秦墓出土的漆器上，还有"宦里□""钱里□""安里□□""女里张"及"介""但""大女子□""小女子""小男子"等针刻文字。某"里"应是漆器作坊所在的小地名，某里后面字则是制造漆器的工匠名。这说明，秦代的漆器制造存在着"物勒工名"的产品责任制[1]。

二、汉代漆器的发现与研究

汉代漆器发现的地点已遍及全国各地，湖北、湖南、河南、四川、安徽、浙江、江苏、广东、广西、贵州、山东、河北、甘肃、新疆、内蒙古等地都有出土，为研究汉代漆器特点、制造工艺及生产管理情况提供了丰富资料。

（一）汉代漆器的研究

20 世纪 20 年代，在平壤汉墓发现了大批漆器，日本学者对这批资料进行了整理研究，原田淑人等著《乐浪》、小泉显夫等著《乐浪彩箧冢》、榧本龟次郎等著《乐浪王光墓》、梅原末治著《"支那"汉代纪年铭漆器图说》等，初步认识了汉代漆器的特点及制作情况[2]。

20 世纪 50 年代至 60 年代，各地发现的漆器比较多了，如河南

---

[1] 陈振裕：《湖北出土战国秦汉漆器综论》，载北京大学考古学系编《"迎接二十一世纪的中国考古学"国际学术讨论会论文集》，科学出版社，1998 年。

[2] 原田淑人等：《乐浪》，刀江书院，1930 年。小泉显夫等：《乐浪彩箧冢》，朝鲜古迹研究会，1934 年。榧本龟次郎等：《乐浪王光墓》，朝鲜古迹研究会，1935 年。梅原末治：《"支那"汉代纪年铭漆器图说》，桑名文星堂，1943 年。

洛阳、山东文登、江苏盐城和连云港、湖南长沙、广东广州、贵州清镇等地的汉墓中，都出土了大批漆器①。这一时期对漆器的研究，主要是通过对各批墓的整理，以考古报告的形式对漆器的器形特点、花纹造形等方面进行了描述。贵州清镇汉墓所出漆器多有铭文，报告通过铭文对漆器的产地及工艺情况也进行了研究。沈福文主编《中国髹漆工艺美术简史》，从工艺美术史的角度对汉代漆器进行了研究②。

进入20世纪70年代以后，汉代漆器的出土更多了，尤其是湖南长沙马王堆、湖北江陵凤凰山、安徽阜阳双古堆、山东临沂、甘肃武威等一批重要汉墓出土的漆器，为研究汉代漆器提供了丰富资料③。这一时期对漆器的研究除了各汉墓报告之外，还有许多对漆器的专项研究。王仲殊、高炜、李正光等对汉代漆器进行了综合研究④；俞伟超、蒋英炬对汉代漆器的制地及经营管理等问题进行了研究⑤。通过这些研究，对汉代漆器的发展水平、工艺技术及生产管理

---

① 洛阳区考古发掘队：《洛阳烧沟汉墓》，科学出版社，1959年。山东省文物管理处：《山东文登县的汉木椁墓及漆器》，《考古学报》1957年第1期。江苏省文物管理委员会等：《江苏盐城三羊墩汉墓清理报告》，《考古》1964年第8期。南京博物馆：《江苏连云港市海州网疃庄汉木椁墓》，《考古》1963年第6期。中国科学院考古研究所编著：《长沙发掘报告》，科学出版社，1957年。广州市文物管理委员会：《广州市龙生冈43号东汉木椁墓》，《考古学报》1957年第1期。广州市文物管理委员会：《广州黄花冈003号西汉木椁墓发掘简报》，《考古通讯》1958年第4期。贵州省博物馆：《贵州清镇平坝汉墓发掘报告》，《考古学报》1959年第1期。

② 沈福文主编：《中国髹漆工艺美术简史》，人民美术出版社，1964年。

③ 湖南省博物馆、中国科学院考古研究所编：《长沙马王堆一号汉墓》，文物出版社，1973年。长江流域第二期文物考古工作人员训练班：《湖北江陵凤凰山西汉墓发掘简报》，《文物》1974年第6期。湖北省文物考古研究所：《江陵凤凰山一六八号汉墓》，《考古学报》1993年第4期。山东省博物馆等：《临沂银雀山四座西汉墓葬》，《考古》1975年第6期。安徽省文物工作队等：《阜阳双古堆西汉汝阴侯墓发掘简报》，《文物》1978年第8期。甘肃省博物馆：《武威磨咀子三座汉墓发掘简报》，《文物》1972年第12期。

④ 王仲殊：《汉代考古学概说·汉代的漆器》，中华书局，1984年。高炜：《汉代漆器的发现与研究》，载《新中国的考古发现和研究》，文物出版社，1984年。李正光绘编：《汉代漆器艺术》，文物出版社，1987年。

⑤ 俞伟超、李家浩：《马王堆一号汉墓出土漆器制地诸问题——从成都市府作坊到蜀郡工官作坊的历史变化》，《考古》1975年第6期。蒋英炬：《临沂银雀山西汉墓漆器铭文考释》，《考古》1975年第6期。

等，都有了较为清楚的认识。此后，陈振裕、傅举有、洪石又对汉代漆器的种类、造型、纹样、工艺技术及经营管理和产地等进行了详细研究，对汉代漆器的发展有了更深入的认识①。

（二）汉代漆器制造业的管理

从漆器上的文字资料看，汉代漆器制造业的经营管理前后是有变化的。目前发现的西汉前期漆器烙印文字除个别的还有"×亭"外，多数是"×市"或者是某个郡府地名。说明西汉前期的漆器制造业多是由市府管辖，是一种郡、县经营的地方官府手工业。如长沙马王堆汉墓、江陵凤凰山汉墓出土的漆器文字有："成市""成市素""成市饱""成市草"，又有"市府""市府饱""市府草"等②。"成市"即成都市府的简称；"素"即做漆胎；"饱"即涂漆；"草"即造。这说明，这些漆器是成都市府所辖的作坊制造的。广州西村石头岗汉墓出有"蕃禺"戳记的漆器，"蕃禺"是南越王赵佗的都城，此是南越国都城所辖作坊制造的漆器③。广西贵港罗泊湾汉墓出有"布山"和"市府草"戳记的漆器，"布山"是西汉郁林郡首府，与同出的"市府草"表明，这些漆器是布山市府制造的④。山东临沂银雀山汉墓出有"莒市"和"市府草"戳记的漆器，莒是汉文帝封的城阳国治所，"莒市"即城阳国所在的莒市府，这些漆器是莒市府制造的⑤。以上所见都是属西汉前期各郡国及县经营的地方官府漆器制造业，改变了战国时期由"市亭"管理的制度。

---

① 陈振裕：《楚文化与漆器研究》，科学出版社，2003年。傅举有：《中国漆器的巅峰时代——汉代漆工艺综论》，载《中国历史暨文物考古研究》，岳麓书社，1999年。洪石：《战国秦汉漆器研究》，文物出版社，2006年。
② 湖南省博物馆、中国科学院考古研究所编：《长沙马王堆一号汉墓》，文物出版社，1973年。长江流域第二期文物考古工作人员训练班：《湖北江陵凤凰山西汉墓发掘简报》，《文物》1974年第6期。湖北省文物考古研究所：《江陵凤凰山一六八号汉墓》，《考古学报》1993年4期。
③ 梁国光、麦英豪：《秦始皇统一岭南地区的历史作用》，《考古》1975年第4期。
④ 广西壮族自治区博物馆：《广西贵县罗泊湾汉墓》，文物出版社，1988年。
⑤ 山东省博物馆等：《临沂银雀山四座西汉墓葬》，《考古》1975年第6期。蒋英炬：《临沂银雀山西汉墓漆器铭文考释》，《考古》1975年第6期。

安徽阜阳双古堆西汉前期汝阴侯墓还出土了一大批汝阴侯国制造的漆器。许多漆器上都刻有文字，如一件漆卮上刻有："女阴侯卮，容五升，三年，女阴库己、工年造。"一件漆盘上刻有："女阴侯布平盘，径尺三寸，七年，吏讳、工速造。"① 其中"库×""吏×"应是汝阴侯国中掌管财务和器材的官吏，后面的字是官吏的名字；"工×"则是制造漆器的工匠。可以看出，西汉前期的列侯国也有自己的漆器制造业，并且有一套完整的管理机构和制造系统。

西汉武帝以后，汉中央在一些主要的漆器制造地设立"工官"，由中央"少府"直接通过各地"工官"来管理漆器制造业，改变了先前由郡县地方官府经营的性质。

考古发现的西汉后期漆器，有许多记明是某某工官制造。如贵州清镇汉墓出土一件鎏金铜釦漆耳杯上的铭文为："元始三年（3），广汉郡工官造乘舆髹羽画木黄耳桮，容一升十六龠。素工昌，休工立，上工阶，铜耳黄涂工常，画工方，月工平，清工匡，造工忠造。护工卒史恽，守长音，丞冯，掾林，守令史谭主。"另有一件漆盘和二件耳杯也有同样的文字，还有一件耳杯则刻有"蜀郡西工"②。江苏邗江宝女墩新莽墓也出有"广汉郡工官""蜀郡西工"制造的漆器③。在朝鲜平壤汉墓中也出有"子同郡工官"（王莽时改称广汉郡为子同郡）和"蜀郡西工"制造的漆器④。

汉中央少府属官"考工"也经营漆器制造业。甘肃武威磨咀子汉墓出土二件漆耳杯，上面针刻文字为："乘舆髹洎画木黄耳一升十六龠桮，绥和元年，考工工并造，洎工丰、护臣彭、佐臣尹、啬夫臣孝主。守右丞臣忠、守令臣丰省。"⑤ 江苏邗江宝女墩新莽墓出有"供工"制造的漆器，一件漆盘上针刻文字为："乘舆髹洎画纻黄釦

---

① 安徽省文物工作队：《阜阳双古堆西汉汝阴侯墓发掘简报》，《文物》1978年第8期。
② 贵州省博物馆：《贵州清镇平坝汉墓发掘报告》，《考古学报》1959年第1期。
③ 扬州博物馆等：《江苏邗江县杨寿乡宝女墩新莽墓》，《文物》1991年第10期。
④ 梅原末治：《"支那"汉代纪年铭漆器图说》，桑名文星堂，1943年。
⑤ 甘肃省博物馆：《武威磨咀子三座汉墓发掘简报》，《文物》1972年第12期。

斗饭盘，元延三年，供工工疆造，画工政、涂工彭、洇工章，护臣纪、啬夫臣彭、掾臣承主，守右丞臣放、守令臣兴省。"① 平壤汉墓也出有"供工"造的漆器。"供工"即"共工"，王莽时改"少府"曰"共工"。此也是中央少府所辖漆器作坊制造的漆器。

东汉时期，官营漆器制造业开始衰落。《后汉书·和熹邓皇后纪》载，殇帝时邓太后曾下令："蜀汉釦器、九带佩刀，并不复调。"说明蜀郡工官、广汉郡工官这两个最有名的漆器制造地点，到此时不再属中央管辖了。所以，东汉后期再不见标明蜀郡、广汉郡工官制造的漆器，这与殇帝时取消中央对广汉、蜀郡工官的管理权正好相符合。安徽马鞍山东吴朱然墓中出土大批漆器，其中有些漆器有"蜀郡作牢"四字②；湖北鄂城东吴墓中也出土有"蜀郡作牢"的漆器③。这说明直到三国时期，蜀郡还是漆器的重要产地，只不过经营的性质变了，应是地方经营了，所以书写格式与殇帝之前的工官制漆器不同。

汉代还有私人经营的漆器制造业。江苏连云港西汉墓曾出土标明"桥氏""中氏"印记的漆器，应是私人漆器作坊产品④。可以肯定，大量无文字的漆器中也会有不少私人作坊制造的漆器。

（三）汉代漆器工艺技术

西汉时期的漆器还是比较昂贵的，特别是施以鎏金铜釦或银釦的釦器，比铜器还要贵重得多。《盐铁论·散不足》云："今富者银口黄耳，金罍玉锺。中者野王纻器，金错蜀杯。夫一文杯得铜杯十"，"一杯棬用百人之力，一屏风就万人之功"，概括地表明了这种情况。

---

① 扬州博物馆、邗江县图书馆：《江苏邗江县杨寿乡宝女墩新莽墓》，《文物》1991年第10期。
② 安徽省文物考古研究所等：《安徽马鞍山东吴朱然墓发掘简报》，《文物》1986年第3期。
③ 杨泓：《三国考古的新发现——读朱然墓简报札记》，《文物》1986年第3期。
④ 南京博物院等：《海州西汉霍贺墓清理简报》，《考古》1974年第3期。南波：《江苏连云港市海州西汉侍其䌛墓》，《考古》1975年第3期。

漆器的昂贵，主要是因制一件漆器的工序多，用的劳动量多。据上述漆器铭文可知，做一件漆器需要七八道甚至十几道工序：素工，做胎之工；髹工，下地漆之工；上工，上地漆之工；铜耳黄涂工，镶嵌、鎏金、制钮之工；画工，彩画图案之工；汩工，可能是最初抛光之工；清工，最后抛光之工；造工，总管之工。一件漆器需要这么多的工序，所以，西汉时虽然漆器制造业很发达，但还是很昂贵。另一方面也说明，西汉时期的漆器制造更加精致，广汉郡工官、蜀郡工官及少府考工以做宫廷用的乘舆之器而闻名。

战国时期就已出现了夹纻胎漆器，但西汉初期也并不太多，比较多出现是到昭、宣时期。釦器是随着夹纻胎漆器的产生而出现的，真正的黄金釦器还没发现，一般是鎏金铜釦或银釦，"银口黄耳"即指耳杯的口沿是银釦，耳是鎏金铜釦，所以叫"银口黄耳"。

汉代还出现了几种新工艺：

堆漆工艺 即在漆器表面用漆堆起凸起的装饰，上面再描绘花纹，类似浮雕的效果。

锥画工艺 或叫针刻花纹，即在漆器的底漆上用针刻画出花纹图案。

戗金工艺 这种工艺是用针或尖刀刻出纤细花纹，然后在花纹内填漆，再填入金彩，成为金色花纹，类似于铜器上的金银错花纹效果。

金银平脱工艺 即用金、银箔贴在漆器上并磨平形成图案。过去认为唐代才有此种工艺，现在看来，汉代就出现了这种工艺。

（四）汉代漆器的种类及工艺特点

西汉前期，一些大中型墓随葬漆器是比较多的，一般为几十件，甚至成百件、上千件之多。如长沙象鼻嘴、陡壁山吴姓长沙王或王后墓，均随葬漆器数百件[①]；望城坡吴姓长沙王后墓出土漆器一千五

---

① 湖南省博物馆：《长沙象鼻嘴一号西汉墓》，《考古学报》1981年第1期。长沙市文化局文物组：《长沙咸家湖西汉曹䴊墓》，《文物》1979年第3期。

百多件①；广西贵港罗泊湾汉墓出土漆器七百多件；长沙马王堆轪侯利仓之妻墓出土漆器达 180 余件；江陵凤凰山 168 号墓墓主为江陵县令，出土漆器 160 多件；云梦大坟头一号墓墓主大致相当于县丞，随葬漆器 80 多件②。从西汉前期漆器的种类看，有些地方漆礼器仍比较盛行。如长沙马王堆轪侯之妻墓出土漆器种类有：鼎、盒（遣策称之为盛）、壶、钫、耳杯、盘、案、盆、匜、勺、奁、几、屏风等，如依遣策所记，此墓用大牢九鼎一套、大牢七鼎二套以葬。鼎、盒、壶等这套漆礼器显然是继承了先秦的礼制。除了漆礼器之外，西汉前期比较多见的漆器有耳杯、樽、卮、奁盒、盂、盆、盘、几、案等日用器。有些奁盒制作非常精致，如马王堆出土的一件圆奁盒，内是双层，上层放丝巾、镜袋、手套等，下层分 9 个小漆盒，分别放置假发、梳篦、毛刷、脂粉等。山东临沂银雀山汉墓出土的一件双层七子奁，上层放涡纹地凤云纹铜镜，下层装 7 个小漆盒，形状有双层圆盒、单层圆盒、团圆形小盒、马蹄形盒、椭圆形盒、盝顶长方形盒等。这些都体现了漆器工匠的精巧构思。

这时漆器的胎骨，除传统的木胎、夹纻胎外，还有竹胎及木胎与夹纻胎结合的。花纹主要有云气纹、几何纹、波折纹、菱形纹、鸟兽纹、鱼纹、凤纹等。也始见各种锥画的纹样，如江陵凤凰山 168 汉墓出土一件针刻纹样漆奁，在奁外壁与口沿内、内底与盖内的黑漆地上，针刻怪兽、鸟、鸟云纹、菱形纹、波折纹、卷云纹、三角纹等图案，皆构图巧妙，变化无穷。西汉前期出现了堆漆工艺，长沙马王堆三号墓出土的一件长方形漆奁和一件圆漆奁，其云气纹是用白漆堆起来的，然后用红、绿、黄色勾画流云。马王堆一号墓的彩绘漆棺也是采用堆漆方法进行装饰的。马王堆一号墓出土的九子奁贴以金箔，再施彩绘，可视为金银平脱工艺的先声。

---

① 傅举有：《中国漆器的巅峰时代——汉代漆工艺综论》，载《中国历史暨文物考古研究》，岳麓书社，1999 年。
② 湖北省博物馆：《云梦大坟头一号汉墓》，《文物资料丛刊》第 4 辑，文物出版社，1981 年。

西汉后期的漆器手工业达到了鼎盛时期。江苏邗江姚庄101号墓出土漆器131件，扬州西汉"妾莫书"墓、安徽天长三角圩1号墓均出土漆器100多件，代表了西汉后期漆器发展的极高水平①。这时期漆器的种类主要是日用器、兵器等，有盒、案、几、盘、碗、耳杯、勺、樽、壶、奁、笥、量、砚、六博棋盘、枕、虎子、盾、弩、弓、箭杆等。胎质除少数大件漆器为木胎外，多数为夹纻胎漆器，釦器比较发达。漆色有朱、黑、褐、黄等，多是器内髹朱红漆，外涂褐、黑漆。花纹图案有云气纹、流云纹、火焰纹、梅花纹、几何纹以及羽人、神兽、飞鸟、羚羊、锦鸡、麒麟、青龙、白虎等图案。并多在漆器上装饰各种金属附件，如在漆盒四角上嵌铜乳钉、碗侧加铜环耳、耳杯上加鎏金铜釦、漆笥两侧加铜铺首、盘口加鎏金铜釦等。

在漆器上贴金银箔的金银平脱技法非常盛行，是这一时期漆器发展的显著特点。在江苏邗江姚庄汉墓、连云港汉墓、扬州西汉"妾莫书"墓、安徽天长三角圩汉墓、长沙汉墓、山东莱西岱墅汉墓、广西合浦汉墓、陕西咸阳马泉汉墓以及河北满城中山王墓、定州八角廊中山王墓、北京大葆台广阳王墓等均有金银平脱漆器，是漆器工艺的精品②。如姚庄汉墓出土的一件银釦嵌玛瑙七子奁，盖顶为六出银质柿蒂纹，柿蒂中心嵌一颗红玛瑙，六花瓣中心各嵌一鸡心形玛瑙，四周贴金银箔，组成羽人踞座弹琴、羽人骑狼等图像。奁盖外壁主要是以金银箔组成的山水云气、羽人祝祷、车马出巡、狩猎、斗牛、六博、听琴等画面。奁内七子盒小巧玲珑，器表也嵌玛瑙、镶银釦。一长方形子盒，顶部中心为银质变体双叶柿蒂纹，

---

① 扬州博物馆：《江苏邗江姚庄101号西汉墓》，《文物》1988年第2期。扬州市博物馆：《扬州西汉"妾莫书"木椁墓》，《文物》1980年第12期。安徽省文物考古研究所等：《安徽天长县三角圩战国西汉墓出土文物》，《文物》1993年第9期。

② 广西壮族自治区文物考古工作小组：《广西合浦西汉木椁墓》，《考古》1972年第5期。中国社会科学院考古研究所等：《满城汉墓发掘报告》，文物出版社，1980年。大葆台汉墓发掘组：《北京大葆台汉墓》，文物出版社，1989年。咸阳市博物馆：《陕西咸阳马泉西汉墓》，《考古》1979年第2期。

上嵌3粒黄色鸡心玛瑙，柿蒂四周贴金箔，顶边加银釦。奁的口、腹、底部饰三道银釦。银釦之间以金银箔粘贴成山水、羽人、锦鸡、孔雀、羚羊、熊、马、虎等图案。其他子盒有方形、圆形、椭圆形、马蹄形。顶盖均装饰柿蒂纹，嵌黄色鸡心玛瑙。盖口及器身均饰银釦，银釦之间均以金银箔粘贴成各种图案，除与长方形盒相同图案外，还有大雁、羽人牧马、人物骑射、鹿、狼等。

这时期戗金工艺也已出现，湖北光化西汉晚期的墓中出两件漆卮，在黑漆地上用针刻出虎、鸟、兔、怪人等图像，然后在针刻的图像线条内填以金彩①。这是两件最早的戗金漆器。

东汉漆器较之西汉明显减少，目前发现的东汉漆器，较集中地出现在一些高级贵族官僚墓中，如扬州甘泉山广陵王墓、徐州土山彭城王墓、定州中山王刘畅墓、甘肃武威雷台汉墓等均有较多漆器随葬②，而一般的墓只是偶有出现。从高级贵族官僚墓所出漆器或漆器残片看，这时的漆器多是铜釦、银釦、鎏金釦器，多镶嵌和金银平脱器。定州刘畅墓仅耳杯的鎏金铜耳就有90余件，另有许多散落的绿松石、玛瑙、珍珠和精雕细镂的金银箔片。武威雷台汉墓出土的一件鎏金错银铜釦漆樽，在器盖和器身的鎏金铜饰上镂刻、嵌错出流云、奇禽异兽和四神图案，实属东汉末年漆器精品。从漆器的纹饰特征看，东汉前期与西汉接近，多是图案化的龙凤纹、云气纹、花草纹图案，这可能是受工官御用的规范所限制。但到殇帝以后，这种限制不再起作用了，漆工的创作转向描绘人物故事的作品，同时一些传统的图案也打破了呆板的格局。如朝鲜平壤出土的东汉后期漆器，比较精致，有神仙龙虎画像的漆盘，嵌玳瑁的漆匣，还有绘有94个人物的帝王孝子竹筒。这种以人物故事为题材的漆器，到

---

① 湖北省博物馆：《光化五座坟西汉墓》，《考古学报》1976年第2期。
② 南京博物院：《江苏邗江甘泉二号汉墓》，《文物》1981年第11期。南京博物院：《徐州土山东汉墓清理简报》，《文博通讯》1977年第15期。定县博物馆：《河北定县43号汉墓发掘简报》，《文物》1973年第11期。甘肃省博物馆：《武威雷台汉墓》，《考古学报》1974年第2期。

三国时更加流行，如安徽马鞍山朱然墓出的漆器中，有季札挂剑图漆盘、童子对棍图漆盘、贵族生活图漆盘、百里奚会故妻漆盘、伯榆悲亲图漆盘、宫闱宴乐图漆案等。

东汉后期至魏晋时期，漆器制作水平虽有所提高，但毕竟已度过了它的黄金时代，随着瓷器的兴起，一些漆制品又逐渐被瓷器所代替。

第三节　秦汉货币研究

一、秦代货币流通

秦始皇统一六国后，开始进行货币的统一。《汉书·食货志》载："秦兼天下，币为二等：黄金以溢为名，上币；铜钱质如周钱，文曰'半两'，重如其文。而珠玉龟贝银锡之属为器饰宝臧，不为币。"据文献记载和考古资料，秦代统一货币可归纳为以下几个方面。

货币种类的统一：六国原有币制一律废除，规定全国货币为二等：黄金为上币，铜钱为下币。

货币形态的统一：铜钱均作圆形方孔。过去的布币、刀币及圆孔圜钱一律不用。

货币面文的统一：铜钱币文均铸"半两"，并规定"重如其文"。

货币名称的统一：称铜圆形方孔钱为"钱"，其他各种名号一律不用。

铸钱权的统一：由官府统一铸造，不许民间铸钱。云梦秦简记载了"盗铸钱"的案件，并载搜出盗铸钱用的钱范[①]。这说明秦统一币制，不但统一钱币的模式，也统一了铸造权。

全国货币立法的统一：钱币的形制、重量和铸造的统一，必须

---

①　睡虎地秦墓竹简整理小组编：《睡虎地秦墓竹简》，文物出版社，1978年。

有法律的保护,这就是秦代关于钱币立法的统一。云梦秦简中的《金布律》即秦代的钱币立法,包括的范围很广,如铸造、收藏、流通、核算等都有明文规定。

总之,秦的统一货币采取了许多有效的措施。

目前考古发现的秦代半两钱,还是大小、轻重不一。以此来看,秦代的半两钱并没有达到"重如其文"的标准。(图4-5)

图4-5 秦始皇陵出土半两钱

二、西汉货币流通

秦汉之际,发生了连年的战乱,农业、手工业都遭到严重破坏,社会经济陷入极度凋敝的困境。汉定天下后,社会秩序逐渐安定,商品经济也在恢复。但这种商品经济的发展,并没有牢固的物质基础,因此也是虚假的,反过来还影响农业的发展,出现了舍本趋末的局面。从汉高祖刘邦到文景之时,一直存在这一严重问题,一般"用贫求富"者都认为"农不如工,工不如商,刺绣文不如倚市门"(《史记·货殖列传》)。这种情况严重地影响了农业生产的发展,所以,西汉前期一直采取"重农抑商"政策。汉高祖刘邦则下令"贾人不得衣丝乘马,重租税以困辱之"(《史记·平准书》)。但这种政策并没有抑制商业的发展,文帝时期晁错就讲,"令法律贱商人,商人已富贵矣"(《汉书·食货殖》)。

到汉武帝时期,进一步采取了一系列抑制商人发展的措施,实行盐铁官营、均输法、平准法,还实行算缗、告缗等措施。这些措施使国家控制了盐铁的生产和许多货物的买卖,使富商大贾难以牟大利,使物价不致暴涨暴落,同时,也使一部分手工业和商业利润归于国家，并且还起着控制诸侯和富商大贾的作用。汉武帝一方面对大商人实行限制、打击乃至剥夺的政策，另一方面又允许一部分商人主持财政或充当盐铁官，为汉中央王朝服务，这样，汉中央政府与大商人的矛盾也有所缓和。

商业的发展促进了手工业生产的扩大，造成了农民离开土地走进手工业作坊，为商人生产商品。这样，大批农民从农村中被吸引出来。《汉书·贡禹传》记，到汉元帝时，"民弃本逐末，耕者不能半。贫民虽赐之田，犹贱卖以贾，穷则起为盗贼。何者？末利深而惑于钱也。"而商人有了雄厚的资金，又大肆兼并土地，加速了农民的破产，把农民从土地上排挤出去，造成了西汉后期最为严重的社会问题，即土地兼并，农民破产，无业流民大量涌现。这是西汉王朝灭亡最重要的原因之一。后来王莽改制，最主要的也是想解决土地兼并、流民、奴婢等问题，只是由于大土地所有者和富商大贾的强烈反对，以及王莽本人的阶级局限等原因而停止了改革，又走向了反面。

西汉前期进行了数次货币改革。《汉书·食货志》记载："汉兴，以为秦钱重难用，更令民铸荚钱。"这说明汉初流通的是荚钱，并且让民间自由铸造，不加限制。从考古发现看，汉初一种标有"半两"二字、个体特小、重量很轻的小钱应是榆荚钱。在山东章丘、博兴出土有荚钱石范，有的一石范上刻钱模多达324枚①。

《汉书·高后纪》载，高后二年（前186）"行八铢钱"，应劭注曰："本秦钱，质如周钱，文曰'半两'，重如其文，即八铢也。"目前对八铢钱的详细情况及形态还不清楚。1986年，徐州北洞山西汉楚王墓出土半两钱200多公斤，7万余枚，不见五铢钱②。此墓道的塞石上朱书有"辛酉"二字。研究者认为，墓主葬于"辛酉"年即吕后八年，正是吕后行八铢钱时期。这批钱究竟是不是八铢半两，

---

① 李少南：《山东博兴出土西汉"榆荚"钱石范》，《文物》1987年第7期。朱活：《汉钱初探》《汉钱续探》《古钱新探》，齐鲁书社，1984年。

② 徐州博物馆等：《徐州北洞山西汉墓发掘简报》，《文物》1988年第2期。

还要进一步研究。

吕后六年（前182）又行"五分钱"。《汉书·高后纪》颜师古注引应劭曰："所谓荚钱者。"可以肯定此钱很小，但究竟是什么样的钱，目前还不清楚。

文帝五年（前175）又铸四铢半两钱。《汉书·文帝纪》载：文帝五年"除盗铸钱令，更造四铢钱"。《食货志》则云："除盗铸钱令，使民放铸"。这里讲了两个问题：一是除盗铸钱令；二是新铸四铢半两钱。看来在文帝五年前，曾有过禁民铸钱令，是什么时候，文献无记载，汉初"令民铸荚钱"，是让民间自由铸钱的，也可能在吕后二年铸八铢钱时下过"禁民铸钱令"，以维护新钱的信用。湖北荆州张家山汉墓出土《二年律令》法律简①，据考其时代正是吕后二年，其中有《钱律》《金布律》等，此证明在吕后时期制定了有关钱币的法律。为什么文帝五年又"除盗铸钱令"，又允许民间铸钱？原因可能还是当时国家的经济力量不足，私铸钱盛行，国家无力控制。文献讲，有的人"以铸钱财过王者"，"吴、邓氏钱布天下"（《史记·平准书》），说明当时私铸钱很严重，汉中央已无法禁止。一直到景帝中元六年（前144）终于又"定铸钱伪黄金弃市律"（《汉书·景帝纪》），下决心结束自由铸钱，实行官铸，由国家掌握铸钱权。

四铢半两钱流通的时间比较长，从文景帝时期到武帝元狩五年（前118）前都用四铢半两钱。四铢半两钱有何特征，可以从湖北江陵凤凰山168号汉墓所出半两钱来判断②。此墓出土有101枚半两钱，在同一个竹笥内还有一件"称钱衡"和一件圆形砝码。称钱衡杆的正、背、侧面有墨书文字："正为市阳户人婴家称钱衡，以钱为累刻，曰四朱。两疏第"；"十敢择，轻重衡。及弗用，劾论罚，徭

---

① 彭浩、陈伟、〔日〕工藤元男主编：《二年律令与奏谳书》，上海古籍出版社，2007年。
② 湖北省文物考古研究所：《江陵凤凰山一六八号汉墓》，《考古学报》1993年第4期。

里家，十日"；"□黄律"。根据文字内容可知，此是专用于称钱的天平，即自名"称钱衡"，称的钱"曰四朱"，并且是法定的称钱衡。同出的一枚砝码重 10.75 克，约合十六铢，恰为法定四铢半两钱的四倍，这正是用来取其整倍数称四铢钱的。这枚砝码与称钱衡及 101 枚半两钱同放在一个竹笥内，据此可以确定，这 101 枚规整的半两钱应当是文帝时期合格的法定四铢半两钱。（图 4-6）

图 4-6　湖北江陵凤凰山汉墓出土文帝时期四铢半两钱

《汉书·武帝纪》载："建元元年（前 140）行三铢钱"，用了四年又废止，"建元五年（前 136）罢三铢钱，行半两钱"。此钱钱文为"三铢"，有别于半两和五铢。1973 年山东临沂银雀山汉墓出土一枚三铢钱①。山东莱芜还出土一块三铢钱石范②。（图 4-7）

图 4-7　山东临沂银雀山汉墓出土"三铢钱"

由于西汉前期允许民间自由铸钱，各诸侯王国也可以自行铸钱，特别是文帝时"除盗铸钱令"，地方私铸钱得到了法律上的承认，所以各地还出现一些地方特征的货币。

西汉后期主要流通五铢钱，武帝时期铸造过三种五铢钱。武帝元狩五年（前 118）"罢半两钱，行五铢钱"。此时是允许各郡国铸钱，《汉书·食货志》载："更请郡国铸五铢钱，周郭其质，令不可

---

① 山东省博物馆等：《临沂银雀山四座西汉墓》，《考古》1975 年第 6 期。
② 王其云：《莱芜市出土"三铢"钱范》，《中国钱币》1985 年第 2 期。

得摩取镕。"故又称郡国五铢，或元狩五铢。至元鼎三年（前114），"郡国铸钱，民多奸铸，钱多轻"，所以"令京师铸官"铸赤仄五铢。并规定"一当五，赋官用非赤仄不得行"，这就是赤仄五铢。至元鼎四年，因"赤仄钱贱，民巧法用之，不便，又废。于是悉禁郡国毋铸钱，专令上林三官铸"，"令天下非三官钱不得行"，"诸郡国前所铸钱皆废销之，输入其铜三官"。从此全国铸钱统一于三官，货币到此时真正达到了统一。三官之一的锺官铸钱遗址已在汉上林苑内发现①，长安城内西市的相家巷遗址、城西的高低堡遗址，也被推测为三官铸钱遗址②。（图4-8）

 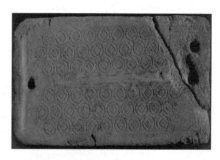

图4-8　汉上林苑锺官遗址出土五铢钱及陶范

武帝之后，每年铸钱量很大，从元狩五年至平帝元始五年，共123年，铸钱280亿万（《汉书·食货志》），平均每年铸钱2.28亿左右。目前见到西汉后期的五铢钱范和范母有：昭帝时期的元凤四年和六年泥范母；宣帝时期的本始、地节、元康、神爵、五凤、甘露纪年范；元帝时期的永光、建昭纪年范；成帝时期的永始纪年范。

黄金至迟在战国时期就充当货币了，秦代仍以黄金为上币，至汉代还用黄金作为货币。但据《汉书》中的一些记载，汉代黄金并不是市场上广泛流通的货币，而多是用于皇帝赏赐诸侯王等高级贵族，或是诸侯王向皇帝进贡的酎金；有的则是用于数额较大的交易，或用于买爵、赎罪等。总之，汉代的黄金主要体现贮藏职能。考古

---

① 西安文物保护修复中心编著：《汉锺官铸钱遗址》，科学出版社，2004年。
② 徐龙国：《汉长安城地区铸钱遗址与上林铸钱三官》，《考古》2020年第10期。

发现的西汉黄金多是圆饼状，麟趾金、马蹄金也多有发现。这种麟趾金、马蹄金更不会充当流通手段，只能是皇帝等高级贵族拥有的标准样品，在交易中使用的黄金仍是金版和金饼。（图 4-9）

图 4-9　江西南昌西汉海昏侯墓出土马蹄金

三、王莽时期货币流通

王莽建立新朝，为时很短，只有 14 年（9—23）。据《汉书·食货志》及《汉书·王莽传》记载，王莽对货币进行了四次改革。

王莽第一次改革币制是在居摄二年（7），王莽此时居摄践政，称摄皇帝，立二岁的子婴为太子。《汉书·食货志》载："王莽居摄，变汉制，以周钱有子母相权，于是更造大钱……又造契刀、错刀……与五铢钱凡四品，并行。"契刀、错刀均"其环如大钱，身形如刀"。契刀铸文为"契刀五百"；错刀以黄金错其文为"一刀直五千"，所见实物为"一刀平五千"，多是"一刀"错金，"平五千"不错金。大钱是圆钱，钱文为"大泉五十"。这三种钱实际是模仿先秦的刀币和圆钱，与五铢钱四品同时流通。

第二次币制改革是始建国元年（9）。这一年，王莽由"摄皇帝""假皇帝"即位成"真皇帝"，认为"刘之为字，卯、金、刀也"，要废刘而兴王，"正月刚卯，金刀之利，皆不得行"。于是，在始建国元年王莽即位后，立即废契刀、错刀和五铢钱，"乃更作小钱……文曰：小泉直一"，与原来的"大泉五十"二品并行。但王莽钱制多变，没有信用，百姓还是习惯用五铢钱。王莽则下令"诸挟五铢钱言大钱当罢者，比非井田制，投四裔"。在王莽的重压之下，"于是农商失业，食货俱废"。王莽为了推行新钱，又派人分别至各郡国主持铸造新币。这样将汉中央已集中的铸钱权又分散到各郡国，使得钱法大乱。这次币制改革仅一年，就使社会经济趋于大崩溃。就是在这种情况下，王莽又进行了一次更大规模的币制改革。

王莽于始建国二年（10），又进行了第三次币制改革。王莽发现"大泉五十""小泉直一"难以推行，又下书解释曰："民以食为命，以货为资，是以八政以食为首。宝货皆重，则小用不给；皆轻，则僦载烦费。轻重大小，各有差品，则用便而民乐"。王莽以此为由，推出了五物、六名、二十八品货币一齐参加市场流通。真可谓空前绝后、古今中外都没有过的。这二十八品货币是：

泉货六品：小泉直一、幺泉一十、幼泉二十、中泉三十、壮泉四十、大泉五十；

黄金一品：重一斤，值钱万；

银货二品：朱提银，八两为一流，值1580钱；他银一流值千钱；

龟宝四品：元龟值2160钱，公龟值500钱，侯龟值300钱，子龟值100钱；

贝货五品：大贝值216钱，壮贝值50钱，幺贝值30钱，小贝值10钱，贝值3钱；

布货十品：小布一百、幺布二百、幼布三百、厚布四百、差布五百、中布六百、壮布七百、第布八百、次布九百、大布黄千。（图4-10）

上林苑锺官铸钱遗址发现王莽时期多种铸钱范，有的钱范上有"锺官前官始建国""元年三月工常造"等字样，说明王莽新朝也在上林锺官铸钱。（图4-11）

如此五花八门的货币，百姓记都记不清，更不愿用金银铜与不值钱的龟贝兑换。史称当时"每壹易钱，民用破业"，"百姓愦乱，

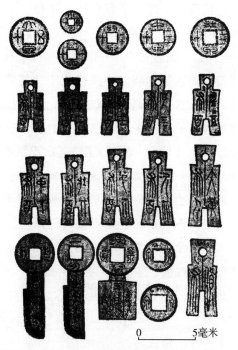

图 4-10　王莽时期的金属铸币

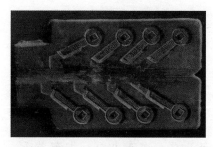

图 4-11　上林苑锺官遗址出土王莽时期"一刀平五千"铜范

其货不行,民私以五铢钱市买"(《汉书·食货志》)。在这种形势下,王莽便用严刑酷法来推行,规定盗铸钱的"一家铸钱,五家坐之,没入为奴婢,吏民出入,持布钱以副符传",不持者"厨传勿舍","关津苛留"(《汉书·王莽传》)。但是,这种不符合经济规律的货币政策,用重刑也难以推行,因币材太乱,品类太杂,变换频繁,交换烦琐,根本无法进行流通。在这种情况下,王莽不得不在这次改革的同一年"收回成命","罢龟、贝、布钱",但行"小泉直一""大泉五十"二品并行,又恢复到始建国元年的币制。

王莽最后一次币制改革是天凤元年（14），又将"金、银、龟、贝之货"重新核定价值，再次投入市场，并又铸出新的货币"货布"和"货泉"。又恐"大泉五十"久行，罢之恐民不止，所以"大泉五十"还可以用，但不能值五十，只能与"布泉"一样，值一钱，实际是将"大泉五十"贬值。到地皇元年（20），又罢"大泉五十"，专行"货布""货泉"。

实际上，这时期的货币也没有稳定，此后没多久，王莽政权就垮台了。当然，王莽政权的灭亡有多种原因，但其混乱的货币政策不能不说是重要的原因之一。

四、东汉货币流通

王莽时期破坏了西汉的五铢钱制度，造成了国民经济的总崩溃，后又经历了连年的农民起义战争，所以东汉初期社会经济秩序是比较混乱的。东汉初有十多年时间没有铸钱，主要用旧的王莽钱，又有西汉五铢，还有半两钱，并且货币与布帛、金、粟杂用，又退回到物物交易的经济状态中去。

至刘秀后期开始发展经济，建武十六年（40），马援建议恢复五铢钱的铸造，当时的三公府（太尉、司空、司徒）极力反对，提出了十三条反对意见，即书载的"十三难"，马援进行了反驳，于是在建武十六年开始铸五铢钱，史称"天下赖其便"（《后汉书·马援传》）。传世五铢钱铜范母，铸有"建武十七年"等字样，是鉴定东汉前期五铢钱的标准①。（图4-12）

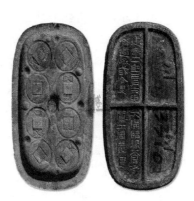

图 4-12 东汉刘秀建武十七年五铢钱铜范母

---

① 蒋若是：《东汉五铢钱》，《秦汉钱币研究》，中华书局，1997年。

到桓、灵时期，内戚、宦官乱争，造成了政治经济的大混乱，史称"主荒政谬"（《后汉书·党锢列传》）。桓帝时，有人上书言："人以货轻钱薄，故致贫困，宜改铸大钱"，桓帝便让群臣商议。刘陶对桓帝讲：当时的问题"不在于货，在乎民饥"，即使"沙砾化为南金，瓦石变为和玉，使百姓渴无所饮，饥无所食"，一样无法保证社会的安定，所以"民可百年无货，不可一朝有饥"。并尖锐地指出，假如老百姓因饥饿而纷纷起来反抗，"虽方尺之钱，何能有救其危"（《后汉书·刘陶传》）。刘陶的这番议论，在古代货币史上，占有一定地位，提出了一项根本性的理论：一是，增加货币的数量，并不增加人民的真实财富，既不能止渴，也不能充饥；二是，当时百姓穷困饥饿的根源在于农业生产未得到充分发展，而且剥削过重，农民被掠夺殆尽，只有发展农业生产，轻徭薄赋，减少人民负担，才能保证人民的最低需要，这些都不是靠铸钱能够解决的。刘陶生活在黄巾大起义前夕，他也觉察到当时阶级矛盾的尖锐，所以提醒以桓帝为首的统治者，假如有人振臂高呼，爆发农民起义，就是铸方尺之钱，也无济于事了。桓帝听了刘陶的这话，没有铸大钱。

由于东汉后期整个社会经济的衰落，货币不能稳定，出现了剪轮钱和延环钱，即一个五铢凿成两个用。灵帝中平三年（187）为了禁止这种剪轮钱和延环钱，铸了"四出五铢"，但也不能制止货币的紊乱局面。货贱物贵，谷石数万，货币几乎不行，又出现了以物易物的现象，使商品货币关系又降落到了低点。（图4-13）

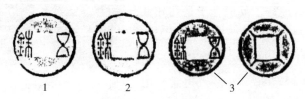

图4-13 东汉五铢

1. 建武五铢 2. 穿上星五铢 3. 灵帝中平三年铸"四出五铢"

第五章
秦汉考古学文化的传播

第一节 秦文化的传播

秦始皇于兼并六国的次年（前220）便开始出巡各地，在其称帝的十一年中共进行了五次，出巡地域遍及原东方六国及北部边境地带，最后一次出巡中病于齐地平原津，崩于赵地沙丘，结束了秦始皇统治的时代。秦始皇出巡的目的是什么？文献记载其巡行，或称为"东游"，或称"封禅望祭山川"，或称"入海求仙人"等，似乎是为了游山玩水、求神拜仙之事。而事实上，从秦始皇出巡的实际情况分析，其主要目的是进一步巩固统一、扩大统一、推行统一的制度，将秦的政治制度、思想文化等传播到全国各地，实现政治、经济、思想、文化的真正大统一。

一、秦文化向北方的传播

《史记·秦始皇本纪》记载："二十七年，始皇巡陇西、北地，出鸡头山，过回中。"陇西、北地两郡是秦王朝的西北边陲，秦始皇迫不及待地先到这一带巡视，显然是为了督察边防，想解除北部匈奴侵扰的后顾之忧。秦始皇本想在兼并六国之后立即出兵北伐，但李斯却进行了劝阻："夫匈奴无城郭之居，委积之守，迁徙鸟举，难得而制也。轻兵深入，粮食必绝；踵粮以行，重不及事。得其地不足以为利也。遇其民不可役而守也。胜必杀之，非民父母也。糜敝中国，快心匈奴，非长策也。"（《史记·平津侯主父列传》）李斯的言论未必恰当，但由于当时兼并六国的战争刚刚结束，秦王朝草创伊始，大规模对匈奴用兵的条件还不具备。因此，秦始皇除委派蒙恬、王离等将领加强对北边的屯戍外，在整个对匈奴的军事部署上，最初基本上是采取积极防御的策略。在过了五六年之后，才开始对匈奴进行大规模的征伐。

秦始皇于三十二年（前215）第四次出巡，先视察韩、魏、赵、燕故地，转而巡视北边，亲临上郡，为北击匈奴作准备。当他从上郡返回咸阳后，即刻派遣蒙恬将兵三十万北击匈奴，很快收复了河南地及榆中（今伊金霍洛旗以北）一带的广大地区。接着，率军渡过黄河，进抵高阙（今巴彦淖尔临河区狼山口）。又收复了阳山和北假（今内蒙古乌加河以北和乌梁素海一带），直抵阴山一带的广大地区。通过这次对匈奴的沉重打击，迫使匈奴单于北徙，"却匈奴七百余里，胡人不敢南下而牧马，士不敢弯弓而报怨"（《新书·过秦》），"不敢南面而望十余年"（《盐铁论·伐攻》），使河套内外、大河南北的广大地区，在一个相当长的时期内摆脱了兵祸的灾难。为了巩固收复的这一广大地区，秦王朝在这里分设三十四县，重新建立九原郡（郡治在今包头西北），统辖自"河南地"至阴山大片地区。又徙内郡民众及刑徒移居边地。如秦始皇三十六年（前211），一次就从内地徙民三万家至北河、榆中定居。秦王朝所采取的这些措施，对于我国古代多民族国家的进一步统一，促进北部地区经济文化的发展与交流，发挥了重要作用。

为了巩固对匈奴军事上的胜利，秦始皇又命蒙恬主持修筑了我国历史上规模最大的军事防御工程——万里长城。蒙恬于秦始皇三十三年（前214）夺得河南地及榆中之后，便"城河上为塞"。此后，秦始皇又多次下令将众多刑徒"输边筑长城"（《史记·秦始皇本纪》）。始皇三十五年（前212），使长子扶苏"北监蒙恬于上郡"，"与蒙恬筑长城"（《水经·河水注》）。与此同时，秦始皇又命蒙恬等修筑了从都城咸阳附近直通北边的"直道":"(始皇)三十五年,除道,道九原,抵云阳,堑山堙谷,直通之。"(《史记·秦始皇本纪》)这条重要通道的修筑,对加强秦中央王朝与北部边陲的联系,有效遏制匈奴的侵扰,密切北边与内地的经济文化交流,有着非常重要的价值。

从考古发现看,秦始皇所设的九原郡郡治已经发现,坐落在内蒙古包头西北①。在鄂尔多斯准格尔旗发现秦汉时期的城址,城周围分布多处同时期的墓地,墓中出土的陶器上有的刻有"广衍"二字,墓地出土的铜戈刻有"十二年,上郡守寿造,漆垣工师乘,工更长骑","广衍"。铜矛也刻有"广衍"二字。墓葬多秦式屈肢葬,随葬陶器也多秦式器。由此证明此古城即秦汉时期的广衍县城,也应是秦始皇在此地域所设三十四县之一②。在准格尔旗西沟畔匈奴墓出土的金带饰和银节约的背面,均刻有秦常用的"斤""两""朱"重量单位,并且还刻有"少府""寺工"等官府名③。在内蒙古赤峰还出有刻有秦始皇诏书的铁权和陶量④。这些均反映了秦始皇对北方的经营及秦文化的传播。

二、秦文化向南方的传播

《史记·秦始皇本纪》记载,秦始皇第二次出巡(前219)先到齐地,后巡视楚地的彭城(今徐州)、衡山(今湖南湘潭境)、湘山(今湖南湘阴境)、南郡(今荆州),由武关返回咸阳。第五次出巡(前210)到云梦(今湖北云梦境)、丹阳(今安徽当涂境)、钱唐(今杭州)、会稽(今绍兴),又北至齐地巡视,在返回途中于赵地沙丘而崩。秦始皇两次大规模地巡视南方楚地,可见对南方局势的

---

① 包头市文物管理处等:《包头境内的战国秦汉长城与古城》,《内蒙古文物考古》2000年第1期。
② 崔璇:《秦汉广衍故城及其附近的墓葬》,《文物》1977年第5期。
③ 伊克昭盟文物工作站等:《西沟畔匈奴墓》,《文物》1980年第7期。
④ 国家计量总局等:《中国古代度量衡图集》,文物出版社,1984年。

重视。在列国争雄的战争中,与秦争雄最强势的是楚国。文献记载秦对楚的兼并战争时说,得蜀则得楚,楚亡则天下并矣(《华阳国志·蜀志》)。又载,"楚虽三户,亡秦必楚"(《史记·项羽本纪》)。这说明当时只有秦和楚能够统一中国,秦、楚是最强盛的两个国家。虽然楚国最后被秦所灭,但在楚地一直存在着强大的反秦势力。秦末农民起义领袖陈胜"立为王,号为张楚"(《史记·陈涉世家》)。《史记·秦始皇本纪》云:"戍卒陈胜等反故荆地,为张楚。"唐司马贞《史记索隐》引李奇云:陈胜"欲张大楚国,故称张楚也"。颜师古注《汉书》引刘德云:"若云张大楚国也。"当然,陈胜并不是真正为了复立楚国,只是为了"从民欲""从民望"(《史记·陈涉世家》《汉书·陈胜传》),号召楚地的反秦力量。项梁、项羽即是楚国贵族之后。刘邦也是楚地人,称沛公也是从楚制。唐颜师古引孟康云:"陈涉为楚王,沛公起应涉,故从楚制,称曰公。"(《汉书·高帝纪》注)可以看出,陈胜建"张楚",项梁立怀王,项羽尊义帝,刘邦从楚制,均是举楚之帜以灭秦。虽然早在秦昭襄王二十九年(前278),"大良造白起攻楚,取郢为南郡"(《史记·秦本纪》),秦完全控制了江汉平原广大地区。但战国时期江汉平原是楚政治、经济、文化的中心,在各方面的影响还是很大的。秦始皇之所以两次到楚地巡视,就是要推行秦的政治思想文化和各种秦的制度。

在湖北的江陵、云梦、安陆、宜城、襄樊、郧县等地,均发现了秦拔郢之后的大批秦墓,为研究秦对江汉地区的控制和管理提供了直接的实物资料。云梦睡虎地4号墓出土的两件木牍,一件正面记有:"黑夫等直佐淮阳,攻反城久,伤(尚)未可智(知)也……";另一件正面记有:"与从军,与黑夫居……"背面记:"闻新地城多空不实者,且令故民有为不如令者实……为惊祀,若大发(废)毁,以惊居反城中故。……新地入盗,衷唯毋方行新地……"黑夫与惊均是从军参战的士兵,来到新地,写信回家说明参战及到新地的情况①。睡虎地 11 号墓出土的《编年记》简记载了墓主喜何时出生、何时傅籍、何时从军、何时变换为吏地点、何时再次从军等情况②。这些资料说明，江汉地区发现的秦墓墓主大部分是从军南征的秦军士卒或官吏，占领楚地后便定居于楚地。《编年记》还记载了上起秦昭王元年（前 306），下迄秦始皇三十年（前 217）共 90 年间关于秦的军政大事，有相当一部分内容反映了秦灭楚的具体过程及秦楚关系等。此墓所出《语书》记载了秦灭楚设南郡后对楚地的治理。这部分简文是秦南郡守腾颁发给本郡各县、道的文书，其中记载："古者民各有俗……仅法律令已具矣，而吏民莫用，乡俗淫佚之民不止，是即废主之明法也，而长邪僻淫佚之民，甚害于邦，不便于民。……今法令已布，闻吏民犯法为间私者不止，私好乡俗之心不变，自从令、丞以下知而弗举论，是即明避主明法也，而养匿邪僻之民。"自秦建立南郡至《语书》发布之时，已经五十一年了，秦还在极力改变楚的民风民俗。此墓还出有《秦律十八种》竹简，其内容涉及农田水利、山林保护、牛马饲养、官吏任免、官吏职务、军爵赏赐、徭役征发、工程建设、刑徒监管、货币流通、市场交易等诸方面的法规。由此可以看出，秦的典章制度在楚地的推行和统一。

秦占领江汉平原设立南郡之后，对楚之江南的黔中郡、洞庭郡进行了激烈的争夺，直至秦始皇二十三年（前 224）虏楚王负刍，夺取楚江南地而设立洞庭郡，实现了对楚地的全部统一。在湖南湘西发现的秦墓葬及文物印证了秦对楚江南地的统一过程，尤其是湘西里耶发现的秦简更充分反映了秦始皇对楚江南地的统一措施。里耶秦简发现于湘西龙山县里耶古城，此城是秦的迁陵县治，所出简牍为秦洞庭郡迁陵县遗留的公文档案，年代为秦始皇二十五年（前

---

① 湖北孝感地区第二期亦工亦农文物考古训练班：《湖北云梦睡虎地十一座秦墓发掘简报》，《文物》1976 年第 9 期。
② 孝感地区第二期亦工亦农文物考古训练班：《湖北云梦睡虎地十一号秦墓发掘简报》，《文物》1976 年第 6 期。

222）至秦二世二年（前208），内容包括职官设置、户籍管理、土地开垦、田租赋税、仓储钱粮、劳役徭役、刑徒管理、奴隶买卖、兵甲物资、邮驿津渡、道路里程以及祭祀、教育等相关政令和文书，许多简文中都标明"以律令从事"字样，即要以秦的政策法令办理①。可见，里耶秦简对研究秦对楚地的统一和秦文化的传播具有非常重要意义。

秦完全统一了楚地之后，继续向岭南发展。公元前218年，秦发兵五十万第一次大举进攻南越，"使尉佗、屠睢将楼船之士南攻百越"（《史记·平津侯主父列传》）。"使尉屠睢发卒五十万，为五军：一军塞镡城之岭，一军守九疑之塞，一军处番禺之都，一军守南野之界，一军结余干之水。"（《淮南子·人间训》）据学者研究，秦的五路大军均是由南岭北部今江西、湖南、广西向岭南进发的②。秦始皇三十三年（前214），再次命任嚣、赵佗，"发诸尝逋亡人、赘婿、贾人略取陆梁地，为桂林、象郡、南海"（《史记·秦始皇本纪》）。这次彻底征服了岭南越族，并置桂林、南海、象郡三郡。广西平乐银山岭南越国时期的墓中出土刻有"孱陵"二字的铜矛③。"孱陵"是地名，《汉书·地理志》记载汉代有孱陵县，属武陵郡。其实，秦代就设有孱陵县。湖南里耶发现的秦代简文中就记有孱陵："鄢到销百八十四里，销到江陵二百四十里，江陵到孱陵百一十里，孱陵到索二百九十五里，索到临沅六十里，临沅到迁陵九百一十里。"④这是一件秦代的里程书，所记地名均在两湖地区原楚国地域内，孱陵距楚郢都比较近，在今湖北公安南。银山岭出土的"孱陵"铜矛肯定与原楚地的"孱陵"有关，或者此矛是孱陵所制造，或者持矛士

---

① 湖南省文物考古研究所：《里耶秦简·壹》《里耶秦简·贰》，文物出版社，2012年、2017年。
② 张荣芳、黄淼章：《南越国史》，广东人民出版社，2008年，第26页。
③ 广西壮族自治区文物工作队：《平乐银山岭战国墓》，《考古学报》1978年第2期。
④ 湖南省文物考古研究所等：《湖南龙山里耶战国——秦代古城一号井发掘简报》，《文物》2003年第1期。

兵就是原楚地之人，参加了秦平岭南的战争。秦平岭南后，还修筑了"秦所通越道"（《史记·南越列传》索隐），分别由湖南、江西和福建进入岭南①。另外，秦王朝还采取了徙民与越杂处的政策。秦始皇三十三年（前214），"发诸尝逋亡人、赘婿、贾人为兵，略取南越陆梁地，置桂林、南海、象郡，以谪徙民五十万人戍五岭，与越杂处"（《资治通鉴·秦纪二》）。秦始皇三十四年（前213），"適治狱吏不直者，筑长城及南越地"（《史记·秦始皇本纪》）。秦将赵佗还主动向秦始皇要求向岭南移民，赵佗"使人上书，求女无夫家者三万人，以为士卒衣补，秦皇帝可其万五千人"（《史记·淮南衡山列传》）。这些移民也肯定将岭北的文化带入岭南。岭北的两湖地区，秦灭楚后设立了南郡、洞庭郡、苍梧郡进行治理，从行政区划上已归秦控制，但是从考古学文化看，还是以楚文化为主。西汉时期，岭北的湖南是吴姓长沙王控制的地域，仍然保留着浓厚的楚文化因素，是汉制之中糅以楚制，以楚制为主，尤其是西汉前期，楚文化传统尤为突出。可以看出，岭南地区在秦汉时期之所以呈现出浓厚的楚文化面貌，是随着秦汉大军进入及徙民政策所造成的，形成了岭南地区楚文化、秦文化、汉文化与越文化的大融合。

三、秦文化向东方的传播

秦始皇的五次出巡中，有四次都是到关东原六国地区，第二次出巡是到齐、楚，第三次又到齐地，第四次是到赵、魏、韩、燕，第五次是到楚、吴、越、齐等地。其反复到东部地域巡视，就是为了进一步巩固统一、扩大统一、推行统一的制度。这在《史记·秦始皇本纪》所载秦始皇东巡的刻石中有充分的反映。如《泰山刻石》讲："作制明法"，"治道运行，诸产得宜，皆有法式"；《琅琊刻石》记："端平法度，万物之纪"，"器械一量，同书文字"，"除疑定法，咸知所避"；《之罘刻石》："建定法度，显著纲纪"，"普施明法，

---

① 张荣芳、黄淼章：《南越国史》，广东人民出版社，2008年，第45—46页。

经纬天下","圣法初兴,清理疆内";《会稽刻石》:"初平法式,审别职任,以立恒常"。这些刻石反复讲统一各种制度。特别是当时的齐地与秦的制度差别更大,如齐的量制是豆、区、釜、钟,进位关系是四进位,完全不同于秦国十进位的升、斗、斛制。清朝末年在山东胶南灵山卫就出土过三件齐的铜量,两件单位为"釜",另一件单位为"鉶"。所以秦始皇在《琅琊刻石》上强调"端平法度,万物之纪","器械一量,同书文字"。秦始皇在统一全国后,专门颁布了统一度量衡的诏书:"廿六年,皇帝尽并兼天下诸侯,黔首大安,立号为皇帝。乃诏丞相状、绾,法度量,则不壹,歉疑者皆明壹之。"在全国各地都发现刻有秦始皇统一度量衡诏书的标准量器和衡器,在山东的诸城、文登、邹城等地都发现过秦代的标准量器和衡器。这一切都说明了秦始皇为推行统一的制度所做的努力。

秦始皇四次都到了齐燕之地的海边,为什么?从《史记·秦始皇本纪》所记秦始皇出巡的实际情况及东巡所立刻石的内容分析,其主要目的除了进一步巩固统一、扩大统一、推行统一的制度外,还试图对海外进行探索,实现其对海外进行开发的壮举。秦始皇四次东巡至沿海一带,并且都着重记其瞭望海域。秦始皇二十八年东行郡县,上邹峄山,立《峄山刻石》颂秦德;遂上泰山,立《泰山刻石》;乃并渤海以东,过黄、腄,穷成山,登之罘,立《之罘刻石》;南登琅邪,立《琅邪刻石》。秦始皇二十九年再次东巡登之罘,立《东观刻石》。秦始皇三十二年东巡至碣石,立《碣石刻石》。秦始皇三十七年至会稽,望于南海,立《会稽刻石》;并海上北至琅邪,自琅邪北至荣成山,再登之罘,遂并海西以归。由南而北的会稽、琅邪、成山、之罘、黄、腄、碣石等,均是濒临大海之地。秦始皇所立刻石也记载了到这些地方的意图。《琅邪刻石》记:"东抚东土,以省士卒,事已大毕,乃临于海";"六合之内,皇帝之土,西涉流沙,南尽北户,东有东海,北过大夏,人迹所至,无不臣者"。此是颂扬秦始皇统一大业已成,六合之内均为始皇之土,凡人迹所至之处，都要臣服于秦。正因为如此，秦始皇才屡次东临于海，遥望大海，试图探测海外之奥秘，看其是否有人迹所至之处。其他刻石也有类似的内容，如《之罘刻石》记："时在中春，阳和方起，皇帝东游，巡登之罘，临照于海，从臣嘉观。"《东观刻石》记："皇帝春游，览省远方，逮于海隅，遂登之罘，昭临朝阳，观望广丽。"这些都明显地反映了秦始皇向海外探索的勃勃雄心。

秦始皇巡视沿海各地，并派齐燕方士多次出海求仙人不死之药，实际上也是对海域的探索。秦始皇曾派徐福多次出海求仙，《史记·秦始皇本纪》载，"方士徐市等入海求神药，数岁不得"，最后一次再派遣徐福东渡，结果是"徐福得平原广泽，止王不来"。此徐福所至的"平原广泽"究竟是何地，学术界有不同的看法，综合各方面资料分析，不会是近海岛屿，因近海岛屿没有"平原广泽"；也不会是朝鲜半岛，因战国秦汉时期的人们就熟知朝鲜之地，司马迁在《史记》中还专写了《朝鲜列传》，因此司马迁所记徐福所至"平原广泽"，只能是日本了。关于徐福东渡日本的传说，不论是在中国还是日本至今不断。"徐福是否真正东渡至日本，当然难以找到直接的证据，但产生这种传说必有一定的文化背景，这个背景，应当就是当时确已有一批秦代之人，渡海东至日本。"[①]俞伟超先生在论证公元前3世纪日本九州最初出现方形周沟墓与秦的围沟墓关系时，利用考古材料印证了"当时确已有一批秦代之人，渡海东至日本"。日本著名学者梅原猛先生也指出："2300年前，正是中国动乱时代，春秋战国时期结束了，秦、汉帝国确立，当时中国的某一国具有稻作农业经验的人亡命而来，首先在北九州登陆，开始稻作农业并获得成功。……而且此后不久，稻作便在日本广泛流传开来，一致认为在弥生时代这六百年间（公元前三世纪到公元三世纪），稻作扩散到全国，这并不只是文化的传来，弥生民族的渡来，是携米

---

① 俞伟超：《日本方形周沟墓与秦文化的关系》，载《古史的考古学探索》，文物出版社，2002年。

民族的渡来，由此产生了日本。"①中日两国的考古发现是对徐福带"男女三千人，资之五谷种种百工而行"至日本的最好注脚。这不能不说是秦始皇屡次到齐燕沿海之地巡视并派人入海探索的结果，从而真正开启了东亚文明交流的伟大壮举。

第二节　汉文化的传播

一、汉匈民族文化的交融与丝绸之路的开通

匈奴是我国北部草原上的古老游牧民族，创造了独特的游牧文化，长期以来与中原文化进行交流，成为古代中华民族文化的重要组成部分。特别是秦汉王朝对北部的经营，加快了汉匈民族文化的交流与融合，对多元一统的汉文化的形成发挥了重要作用。

（一）匈奴民族的发展

我国各民族的历史，各民族的关系史，可以追溯到更遥远的年代。文献记载了上古时期的民族分布情况，汉族的祖先定居中原，史称"华夏"，周围各族被称为"蛮、夷、戎、狄"。华夏集团在黄河流域创造了旱作农业文化系统，蛮夷集团在江淮流域创造了稻作农业文化系统，而戎狄集团在北部高原地区创造了游牧文化系统。这是上古时期中华民族文化的基本框架。创造北方游牧文化的有"鬼方""薰鬻""猃狁"等众多部族。王国维考证，"鬼方""薰鬻""猃狁"就是匈奴人的直接祖先②。与他们有着密切联系的还有诸戎，他们活动远在大漠南北，近在大青山南麓、陕甘晋冀北部及河套等地区。

夏商周时期，北部高原各族经过长期的斗争与融合，于公元前3世纪脱颖兴起了匈奴民族，其诞生地即今内蒙古河套及大青山一带。

---

① 梅原猛：《日本与日本人》，载国际日本文化研究中心编《日本研究》1989年第3期。

② 王国维：《鬼方昆夷猃狁考》，载《观堂集林》卷第十三，河北教育出版社，2001年。

文献记载，自头曼（前？—前209）以下，单于权力世袭，军事首领成了国王，匈奴已经发展成一个强盛的游牧部落国家。冒顿时（前209—前174），"控弦之士三十余万"，凡二十四长，大者万骑，小者数千，分为左、右两部，"诸二十四长亦各自置千长、百长、什长……"（《史记·匈奴列传》）匈奴的崛起，其力量足以和东周列国相匹敌，并参加到多民族的统一和兼并战争中来。

东周时期中原列国争雄，最后由秦统一六国。在北部草原地区，也经历了类似的统一过程。冒顿时，匈奴"大破灭东胡王，而虏其民人及畜产。既归，西击走月氏，南并楼烦、白羊河南王"。"后北服浑庾、屈射、丁零、鬲昆、薪犁之国。"又"定楼兰、乌孙、呼揭及其旁二十六国，皆以为匈奴"。出现了"诸引弓之民并为一家"的局面（《史记·匈奴列传》）。匈奴人以其强大的军事力量，在北方草原上实现了统一，完成了秦汉王朝在当时条件下无法完成的任务。

冒顿时期，匈奴势力所及，东接秽貉、朝鲜，西接月氏、氐羌，北接丁零。北方各族都与匈奴同俗，属于游牧经济。中原的农业经济始终保持对匈奴的吸引力，甚至使"单于变俗，好汉物"（《史记·匈奴列传》）。这种客观形势便引发了匈奴与秦汉王朝之间的长期战争。

由东周迄于秦汉，中原各王朝对北方游牧民族的统一策略也有一个变化过程。战国时期，东方的燕，北方的赵，西方的秦，都与匈奴有频繁的接触，均各自为政来处理与匈奴的关系。赵武灵王曾改行匈奴习俗，胡服骑射，打败林胡、楼烦，并在河套以北、阴山之阳筑长城以防御。战国末年，赵名将李牧率大军北进，"大破杀匈奴十余万骑"，迫使它一度"不敢近赵边城"（《史记·廉颇蔺相如列传》）。燕国也筑有长城，但由于受秦的威胁，对匈奴的防御已退居次要地位，太傅鞫武曾向太子丹提出："西约三晋，南联齐楚，北讲于匈奴"（《战国策·燕策》），作为一种战略，准备联合匈奴以图发展。由于内地兼并战争日趋激烈，赵、燕北边的防御力量削弱，匈奴又乘机占据了赵自阴山至"河南地"（河套地区）的大片地区，并继续南下侵扰。这是对刚刚建立的秦王朝北边的严重威胁。

秦统一六国，建立了中央集权制国家，为进一步建立统一的多民族国家奠定了基础。秦王朝建立后所采取的一系列巩固统一的措施，包括对匈奴的统一战争，都是在这个基础上进行的。秦始皇于兼并六国的次年（前220），首先出巡陇西、北地两郡，这两郡是秦王朝的西北边陲，秦始皇迫不及待地先到这一带巡视，显然是企图解除北部匈奴侵扰的后顾之忧。秦始皇本想在兼并六国之后立即出兵北伐，但李斯却进行了劝阻："夫匈奴无城郭之居，委积之守，迁徙鸟举，难得而制也。轻兵深入，粮食必绝；踵粮以行，重不及事。得其地不足以为利也。遇其民不可役而守也。胜必杀之，非民父母也。靡敝中国，快心匈奴，非长策也。"（《史记·平津侯主父列传》）李斯的言论未必恰当，但由于当时兼并六国的战争刚刚结束，秦王朝草创伊始，大规模对匈奴用兵的条件还不具备。因此，秦始皇除委派蒙恬、王离等将领加强对北边的屯戍外，在整个对匈奴的军事部署上，最初基本上是采取积极防御的策略。在过了五六年之后，才开始对匈奴进行大规模的征伐。

秦始皇于三十二年（前215）第四次出巡，先视察韩、魏、赵、燕故地，转而巡视北边，亲临上郡，为北击匈奴作准备。当他从上郡返回咸阳后，即刻派遣蒙恬将兵三十万北击匈奴，直抵阴山一带。使河套内外、大河南北的广大地区，在一个相当长的时期内摆脱了兵祸的灾难。秦王朝在这里分设三十四县，重新建立九原郡（郡治在今包头西北），统辖自"河南地"至阴山大片地区。又徙内郡民众及刑徒移居边地。如秦始皇三十六年（前211），一次就从内地徙民三万家至北河、榆中定居。秦王朝所采取的这些措施，对于我国古代多民族国家的进一步统一，促进北部地区经济文化的发展与交流，发挥了重要作用。

（二）汉代丝绸之路的开通

西汉时期，对匈奴的策略前后有变化，自高祖刘邦到景帝时的六十余年，汉与匈奴主要是以"和亲"修好为主，自汉武帝时期，便对匈奴开始了大规模的战争。《史记》《汉书》详细记载了汉王朝向北、向西两方面出击匈奴的战事。如大将军卫青凡七次出击匈奴，收河南地，遂置朔方郡，迫使阴山南部的匈奴部族北迁至阴山以北。当时匈奴部族还控制着河西走廊一带，汉武帝派骠骑将军霍去病凡六次出击匈奴，"逾居延，遂过小月氏，攻祁连山"，遂开河西酒泉之地（《史记·卫将军骠骑列传》），西汉王朝先后设立武威、张掖、酒泉、敦煌河西四郡，并将匈奴降众"置五属国以处之，以其地为武威、酒泉郡"（《汉书·武帝纪》）。从骠侯赵破奴还继续向西击破姑师，虏楼兰王，并酒泉列亭障至玉门，于是，西汉王朝完全控制了河西走廊。随后，贰师将军李广利又继续向西征服了大宛，将汉王朝的势力进一步推进到中亚一带，彻底打通了丝绸之路（《汉书·张骞李广利传》）。汉匈在河西走廊的争夺战，甘肃境内出土汉简也有如实的记录。居延破城子出土的《塞上烽火品约》简策，记录了匈奴人频繁入侵边塞的情况[1]。居延还出土《捕斩匈奴虏反羌购赏科别》简，即捕斩匈奴的赏赐律令，规定捕获、斩杀什么级别的匈奴人可以晋升爵位和赏赐金钱[2]。敦煌酥油土烽燧遗址出土有《击匈奴降者赏令》简，青海大通上孙家寨出土《斩首捕虏》简，均属这一类褒奖军功的律令内容[3]。文献记载的是汉王朝派大军进击匈奴的战事，河西走廊多地出土简策则是褒奖捕斩匈奴的军功律令，这些都印证了西汉王朝最初开通丝绸之路的历程。

由于西汉王朝对匈奴的战争，使匈奴族群人畜衰耗，与属国分崩离析，内部纷争不已。前57年，发展到五个单于争夺王位。汉宣帝甘露三年（前51），呼韩邪单于亲自朝见汉帝，表示归附，汉宣

---

[1] 甘肃省文物考古研究所等：《居延新简》，文物出版社，1990年。
[2] 甘肃省文物考古研究所编：《居延新简释粹》，兰州大学出版社，1988年。
[3] 敦煌县文化馆：《敦煌酥油土汉代烽燧遗址出土的木简》，载《汉简研究文集》，甘肃人民出版社，1984年；大通上孙家寨汉简整理小组：《大通上孙家寨汉简释文》，《文物》1981年第2期。

帝"赐以玺绶、冠带、衣裳、安车、驷马、黄金、锦绣、缯絮",使呼韩邪单于部族定居漠南,"稽首称藩",缓解了汉王朝北部战事(《汉书·宣帝纪》)。

东汉光武建武二十四年(48),匈奴分裂为南北二部,日逐王比率漠南八部归附东汉王朝,以为藩蔽,东汉王朝授南单于玺绶,令居云中、五原、朔方、雁门诸郡,史称南匈奴(《后汉书·光武帝纪》)。各地出土诸多归附于东汉王朝的南匈奴印章印证了这一史实,如青海大通上孙家寨汉墓出土"汉匈奴归义亲汉长"铜印①、西安出土"汉匈奴恶适尸逐王"铜印②、陕西神木出土"汉匈奴为鞮台耆且渠"铜印③、内蒙古东胜征集的"汉匈奴栗借温禺鞮"铜印等④,还有一些传世南匈奴印章,如"汉匈奴呼卢訾尸逐""汉匈奴破虏长"⑤"汉匈奴姑涂黑台耆"⑥"汉匈奴呼律居訾成群"等⑦。这些印章均冠以"汉匈奴",说明是东汉王朝赐予南匈奴各级官吏的印绶,他们成为东汉王朝属下的官吏。南匈奴归附于汉,并与汉族杂居,进一步加速了汉匈民族的交往与融合,成为东汉王朝多民族国家的组成部分。(图5-1)

(三)汉匈考古学文化的交流与融合

自传说时代迄止于秦汉,文字记载的中原华夏族与北部各族的交往形式主要是征伐,如"黄帝逐荤粥",商"高宗伐鬼方",周"薄伐猃狁",《史记》《汉书》所记秦汉王朝与匈奴的相互征伐,比比皆是。如用考古资料来印证这段大征伐的历史,表现出来的则是考古学文化的大交流和大融合。

---

① 青海省文物考古研究所:《上孙家寨汉晋墓》,文物出版社,1993年。
② 陕西省文管会、博物馆:《陕西省出土的一批古代印章资料介绍》,《文物资料丛刊》1977年第1辑,第193页。
③ 戴应新、孙嘉祥:《陕西神木县出土匈奴文物》,《文物》1983年第12期。
④ 陆思贤:《内蒙古伊盟出土三方汉代官印》,《文物》1977年第5期。
⑤ 《上海博物馆藏印选》,上海书画出版社,1979年,第73页2、4。
⑥ 罗福颐主编:《故宫博物院藏古玺印选》379,文物出版社,1982年。
⑦ 罗福颐编:《汉印文字征》9·5引,文物出版社,1978年。

图 5-1　汉王朝赐予匈奴印章

1. "汉匈奴恶适尸逐王"印　　2. "汉匈奴恶适姑夕且渠"印
3. "汉匈奴栗借温禺鞮"印　　4. "汉匈奴呼卢訾尸逐"印
5. "汉匈奴呼律居訾成群"印　6. "汉匈奴姑涂黑台耆"印

根据考古发现和研究，在距今 7000 年到 5000 年的内蒙古中南部地区就存在着丰富的原始文化，特别是在鄂尔多斯及附近地区，已发现有仰韶文化半坡类型、庙底沟类型、红台坡类型以及海生不浪文化和老虎山文化等。经研究得知，这些原始文化最初是受到中原文化的影响，应当有两条传播路线，仰韶文化半坡类型、庙底沟类型应是沿黄河北上进入鄂尔多斯的，在鄂尔多斯发现了仰韶文化的典型小口尖底瓶序列便是其证。另一路是由河南东部的后岗一期文化沿太行山东侧北上，经张家口地区西进，达到鄂尔多斯地区。海生不浪文化所出土的生产工具表明，这一时期此地的农业生产经济还是比较发达的①。

北部地区的游牧经济形态是进入青铜时代才逐渐形成的。伊金霍洛旗发现的朱开沟文化明显地反映了多种文化的融合及由农业经济转为游牧经济的变化过程。朱开沟文化的时代是从龙山时代晚期至商代早期。其文化因素有本地原始文化发展来的特征明显的器物，如三袋足器、花边鬲、花边口沿罐等。另有单把鬲、单耳或双二耳

---

① 田广金：《论内蒙古中南部史前考古》，《考古学报》1997 年第 2 期。

罐等，其更早的来源可能与关中的客省庄二期文化有关；又朱开沟第三段出现的泥质磨光折肩高领罐、红陶大双耳罐等，明显是甘青地区齐家文化东传的结果。到朱开沟文化的最后阶段，又出现了商式的陶豆、鬲、盆及铜鼎、爵等，表明中原二里岗期商文化也进入到本地区。经研究，朱开沟一段至四段还是以农业经济为主，到第五段，游牧经济文化因素在鄂尔多斯逐渐发展起来[1]。

在鄂尔多斯发现的东周时期的桃红巴拉文化类型，已经是典型的游牧经济文化了。这种文化类型主要文化特征是墓葬内盛行殉牛、马、羊的头和蹄，随葬的陶器很少，比较多的是金属兵器、马具、工具及装饰品。墓葬也比较分散，未见相关的居住遗址。这些现象都显示出"逐水草迁徙，毋城郭常处耕田之业"（《史记·匈奴列传》）的游牧生活情景。西沟畔出土的金带饰和银节约的背面，均刻有标明重量的汉字，重量单位是三晋和秦常用的"斤""两""朱"制。并且还刻有"少府""寺工"等官府名[2]。这些器物可能是由赵国或秦国所制造，反映了匈奴与东周列国文化的交流。

在长城内外，从内蒙古、宁夏、陕西、甘肃、青海等地，均发现大量两汉时期的墓葬，有些可以确认为匈奴墓葬，更多的很难确定是匈奴族墓还是汉族墓，这一现象也说明了两汉时期，汉匈文化得到了充分交流与融合。梳理这一区域两汉墓葬的特点也可发现，西汉时期的匈奴墓还保留有较浓厚的游牧民族文化特点。如宁夏同心倒墩子墓地，共发掘 27 座墓葬，年代为西汉中晚期，这批墓葬当是降汉的匈奴人[3]。墓葬形制以土坑墓为主，均单人葬，其中偏洞室墓极具特色，竖穴墓道内随葬牛、羊的头和蹄，墓内多有动物图案铜带饰等。随葬品中也有中原文化特点的器物，如陶器、漆器、铁器及五铢钱等，但墓葬的整体面貌则反映出浓厚的畜牧狩猎的文化

---

[1] 内蒙古自治区文物考古研究所编著：《朱开沟——青铜时代早期遗址发掘报告》，文物出版社，2000 年。

[2] 伊克昭盟文物工作站等：《西沟畔匈奴墓》，《文物》1980 年第 7 期。

[3] 宁夏文物考古研究所等：《宁夏同心倒墩子匈奴墓地》，《考古学报》1988 年第 3 期。

特点。(图 5-2)同是在宁夏同心李家套子发现的东汉匈奴墓,其文化面貌与倒墩子相比有大的变化,从墓形看,出现了汉墓流行的木椁墓、砖室墓,随葬品中多汉文化特点的器物,反映了汉匈文化融合的加强①。

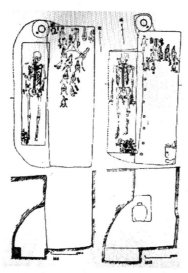

图 5-2　宁夏同心倒墩子 M6、M13 平、剖面图

在发现的东汉时期汉墓中,青海大通上孙家寨乙区 M1 出土了"汉匈奴归义亲汉长"铜印章,表明此墓是匈奴墓②。此墓为前后室弯隆顶砖墓,上有封土,后室置有棺椁,前室放置随葬品。随葬品主要是陶器,另有少量铜、铁器等,陶器有鼎、壶、罐等,另有仓、灶、井模型明器。此区其他墓葬也多表现出这些特征,说明此区墓葬应为匈奴墓群。(图 5-3)研究者指出,东汉时一支匈奴别部曾居于青海湟中一带,大通上孙家寨"汉匈奴归义亲汉长"铜印正可印证这一段史实③。

---

①　宁夏文物考古研究所、同心县文管所:《宁夏同心县李家套子匈奴墓清理简报》,《考古与文物》1988 年第 3 期。
②　青海省文物考古研究所:《上孙家寨汉晋墓》,文物出版社,1993 年。
③　许新国:《大通上孙家寨出土"汉匈奴归义亲汉长"铜印考说》,《青海社会科学》1989 年第 4 期。

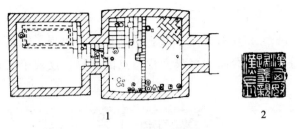

图 5-3　青海大通上孙家寨汉墓图

1. 上孙家寨乙区 M1 平面图　2. "汉匈奴归义亲汉长"铜印

陕西神木大保当汉墓群也应有南匈奴墓葬。该墓地共发掘 26 座墓葬，均为带斜坡墓道的砖室墓，墓上多有封土，有单室和前后室两种，有的墓室用画像石装饰。大多数墓葬墓门外侧葬有狗、羊或鹿。随葬品主要是陶器，有鼎、壶、罐、盘、豆、耳杯、盒、盆、博山炉、灯、灶、井、俑等；铜器有车马器、马衔、带钩、饰牌、环及货币等；铁器有斧、铲、锸、刀等；骨器有刀、铲、勺、刷、箸、簪等；还有石砚台、玉眼罩、玉塞、水晶珠以及漆器等。除墓门外侧葬有狗、羊或鹿的葬俗外，墓形及随葬品均表现出汉墓风格。（图 5-4）大保当汉墓报告根据对人骨的鉴定和对墓葬随葬品的分析认为，此墓地可能有南匈奴墓葬①。在大保当一带也曾出土过匈奴铜印："汉匈奴为鞮臺耆且渠"②，此或许也可旁证大保当一带应有归附汉朝的南匈奴墓葬。

从上述两例东汉匈奴墓可以看出，在北部边郡及河西走廊发现的东汉墓葬，如仅从墓葬形制和随葬品特征来判断，很难断定是匈奴族还是汉族墓葬，此正表明，东汉王朝将南匈奴八部安置在北部边郡一带，与汉民杂居，促进了汉匈民族文化的交流与融合，匈奴文化逐渐汉化，已融入统一的汉文化大系之中。

---

①　陕西省考古研究所等编著：《神木大保当——汉代城址与墓葬考古报告》，科学出版社，2001 年。

②　戴应新、孙嘉祥：《陕西神木县出土匈奴文物》，《文物》1983 年第 12 期。

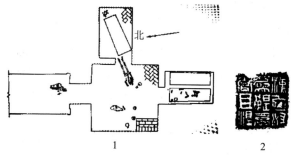

图 5-4　陕西神木大保当汉墓图

1. 大保当 98M2 平面图　2. "汉匈奴为鞮台耆且渠"铜印

二、汉文化向岭南的传播

（一）岭南越族发展沿革

商周时期，长江以南广大地域属于越族的聚居地域，越族是分布较广的一大族群，文献中称之为"百越"。《汉书·地理志》颜师古注引臣瓒曰："自交阯至会稽七八千里，百越杂处，各有种姓。"岭南地区的越族被称为"南越"。文献记载，南越族很早就与中原有联系。《尚书·尧典》载：尧"申命羲叔宅南交"。《大戴礼记·少间》载：舜"南抚交趾"。《逸周书·王会解》记载，商汤时，东方有"符娄、仇州、伊虑、沤深、九夷、十蛮、越沤"，南方有"瓯、邓、桂国、损子、产里、百濮、九菌"。这里的沤深、越沤、瓯，应是指当时居住在我国东南和南方的部分越族。商臣伊尹还曾下令让南方越人贡献珠玑、玳瑁、象齿等岭南特产。《周礼·夏官·职方氏》有"职方氏"之官，专门"掌天下之图，以掌天下之地"，其中就有南方的"七闽"越人之地。《周礼·小司寇》还记有"蛮隶""闽隶""夷隶""貉隶"，这里的"闽隶"也应属南方越族的一支。"百越"之称始见于战国，《吕氏春秋·恃君览》云："扬汉之南，百越之际。"《史记·吴起列传》记："楚悼王……南平百越，北并陈蔡。"西汉的贾谊还以百越专指岭南越族："（秦）南取百越之地，以为桂林、象郡，百越之君，俯首系颈，委命下吏。"（《史记·秦

始皇本纪》太史公引贾生曰）

明确称岭南地区为"西瓯骆越""闽越""南越"者，则先后始见于战国秦汉时期。"骆越"之称也始见于战国，《吕氏春秋·孝行览》载有："越骆之菌。"《史记·赵世家》："夫翦发文身，错臂左衽，瓯越之民也。"《索隐》："今珠崖儋耳谓之瓯人，是有瓯越。"《正义》："属南越，故言瓯越也。《舆地志》云：'交阯，周时为骆越，秦时为西瓯，文身断发避龙。'则西瓯骆又在番吾之西。""骆越"加"西瓯"，乃是西汉时与"东瓯"对称而出现。西瓯骆越所分布的地域，秦时为象郡、桂林郡，汉时为合浦、郁林、儋耳、珠崖、交阯、九真、日南等郡，即今广东西南部、海南、广西及越南北部地域。前述战国时期成书的《周礼》中有"七闽""闽隶"之称，"闽越"之称则始之于汉初封的"闽越王"。《史记·东越列传》云："闽越王无诸及东海王摇者，其先皆越王勾践之后也，姓驺氏。秦已并天下，皆废为君长，以其地为闽中郡。及诸侯畔秦，无诸、摇率越归鄱阳令吴芮，所谓鄱君者也，从诸侯灭秦。当是之时，项籍主命，弗王，以故不附楚。汉击项籍，无诸、摇率越人佐汉。汉五年，复立无诸为闽越王，王闽中故地，都东冶。孝惠三年，举高帝时越功，曰闽君摇功多，其民便附，乃立摇为东海王，都东瓯，世俗号为东瓯王。"从此记载看，闽越和东瓯之君皆越王勾践之后，是楚威王灭越国后徙居于闽和东瓯的越人，秦时将其地域设立闽中郡，楚汉之争时，因佐汉有功，故汉初封无诸为闽越王，封摇为东海王，俗称东瓯王。闽越地域即今福建地区，东瓯地域即今福建之北浙东南之地。"南越"之称始自赵佗自立为南越王开始。《史记·南越列传》载："南越王尉佗者，真定人也，姓赵氏。秦时已并天下，略定杨越，置桂林、南海、象郡，以谪徙民，与越杂处十三岁。佗，秦时用为南海龙川令。……秦已破灭，佗即击并桂林、象郡，自立为南越武王。高帝已定天下，为中国劳苦，故释佗弗诛。汉十一年，遣陆贾因立佗为南越王，与剖符通使，和集百越，毋为南边患害，与长沙接境。"高后时，对南越采取"别异蛮夷"的政策，激起赵佗的反汉，"以兵威边，财物赂遗闽越、西瓯、骆，役属焉。东西万余里，乃乘黄屋左纛，称制，与中国侔"。赵佗"自尊号为南越武帝"，并控制了整个岭南地区。赵佗虽是中原人，但"居蛮夷中久，殊失礼仪"(《汉书·陆贾传》)，"魋结箕踞"，自称"蛮夷大长老"(《史记·南越列传》)。这说明赵佗及其家人，甚至是跟其进入岭南的原秦军将领和兵卒，因久居岭南越人之中，已逐渐越化，与越人融合了。

汉文帝即位后，采取和解政策，改变了汉越的敌对状态。直到景帝时，南越王向汉朝称臣遣使朝请，"然其居国，窃号如故；其使天子，称王朝命如诸侯"(《汉书·南粤传》)。汉武帝元鼎五年秋，派遣10万大军分兵五路进攻岭南，平灭了南越，将其地分置为九郡。从此，岭南越族便置于汉王朝郡县控制之下，成为汉王朝统治下的少数民族。"百越""南越""骆越""闽越"等之称也逐渐不复存在。

(二) 先秦时期岭南越族考古学文化的发展

以上从文献记载梳理了岭南越族发展的简单历程。至于传说时代甚至旧石器时代或新石器时代，岭南是否就形成了越民族，目前还难以确定。但是，岭南在商周时期就形成了许多越民族的群体或部落，并且与中原有交往，应当是可信的。因此，将岭南商周时期的考古学文化确定为古越族文化，不会有问题。

目前，岭南地区自商周至秦汉时期的考古发现比较多了，从时间上看，已没有缺环，前后可以衔接起来。这对我们探讨岭南地区越族考古学文化的发展变化，探讨这支文化与岭北各文化的关系等，就比较容易了。

岭南地区商周时期的越族考古学文化，以广东博罗横岭山商周墓葬为代表，揭示出岭南地区早期青铜时代考古学文化特点。此墓地共发掘300余座商周时期的墓葬，比较集中地分布在山坡上，共分四期，从商周之际到春秋时期，是前后连贯的发展序列[①]。从墓葬

---

① 广东省文物考古研究所编著：《博罗横岭山——商周时期墓地2000年发掘报告》，科学出版社，2005年。

形制看,一直流行狭长形的竖穴浅坑墓,有的墓在墓坑底部设有腰坑,未发现葬具,大概有简单葬具也已腐朽不存。随葬品主要是岭南特征的陶器、原始瓷器,还有少量的青铜兵器和工具等。陶器流行圜底器和圈足器,罕见平底器,不见三足器。纹饰主要是夔纹、菱格纹、重圈纹、方格纹等。器类主要流行圜底罐、圜底釜、圈足簋、圈足瓿等。原始瓷器主要是曲壁豆。这些陶器和原始瓷器都表现出了岭南地区考古学文化的显著地方特点。此墓地出土的青铜兵器有戈、矛、短剑、镞等,青铜工具有斧、锛、凿、叉、锥、刮刀等,数量不多,且多是小件器物。这反映了岭南地区的青铜文化还刚刚开始。学者研究,岭南地区最早的青铜文化,是商周时期在岭北吴城文化的影响下产生的[①]。此墓地 M201 出土唯一的一件铜鼎,立耳、浅腹、圜底,三蹄足中空,横截面呈半环形,腹部纹饰由回首夔龙、涡纹、四瓣目纹组成。这种风格的铜鼎,在广东和平县龙子山也出土一件[②]。这是目前所知岭南地区出土的最早青铜礼器,时代属西周晚期至春秋早期。类似风格的铜鼎,在湖南望城高砂脊[③]、宁乡炭河里[④]、湘潭青山桥[⑤]等地均有出土,其最早的时代到西周早期。研究者认为,这是早期的"越式鼎",应起源于湘江流域[⑥]。因此,横岭山出土的这件铜鼎也应属"越式鼎",是湘江流域流传入的。这一时期的越文化遗存,除横岭山墓葬外,还在深圳屋背岭[⑦]、

---

① 李伯谦:《关于岭南地区何时开始铸造青铜器的再讨论》,《考古》2008 年第 8 期。

② 广东省博物馆等:《广东省和平县古文化遗存调查》,《考古》1991 年第 3 期。

③ 湖南省文物考古研究所等:《湖南望城县高砂脊商周遗址的发掘》,《考古》2001 年第 4 期。

④ 湖南省文物考古研究所等:《湖南宁乡炭河里西周城址与墓葬发掘简报》,《文物》2006 年第 6 期。

⑤ 袁家荣:《湘潭青山桥出土窖藏商周青铜器》,《湖南考古辑刊》第 1 辑,岳麓书社,1982 年。

⑥ 向桃初:《"越式鼎"研究初步》,载《古代文明》第 4 卷,文物出版社,2005 年。

⑦ 广东省文物考古研究所等:《深圳屋背岭遗址发掘报告》,《考古学报》2004 年第 3 期。

大梅沙①、揭东面头岭②、和平龙子山③、饶平顶大埔山④等地也有发现。其考古学文化面貌与横岭山越文化一致，陶器多具备本地的传统文化特点，小件青铜器则体现出岭北青铜文化的因素。这就是商周至春秋时期岭南越族考古学文化的特点。

岭南地区发现的战国时期墓葬地点比较多，于广东发现的主要有：清远马头岗⑤、德庆落雁山⑥、四会鸟旦山⑦、罗定南门垌⑧、罗定背夫山⑨、乐昌对面山⑩、广宁龙嘴岗⑪、揭阳面头岭⑫等。于广西发现的主要有：恭城秧家⑬、宾阳韦坡⑭、武鸣马头元龙坡⑮等。已有学者对这些发现做过专门研究⑯，将广东肇庆松山墓葬、广西平乐银山岭墓葬等订正为"南越王国时期"，认为广西宾阳韦坡、武鸣马头元龙坡等墓葬的族属与两广越墓不同。

---

① 深圳市博物馆：《广东深圳大梅沙遗址发掘简报》，《文物》1993年第11期。
② 魏俊：《揭东县面头岭墓地发掘报告》，载揭阳考古队编《揭阳考古（2003—2005）》，科学出版社，2005年。
③ 广东省博物馆等：《广东省和平县古文化遗存调查》，《考古》1991年第3期。
④ 广东省博物馆等：《广东饶平县古墓发掘简报》，《文物资料丛刊》第8辑，1983年。
⑤ 广东省文物管理委员会：《广东清远发现周代青铜器》，《考古》1963年第2期；《广东清远的东周墓葬》，《考古》1964年第3期。
⑥ 广东省博物馆等：《广东德庆发现战国墓》，《文物》1973年第9期。
⑦ 广东省博物馆等：《广东四会鸟旦山战国墓》，《考古》1975年第2期。
⑧ 广东省博物馆：《广东罗定出土一批战国青铜器》，《考古》1983年第1期。
⑨ 广东省博物馆等：《广东罗定背夫山战国墓》，《考古》1986年第3期。
⑩ 广东省文物考古研究所等：《广东省乐昌市对面山东周秦汉墓》，《考古》2000年第6期。
⑪ 广东省文物考古研究所等：《广东广宁县龙嘴岗战国墓》，《考古》1998年第7期。
⑫ 魏俊：《揭东县面头岭墓地发掘报告》，载揭阳考古队编《揭阳考古（2003—2005）》，科学出版社，2005年。
⑬ 广西壮族自治区博物馆：《广西恭城县出土的青铜器》，《考古》1973年第1期。
⑭ 广西壮族自治区文物工作队：《广西宾阳县发现战国墓葬》，《考古》1983年第2期。
⑮ 广西壮族自治区文物工作队等：《广西武鸣马头元龙坡墓葬发掘简报》，《文物》1988年第12期。
⑯ 黄展岳：《论两广出土的先秦青铜器》，《考古学报》1986年第4期。李龙章：《湖南两广青铜时代越墓研究》，《考古学报》1995年第3期。李龙章：《广西右江流域战国秦汉墓研究》，《考古学报》2004年第3期。

从两广发现的战国越墓资料看,战国时期岭南越文化比之前有较大变化,新的文化因素增多。从墓葬形制看,还是多流行狭长形竖穴浅坑墓,多设腰坑,坑内置一件陶器,并出现了墓底有铺卵石或碎石、四角设置人首或兽首柱形器的现象,墓内葬具多没有保存下来。随葬品多是本地传统的印纹硬陶器,就器型而言,圜底器大为减少,逐渐流行平底器,新出现三足器。主要器类是平底瓮、各型平底罐,新出现的三足器是罐形鼎和越式陶鼎。随葬铜容器增多,特别是战国式"越式鼎"已发展到鼎盛阶段,有盘口式、直口折沿立耳式、附耳子母口盖鼎等多种形式,尤其是战国中晚期,不但种类多,而且数量明显地突然增多,呈现出飞跃式的发展。青铜兵器的种类和数量也大增,出现了许多新的因素,除了原有的器类如戈、矛、扁茎剑、镞等的形制有所发展变化外,大量出现了圆首有格剑、扇形钺、靴形钺等新器类。扇形钺、靴形钺在其他地区很少见,可能是岭南越族在工具铜斧的基础上自主新发明的兵器。"越式鼎"最早起源于湘江流域,自西周至春秋时期,在湖南中南部非常流行。研究者认为,圆首有格剑是起源于吴越地区①。这些原在湖南、江浙一带流行的器类,突然于战国中晚期在岭南出现,其原因大概是战国时期楚东灭吴、越,南控湘江流域,迫使江浙一带和湘江流域的越族大量迁往岭南所致②。两广战国时期的墓中,也出有楚式青铜礼器,如恭城秧家出有楚式鼎,清远马头岗出有楚式浴缶,罗定南门垌出有楚式尊缶和提梁盉。还有一些铜礼器,如恭城秧家出的尊,罗定北门垌、背夫山出的鉴,则表现出江浙一带吴越青铜器作风。与这些楚式器同墓出的随葬品多是本地越式器物,从墓葬形制看,也属典型的越人墓。至今岭南地区尚未发现典型的楚墓,也未发现典型的楚式陶器。这些现象表明,先秦时期的岭南有着本地独特的

---

① 李伯谦:《中原地区东周铜剑渊源试探》,《文物》1982年第1期。李龙章:《湖南两广青铜时代越墓研究》,《考古学报》1995年第3期。

② 李龙章:《湖南两广青铜时代越墓研究》,《考古学报》1995年第3期。向桃初:《"越式鼎"研究初步》,载《古代文明》第4卷,文物出版社,2005年。

文化传统，商末周初受到岭北青铜文化的影响，开启了岭南青铜文化的缓慢发展。至战国时期，由于岭北越系青铜文化大量进入，促使岭南青铜文化得以快速发展，达到鼎盛时期。

（三）秦汉时期岭南考古学文化的变迁

秦汉时期，岭南地区的考古学文化面貌再次发生了大的变化。从墓葬形制看，基本上改变了先秦越墓形制特点，完全吸收了楚墓葬制并作了改进。南越国时期的墓葬有80%是竖穴木椁墓，椁内多分成头箱、边箱、棺室等几部分。一些大型墓如广西贵港罗泊湾一号墓[1]，其椁内分室结构与楚墓非常相似，特别是整个中、后部椁室的布局，实际上就是棺室居中，周围有三个头箱、三个足箱和左右边箱之制，与战国时期大型楚墓椁内分室形制非常相似，应是受楚制的影响所致。罗泊湾二号墓的椁室形制实际上是一号墓的简化，前室没有纵向分隔，后室内纵向分成左、中、右三室，中室又横向分成前、中、后三室，这样整个后部椁室形成棺室、头箱、足箱、东边箱、西边箱五个部分。这实际上也是一种楚墓椁室的改进型。这种形制的木椁墓在两广地区也并非孤例，广州西汉前期的墓葬也多用此种形制。广州象岗山南越王墓虽是大型石室墓[2]，其前部耳室是仿自中原的诸侯王崖洞墓，后部分室布局完全与罗泊湾二号墓相同，也是楚墓椁室的改进型。至西汉中后期，两广流行的双层分室木椁墓，还有不少在椁内分出边箱的现象，这也应是残存的楚制痕迹。当然，这时期的南越族已根据自己的习俗，将楚制改造成具有本地特点的一种新形式。

除墓葬形制外，南越国时期墓葬随葬品的文化面貌也出现了非常大的变化，主要有三种文化系统的器物组成。一种是楚文化系统的器物。如象岗山南越王墓既出有楚式铜鼎，又出有仿楚式的陶鼎，一些中型墓中，也多见楚式或仿楚式的鼎、壶、罍、盘等礼器。有

---

[1] 广西壮族自治区博物馆：《广西贵县罗泊湾汉墓》，文物出版社，1988年。
[2] 广州市文物管理委员会等：《西汉南越王墓》，文物出版社，1991年。

学者指出，岭南西汉时期流行的簋形盒，其渊源也应来自楚文化①。南越国时期流行的铜樽、铜镜及大量的漆器等，多属楚文化系统，应是受楚文化影响所致②。另一种是秦汉文化系统的器物。如蒜头壶、扁壶、鍪、釜、釜甑、汉式鼎、钫、圆壶等，这类器物在岭南先秦时期的墓葬中不见，而大量见于岭北各地的秦汉墓中，属于典型的秦汉式器物。再就是本地传统的越文化系统器物，如越式鼎、各式各样的印纹硬陶罐、瓮、瓿等。南越国时期墓葬随葬品的文化面貌，反映出先秦时期那种单纯的越文化传统彻底改变，出现了多种文化系统的融合。

西汉中后期，岭南考古学文化面貌再次发生了很大变化。就墓葬形制而言，虽还是流行竖穴分室木椁墓，但又出现了新的墓形。如广州汉墓中出现一种前后室墓③，前部是横向木椁，后部是分室木椁，其实这是仿自中原的砖室墓形制，只是用木椁做成。广西贵港④、合浦⑤等地还出现了用木椁做成的带耳室墓，主墓室还是分室木椁，在墓道侧用木椁作成单耳室或双耳室，这也是仿自中原的砖室墓形制。墓葬中的随葬品从种类及风格上也出现了大的变化。先前所流行的许多地方性传统器物逐渐消失，如三足罐、三足盒、各种联罐、瓿等陶器基本不见，战国和南越国时期最为流行的各种越式鼎也逐渐消失。新流行的铜器有汉式鼎、壶、钫、提梁壶、樽、锜、釜、釜甑等，这些器物多呈现出中原风格，属于典型的汉式器物。此时期，仿铜陶礼器基本退出历史舞台，灶、井、仓、屋等模

---

① 高成林：《岭南地区汉墓出土簋形盒渊源试探——从簋形盒看楚文化对岭南地区的影响》，载楚文化研究会编《楚文化研究论集》第 6 辑，湖北教育出版社，2005 年。
② 吴小平编著：《汉代青铜容器的考古学研究》，岳麓书社，2005 年。全洪：《南越国铜镜论述》，《考古学报》1998 年第 3 期。李明斌：《浅析广州西汉前期墓葬中的楚文化因素》，载《四川大学考古专业创建三十五周年纪念文集》，四川大学出版社，1998 年。
③ 广州市文物管理委员会等：《广州汉墓》，文物出版社，1981 年。
④ 广西壮族自治区文物工作队：《广西贵县风流岭三十一号西汉墓清理简报》，《考古》1984 年第 1 期。
⑤ 广西壮族自治区文物考古写作组：《广西合浦西汉木椁墓》，《考古》1972 年第 5 期。

型明器及陶塑家畜家禽等日益发达起来。可以看出，西汉中后期岭南地区的考古学文化面貌再次发生了极大变化，表明汉文化对岭南地区的影响日益扩大并逐渐占据首要地位，本地区的考古学文化面貌与中原等地日趋接近。岭南逐渐融入汉文化大系之中，成为大一统汉文化中的一部分。

（四）岭南地区先秦至汉代考古学文化变迁原因

由先秦至秦汉，岭南考古学文化出现了三次大的突变式发展，第一次是战国时期，越文化系统的大发展；第二次是秦至南越国时期，楚文化、秦汉文化与越文化的大融合、大发展；第三次是从汉武帝时期开始，岭南汉文化的形成。这三次突变式的考古学文化变化，与岭北越人的南迁、秦征岭南、汉武帝平定南越有着直接关系。

以往对岭南东周时期青铜文化的发展，过多地强调了楚文化的影响，现在看来是不合适了。虽然文献记载，楚悼王用吴起为令尹，变法图强，也曾一度"南平百越"。但从目前两广地区考古发现看，楚国并没有占领或控制岭南的越人地区。楚"南平百越"，应是对居于湘江流域的越人进攻。《淮南子·兵略训》记述了楚国最强盛时期的疆域："昔者楚人地，南卷湘沅，北绕颖泗，西包巴蜀，东裹郯邳。"此"南卷沅湘"即指沅水和湘江流域，也就是湖南的全境。湖南的考古发现表明，商末周初至春秋时期，洞庭湖以南地区是发达的越文化区，至战国时期，楚国考古学文化才大举进入，这与楚悼王时"南平百越"正好相符。正因为楚国于战国时期"南卷湘沅"，迫使原居此地的大批越人越岭南迁，为岭南带去了发达的越系青铜文化，从而促使岭南地区青铜文化得以突发性地大发展。

秦至南越国时期，岭南考古学文化再度大变迁、大发展，是与秦汉王朝对岭南的开发有关。公元前218年，秦发兵五十万第一次大举进攻南越。据学者研究，秦的五路大军均是由南岭北部今江西、湖南向岭南进发的①。秦始皇三十三年（前214），命任嚣、赵佗彻底征服了岭南越族，并置桂林、南海、象郡三郡。在这些南征的大军中，肯定有两湖及江浙一带原楚国地域的士兵，将楚文化传入岭南。秦平岭南后，还修筑了"秦所通越道"（《史记·南越列传》索隐）。据张荣芳先生研究②，秦所通越新道有四条：第一条，从江西南安（今江西南康），经过大庾岭，出横浦关（今广东南雄县小梅关），复沿浈水西行，取北江顺江可抵番禺。第二条，从湖南郴州，跨骑田岭，出阳山关（今广东阳山西北），沿湟水（今连水）东南行，经湟溪关、洭口，取北江南下可抵番禺。第三条，从湖南湘江南下，再西南行，经过广西全州，再过秦城、严关，走湖桂走廊而至桂林，再由桂林南行到达郡治布山及象郡。第四条，从福建进入广东揭阳。这四条秦所开通的新路主要贯通了南岭的几处要塞，为南岭南北地区的交流提供了极大的方便。另外，秦平岭南后，还采取了徙民与越杂处的政策，这些移民也肯定将岭北的文化带入岭南。岭北的两湖地区，秦灭楚后设立了南郡、洞庭郡、苍梧郡进行治理，虽然两湖地区从行政区划上已归秦所控制，但是从考古学文化看，还是以楚文化为主。西汉时期，岭北的湖南是吴姓长沙王控制的地域，仍然保留着浓厚的楚文化因素，是汉制之中糅以楚制，以楚制为主，尤其是西汉前期，楚文化传统尤为突出。这种浓厚的楚文化传统随着秦汉大军进入了岭南，由此造成了两广地区秦汉时期的考古学文化面貌再次发生了巨大的变化，呈现出楚文化、秦汉文化与越文化的大融合，尤以越制糅以楚制为其特色。

汉武帝平定南越，将其地分置九郡，岭南成了汉王朝直接控制的地域。因此，岭南区域性的考古学文化差异逐渐缩小，统一性逐渐增大，岭南逐渐融入汉文化大系之中，成为大一统汉文化的一部分。

---

① 张荣芳、黄淼章：《南越国史》，广东人民出版社，2008年，第26页。
② 同上书，第45—46页。

三、海上丝绸之路的开通

北部湾周边地域即今之广西南部、广东西南部、海南及越南部分地域，在汉代是诸越族聚居之地，也是汉王朝开通海上丝绸之路的重要地区。

（一）广西地区的先秦民族——西瓯、骆越

广西是通向北部湾的主要地区，是"西瓯""骆越"聚居地域。秦开始统一岭南之时，遣尉佗、屠睢率军沿湘桂走廊进攻而与西瓯战。《淮南子·人间训》载："（秦军）以与越人战，杀西瓯君译吁宋。而越人皆入丛薄中，与禽兽处，莫肯为秦虏，相置桀骏以为将，而夜攻秦人，大破之，杀尉屠睢，伏尸流血数十万。"又南越尉佗《报文帝书》曰："蛮夷中西有西瓯，其众半羸，南面称王。"（《汉书·西南夷两粤朝鲜传》）可见，在秦攻入岭南之前，在广西就有一个国君为"译吁宋"的西瓯国，是岭南各部族中一个较为强大的部族。西汉时将瓯越和骆越并称。《史记·南越尉佗列传》太史公曰："瓯骆相攻，南越摇动。"可见，西瓯、骆越是两个族属，西瓯主要分布于广西的东部，而骆越主要分布于广西的西部。在秦汉王朝对岭南进行统一并设郡县进行控制之下，岭南各越族群也成为秦汉王朝统一管控下的民族，促进了各民族的大融合。

（二）先秦时期西瓯骆越考古学文化的发展

以上从文献记载梳理了广西先秦民族发展的简单历程。可以看出，商周时期在广西就形成了许多族群，尤以西瓯和骆越两大族群为主。从考古发现看，商周时期的这些族群考古遗存发现还不多，主要在广西中部的武鸣一带发现几处，呈现出浓厚的本地文化特色。如在武鸣岜马山发现的一处商周时期的崖洞墓[①]，在一天然崖洞内发现6个壁洞墓葬，出土陶器、石器、石子、玉器等，陶器有壶、釜、

[①] 广西壮族自治区文物工作队等：《广西武鸣岜马山岩洞葬清理简报》，《文物》1988年第12期。

杯等，多为圜底，壶、杯器形也多圜底釜形，只是底部加圈足。埋葬形式和陶器特点都表现出了浓厚的地方文化特色。又如武鸣元龙坡发掘了350座墓葬①，有研究者认为属战国早期，均为竖穴土坑墓，墓为狭长形，长宽之比约为4∶1，有些墓葬在填土、二层台或墓底放置大石块。随葬品多为生活用品、生产工具及兵器等。比较特殊的是，这些墓葬埋葬时有意将随葬物击碎，然后撒在不同深度的填土中或墓底各处。出土的陶器有釜、罐、瓮、壶、钵、碗、杯等，绝大多数为圜底器，圈足器极少，不见平底器和三足器，显示出较原始的制陶工艺。从此墓地出土的铜器看，除青铜卣和盘有可能是内地传入外，其余多为本地特征的兵器，如斜刃钺、扇形钺、靴形钺、柳叶形矛、弧刃刀等极具本地特色。墓中还出土铸造这些兵器和工具的石范，说明这一时期本地已能够铸造小件青铜器具了。

广西发现的东周时期尤其是战国时期的遗存就比较多了，并且分布范围扩大，主要分布于三个区域：一是桂西南的左、右江流域，二是桂中部的柳江、红水河流域，三是桂东北部的漓江、贺江流域。尤以桂东北的漓江、贺江流域发现最多，在兴安、灌阳、恭城、平乐、贺州等地都有东周时期的墓葬发现。其原因应是这一地区与湖南接壤，是湖南东周时期的文化传入所致。从这一时期墓葬的文化面貌看，呈现出多种文化因素。墓坑内设腰坑的葬俗，在湖南东周时期的越墓中很盛行，可能是受其影响。"越式鼎"最早起源于湘江流域，自西周至春秋时期，在湖南中南部非常流行，釜形陶鼎也是两湖地区流行的器形。广西出土的越式铜鼎和釜形陶鼎也应是受湖南越文化的影响。平乐银山岭出土的深腹、高足、子母口铜鼎，恭城秧家出土的蟠虺纹铜鼎及罍②，贺县龙中岩洞出土的铜盉、铜

---

① 广西壮族自治区文物工作队等：《广西武鸣马头元龙坡墓葬发掘简报》，《文物》1988年第12期。

② 广西壮族自治区博物馆：《广西恭城县出土的青铜器》，《考古》1973年第1期。

罍①，这些铜器均属楚文化风格，有可能就是楚器。圆首有格剑是楚人常用兵器，两湖地区的楚墓中多出土。这些原在湖南流行的楚、越式器类在广西出现，其原因大概是战国时期，楚南控湘江流域，迫使江湘江流域的越族大量迁往岭南所致②。从陶器特征看，更多与广东陶器特征相似，如模印的方格纹、米字纹印纹硬陶系列在商周至秦汉时期的广东地区非常流行。各式盒、罐、瓿等器，也是广东地区流行的器物。可以看出，东周时期广东的文化因素对广西有着强烈影响。

总之，先秦时期，广西的西瓯、骆越有着独特的文化传统，商周时期受到岭北青铜文化的影响，开启了广西青铜文化的缓慢发展。至战国时期，由于岭北楚、越系青铜文化大量进入，促使广西西瓯、骆越青铜文化得以快速发展。

（三）秦汉时期广西地区考古学文化的变迁

秦汉时期，广西地区的考古学文化面貌又发生了大的变化。从此时期的墓葬分布情况看，主要分布于广西东部地区的贺州、梧州、贵港、合浦等地，而西部地区较少。从墓葬时代看，秦与西汉早期的墓有发现，但相对比较少，更多的是汉武帝时期以后的墓葬。

从西汉早期的墓葬形制看，新出现了椁内分室的木椁墓，这是吸收了楚墓葬制特点。如广西贵港罗泊湾一号墓③，其椁内分室结构与楚墓非常相似，应是受楚制的影响所致。罗泊湾二号墓的椁室形制实际上是一号墓的简化，前室没有纵向分隔，后室内纵向分成左、中、右三室，中室又横向分成前、中、后三室，这样整个后部椁室则形成棺室、头箱、足箱、东边箱、西边箱五个部分。这实际上也是一种楚墓椁室的改进型。

除墓葬形制外，西汉早期广西地区墓葬随葬品的文化面貌也出

---

① 贺县博物馆：《广西贺县龙中岩洞墓清理简报》，《考古》1993年第4期。
② 李龙章：《湖南两广青铜时代越墓研究》，《考古学报》1995年第3期；向桃初：《"越式鼎"研究初步》，载《古代文明》第4卷，文物出版社，2005年。
③ 广西壮族自治区博物馆：《广西贵县罗泊湾汉墓》，文物出版社，1988年。

现了非常大的变化，主要是汉式的鼎、盒、壶、钫一类陶礼器出现，也常出如蒜头壶、扁壶、鍪、釜、釜甑、汉式鼎、钫、圆壶等秦汉文化系统的铜器。山字纹镜、蟠螭纹镜、夔龙纹镜等楚式镜、秦汉式镜也常出土。有学者指出，岭南西汉时期流行的筥形盒，其渊源也应来自楚文化。这些楚文化因素和秦汉文化因素在广西的出现，应当是受湖南楚汉文化的影响所致。除这些楚汉文化的器物外，再就是越文化系统器物盛行，如越式鼎、各式各样的印纹硬陶罐、瓿、瓠等，这些应来自广东南越国文化系统，实际上，广西东部地区就是南越国的势力范围。

西汉中后期，岭南考古学文化面貌再次发生了大的变化。从汉墓的分布情况看，贵港、合浦地区比较集中，发现的汉墓最多，因合浦是汉代的合浦郡郡治所在，贵港是汉代郁林郡郡治所在，是当时政治、经济、文化中心地区。从墓葬形制来看，大中型墓还流行竖穴木椁墓，又新出现了用木椁做成的带耳室墓，如广西贵港风流岭31号墓、合浦望牛岭1号墓等①，主墓室还是分室木椁，在墓道侧用木椁作成单耳室或双耳室，以象征车马厩和仓厨之室，这也是在楚式木椁墓的基础上仿自中原的砖室墓形制。墓葬中的随葬品在种类及风格上也出现了大的变化。先前所流行的许多地方性传统器物逐渐消失，如三足罐、三足盒、各种联罐、瓿等陶器基本不见，战国和南越国时期最为流行的各种越式鼎也逐渐消失。新流行的铜器有汉式鼎、壶、钫、提梁壶、樽、锜、釜、釜甑等，这些器物多呈现出中原风格，属于典型的汉式器物。此时，仿铜陶礼器基本退出历史舞台，灶、井、仓、屋等模型明器及陶塑家畜家禽等日益发达起来。可以看出，西汉中后期广西东部地区的考古学文化面貌再次发生了极大变化，表明汉文化对这一地区的影响日益扩大，逐渐融入汉文化大系之中，成为大一统汉文化中的一部分。

---

① 广西壮族自治区文物工作队：《广西贵县风流岭三十一号西汉墓清理简报》，《考古》1984年第1期；广西壮族自治区文物考古写作小组：《广西合浦西汉木椁墓》，《考古》1972年第5期。

（四）汉代海上丝绸之路的开通

秦末汉初，赵佗利用天下反秦之机，击西瓯、骆越，建立南越王国，割据岭南，成为汉王朝南部边境之患。汉武帝元鼎六年（前111）派大军平定南越国，将秦置三郡的地区扩建为九郡：南海、苍梧、郁林、合浦、交趾、九真、日南、儋耳、珠崖（《汉书·武帝纪》）。汉武帝划出原南海郡和象郡交界的地方置为合浦郡，合浦郡辖五县：徐闻、合浦、高凉、临允、朱庐（《汉书·地理志》），其范围包括了今广西南部、广东的西南部及海南部分地区，合浦是郡治所在，合浦成为当时岭南的政治、经济、文化的中心之一。

合浦作为郡治的重要地位，除文献记载之外，还可从这一地区汉墓的特点来分析。合浦汉墓主要有以下特点：其一，目前发现的广西汉墓以合浦最多和最集中，据统计，经发掘的汉墓已达千余座，也有报道称，合浦周围分布有上万座汉墓，主要分布在周围的丘陵地带。其二，从时代看，西汉中期开始逐渐大增。其三，合浦汉墓中有相当多规格较高，除墓葬规模大和随葬品丰富外，还有一些高级官吏墓。如合浦望牛岭1号墓出土的2件陶提桶内壁有朱书"九真府"字样，墓主可能是曾任九真郡（今越南境内）太守的官吏。合浦黄泥岗1号墓出土滑石"徐闻令印"，还有一枚铜质龟钮"陈褒"印，墓主生前应为合浦郡徐闻县的县令[1]。合浦县堂排汉墓出土"劳邑执圭"琥珀印，墓主也应是汉代的高级官吏。海南乐东县出土"朱庐执圭"蛇钮银印，朱庐则是合浦郡所辖之县。其四，合浦汉墓的随葬品中多有舶来品，如常出土有玻璃杯、玻璃串珠、玛瑙、琥珀串珠、金花球串饰等，这些器物中有的应是从东南亚、西亚、罗马等地舶来的。文献对此也有记载，《汉书·地理志》记载，汉武帝时期，汉王朝派遣黄门译长并招募有关人员组成船队带着黄金、杂缯等，自合浦、徐闻、日南入海远航进行贸易，途经中南半岛各国，再至黄支国（今印度境），最后到达已程不国（今斯里兰

---

[1] 中国社会科学院考古研究所：《中国考古学·秦汉卷》，中国社会科学出版社，2010年，第489页。

卡）而返航，并从这些地方交换回明珠、璧琉璃、奇石异物等。

综上分析表明，汉武帝统一岭南后，以其前瞻的战略眼光，加大了对岭南的开发，设置九郡管控整个北部湾周边广大地区，使这一地区成为当时面向海外的战略要地，开通了汉王朝对外交流与贸易的国门，而合浦、徐闻、日南则成为汉代海上"丝绸之路"始发的重要港口。